AF166015

Cornelia Bohn

Schriftlichkeit und Gesellschaft

Cornelia Bohn

Schriftlichkeit und Gesellschaft

*Kommunikation und Sozialität
der Neuzeit*

Springer Fachmedien Wiesbaden GmbH

Alle Rechte vorbehalten
© Springer Fachmedien Wiesbaden 1999
Ursprünglich erschienen bei Westdeutscher Verlag GmbH, Opladen/Wiesbaden, 1999.

Der Westdeutsche Verlag ist ein Unternehmen der Bertelsmann Fachinformation GmbH.

Das Werk einschließlich aller seiner Teile ist urheberrechtlich ge-
schützt. Jede Verwertung außerhalb der engen Grenzen des Urhe-
berrechtsgesetzes ist ohne Zustimmung des Verlags unzulässig und
strafbar. Das gilt insbesondere für Vervielfältigungen, Übersetzun-
gen, Mikroverfilmungen und die Einspeicherung und Verarbeitung
in elektronischen Systemen.

http://www.westdeutschervlg.de

Höchste inhaltliche und technische Qualität unserer Produkte ist unser Ziel. Bei der
Produktion und Verbreitung unserer Bücher wollen wir die Umwelt schonen: Dieses
Buch ist auf säurefreiem und chlorfrei gebleichtem Papier gedruckt. Die Einschweiß-
folie besteht aus Polyäthylen und damit aus organischen Grundstoffen, die weder bei der
Herstellung noch bei der Verbrennung Schadstoffe freisetzen.

ISBN 978-3-531-13257-0   ISBN 978-3-663-07753-4 (eBook)
DOI 10.1007/978-3-663-07753-4

Inhalt

Einführung:
Ist die Soziologie schriftvergessen?

Die vorliegende Arbeit geht von einem Theoriedefizit in der Soziologie aus. In den letzten Dekaden hat es über Schriftlichkeit, Verschriftlichung, Aufschreibesysteme, die Materialitäten der Kommunikation, die Differenz schriftlicher und mündlicher Kommunikation zahlreiche Untersuchungen gegeben. Es hat sich ein Feld intensiver Forschung konstituiert, in dem historische, philologische, ethnologische, medien- und kulturwissen-schaftliche Fragen zusammengeführt werden. Sie hinterlassen als Problemhorizonte Spuren in den beteiligten Wissenschaften. Nur die Soziologie scheint sich auf die eine Seite der Differenz schriftlich/mündlich zu konzentrieren. Die verschiedenen Varianten von Interaktions- und Konversationsanalysen sind ein Beispiel dafür. Diese Präferenz hat Tradition.

In der sozialphilosophischen Tradition führt die Bemühung um eine anthropologische Fundierung der Sozialität zur Suche nach der ihr eigenen sinnlichen Basis, zur Frage also, welcher unserer Sinne Sozialität vor allen anderen trägt und ermöglicht. Die Abstände ermöglichende Erreichbarkeit des Anderen privilegierte die Sinne des Hörens und Sehens als sozialitätsstiftende vor Tast-, Geruchs- und Geschmackssinn. Ihre größere Differenziertheit und reflexive Struktur waren dabei nicht allein ausschlaggebend dafür, sie von der reinen Wahrnehmung zu unterscheiden. Der Sinn des Gehörs, so heißt es bei Kant, "ist einer der Sinne von blos mittelbarer Wahrnehmung". Gehör und Gesichtssinn sind mittelbar, insofern sie die Wahrnehmung der Wahrnehmung ermöglichen, d.h. durch den Anderen, durch Stimmorgan und Laute vermittelte Wahrnehmung. "Durch eben dieses Mit-

tel," so Kant, „welches durch das Stimmorgan, den Mund in Bewegung gesetzt wird, können sich Menschen am leichtesten und vollständigsten mit
anderen in Gemeinschaft der Gedanken und Empfindungen bringen, vornehmlich, wenn die Laute, die jeder den anderen hören läßt, articuliert sind
und in ihrer gesetzlichen Verbindung durch den Verstand eine Sprache aus-
machen."[1]

Anders optiert Simmel. Hier ist der Gesichtssinn vor allen anderen -
denen freilich eine abgeleitete Bedeutung zukommt - sozialitätsstiftend durch
Wechselwirkung und Reziprozität, denen er unausweichlich ausgesetzt ist.[2]
Der Blick kann sich dem Erblicktwerden nicht entziehen. Im Erblicken eines
anderen Blicks erblicke ich immer die Wahrnehmung meines eigenen Blik-
kes. Was Auge und die Kombination von Gehör und Lautbildung aber unterscheiden, ist der Verweis des letzteren auf die Selbst und Selbstbewußtsein
konstituierende Wirkung der Sozialität. Der Sprechende wird nicht nur gehört. Er hört sich immer auch selbst. Der Blick kann sich selbst nur in der
Wahrnehmung des anderen erblicken, das Selbst existiert nur als ein von
anderen wahrgenommenes Selbst. Der Unverfügbarkeit des eigenen Blickes
steht die lautliche, symbolhaft formbare Ausdrucksweise gegenüber. Sie ist
den an der Interaktion Beteiligten in gleicher Weise gegeben, gleichgültig,
von wem sie erzeugt wird. Nachhaltig wirksame soziologische Theorietraditionen haben daher in der Spur Kants die Prädominanz des Gehörs in Verbindung mit der Lautbildung und deren symbolhafter Formung zur Grundlage
des Sozialen erklärt.

Gemeinsam ist beiden Ausgangspunkten - Wechselwirkung der Blicke
oder gemeinsame Vernahme symbolhafter Laute - die Annahme, daß ego und
alter ego sich in einem gemeinsamen Wahrnehmungsfeld befinden.

---

[1] Kant, 1798/1968, Anthropologie in pragmatischer Hinsicht, in: Werke Bd. VII, Akademie
Textausgabe, Berlin, S. 155.

Auch wenn Sprache eine höhere Generalisierung ihrer Symbolik zuläßt, wird in der Interaktion vorausgesetzt, daß die Beteiligten gleichzeitig anwesend sind. Was aber, wenn wir von einer schriftlichen Kommunikation ausgehen? Die an leiblicher Präsenz abgelesene Ordnung der Sinne gerät durcheinander. Wir benutzen das Auge, um geschriebene Sprache wahrzunehmen. Hand und Auge ersetzen Gehör und Sprechorgan. Reziprozität und Gleichzeitigkeit werden durch Sukzession und Anschließbarkeit ersetzt.

Ist die soziologische Tradition also schriftvergessen, wie Derrida dies in beeindruckenden Lesarten der abendländischen Metaphysik vorgeführt hat? Das Thema der Schriftlichkeit als sozial bedeutsames Phänomen ist durchaus in der soziologischen Tradition vorhanden. Georg Simmel erörtert den "schriftlichen Verkehr" unter dem Gesichtspunkt der Objektivation und dem besonderen Verhältnis von Explizitheit und Implizitheit.[3] Max Webers religionssoziologische und rechtssoziologische Schriften räumen der Entwicklung des Schreiberintellektualismus und dem Schriftgelehrtentum einen bedeutenden Platz ein. Seine Herrschaftssoziologie wäre weder in ihren Passagen über die Antike noch in der Ausformulierung des modernen Typs bürokratischer Herrschaft ohne die Beachtung des verwaltungsmäßigen "Schreib- und Rechenwesens" möglich gewesen.[4] Für die komplexer werdende Gesellschaft wird bei Weber v.a. auf die Aktenmäßigkeit der Verwaltung verwiesen. Zusammen mit den Wissenstypen des Fach- und Dienstwissens, dem Beamtentum, monetärer Gratifikation und der Regelhaftigkeit der Verwaltung bildet sie die Grundlage der "bürokratischen Herrschaft". Schriftlichkeit wird also im Problemhorizont von gesell-schaftlicher Stratifizierung, neuen Wissenstypen, Rationalisierung und Formalisierung erörtert.

---

[2] Simmel, Georg, 1908/1992, Soziologie, Frankfurt/M: Suhrkamp, S.722-742.

[3] Ebenda., S.429-433.

[4] Max Weber, 1922/1985, Wirtschaft und Gesellschaft, Tübingen: Mohr, bes. S. 653, 738; zur Aktenmäßigkeit der Verwaltung vgl. ebenda, S. 126: „Es gilt die *Aktenmäßigkeit* der Verwaltung auch da, wo mündliche Erörterung tatsächlich Regel oder geradezu Vorschrift ist."

Themen, die bei Parsons wieder aufgenommen und fortgesetzt werden. Eine gut institutionalisierte Schriftsprache ist in der Theorie Parsons Voraussetzung einer fortgeschrittenen Form "evolutionärer Universalien", auf der Ebene der sozialen Organisation der Gesellschaft, die das "primitive Stadium" deutlich hinter sich gelassen hat.[5] Zwischen der primitiven, intermediären und modernen evolutionären Entwicklungsstufe der Gesellschaft siedelt Parsons Schriftsprache und Literalität an, gleichsam als Katalysator der gesellschaftlichen Evolution. Sie steigert darüber hinaus - in Parsons Sprache - die fundamentale Differenzierung zwischen sozialem und kulturellem System, zwischen Normen und Werten, zwischen der Erhaltung und Tradierung kultureller Bestände und der Integration der gesellschaftlichen Gemeinschaft. In der Gesellschaftstheorie Parsons ist Schriftlichkeit nicht nur Vorraussetzung der Differenzierung zwischen Sozialsystem und Kultursystem, sie sorgt auch dafür, daß das kulturelle System innerhalb der hierarchisch geordneten Subsysteme der Gesellschaft an die Spitze gerät.

Die Frage, nach der Schriftvergessenheit der soziologischen Tradition können wir offenbar nur so beantworten: Sie ist schriftvergessen, und sie ist es nicht. Sie ist es dort, wo es um die Konstitution von Sozialität selbst geht. Sie ist es nicht, wenn es um die Herausbildung komplexer Gesellschaften und deren Organisation geht. In dieser Trennung liegt allerdings ein Problem. Wir gehen davon aus, daß Schriftlichkeit selbst eine sozialitätskonstiuierende Form ist, die wir in der Differenz zur Mündlichkeit beobachten werden. Schriftlichkeit soll hier als Operation und nicht als Zeichen, Spur oder Graphem aufgefaßt werden. Wir begreifen Schriftlichkeit als Operation in sozialen Systemen, die wir als Sinnsysteme beschreiben. Die Arbeit gliedert sich

---

[5] Vgl. Talcott Parsons, 1964, Evolutionary Universals in Society, in: American Sociological Review, Vol.29, S.339-357.

in einen eher begrifflich-analytischen, einen eher theoriebezogenen und einen eher historisch-semantischen Teil.

Teil I beschreibt die Verschriftlichung des Sinnsystems Kommunikation. Er behandelt dessen interne operative Differenzierung, darunter die Formen von Selbstreferenz und die Ausfaltung in die drei Sinndimensionen zeitlich, sachlich und sozial. Es zeigt sich, daß die entscheidenden internen Strukturierungen und Differenzierungen des Kommunikationssystems selbst Resultat seiner Verschriftlichung sind. In Teil II werden soziologische Sozialitätstheorien daraufhin befragt, wie sie die Sozialform Schriftlichkeit zu berücksichtigen in der Lage sind. Das hier aufzufindende Theoriedefizit wird mit einer Skizze einer Theorie der schriftlichen Kommunikation beantwortet. Teil III geht davon aus, daß sich die Veränderungen der gesellschaftlichen Kommunikationsweise in ihren Beschreibungen wiederfinden. Die Selbstbeschreibung der Kommunikation untersuchen wir in der Übergangsphase von der stratifizierten zur funktionalen Differenzierung. Es zeigt sich, daß die Differenz schriftlich/mündlich in der Semantik der Selbstbeschreibung zugrundegelegt wird und daß es mit der Umstellung der gesellschaftlichen Differenzierungsform zu einem Formwechsel der Differenz schriftlich/mündlich kommt. Der terminus a quo unserer Darstellung ist das europäische 17. Jahrhundert, der terminus ad quem das beginnende 19. Jahrhundert. Es geht also nicht darum, Gründe und Folgen der Schriftentstehung oder des Auftauchens in der gesellschaftlichen Kommunikation zu erörtern. Es geht vielmehr um die Veränderungen in der kommunikativen Selbstbeschreibung der Differenz schriftlich/mündlich im Zuge der Umstellung der gesellschaftlichen Differenzierung.

Die Arbeit lag 1997 der soziologischen Fakultät der Universität Bielefeld als Dissertation vor. Ich danke den Betreuern der Arbeit Niklas Luhmann und Alois Hahn. In Bielefeld hatte die Studie ihren Ausgangangspunkt, bevor ich sie mit auf die Reise nach Mannheim/ Heidelberg, Straßburg und schließlich Trier genommen habe. Auch wenn alle Stationen Spuren in dem Text hinterlassen haben, ist er doch eine Bielefelder Dissertation geblieben. Den theoretischen Schwung der Fragestellung verdankt sie sicherlich den Schriften Niklas Luhmanns, seinen Veranstaltungen und den Diskussionen mit ihm. Die Ermutigung zu der vor allem im letzten Kapitel dokumentierten historisch-semantischen Analyse verdanke ich besonders Alois Hahn. Seine kundige und kritische Beratung waren mir eine wichtige Unterstützung. Wertvolle Hinweise aus dem romanistischen Feld verdanke ich Charles Grivel. Für die technische Feinarbeit an der Endfassung des Manuskripts danke ich Jan Reinhardt.

Kapitel I
Sinnsysteme

1. Bewußtsein und Kommunikation sind strukturell gekoppelt

Bewußtsein und Kommunikation stehen in einem spezifischen Umwelt-
verhältnis zueinander. Sie sind radikal Umwelt für einander. Das folgt aus
der Theorie selbstreferentiell operierender geschlossener Systeme. Bewußtsein operiert nicht in die Kommunikation hinein, Kommunikation artikuliert sich nicht im Bewußtsein. Dennoch kann Bewußtsein nicht ohne Kommunikation und Kommunikation nicht ohne Bewußtsein fungieren und
evoluieren. Sie sind auf dem Wege der Co-Evolution entstanden und setzen
sich in ihren Operationen wechselseitig voraus. Sinn kann als gemeinsame
Errungenschaft dieses co-evolutiven Prozesses verstanden werden.[1]

Eine Besonderheit des Verhältnisses von Bewußtsein und Kommunikation läßt sich mit dem von Maturana eingeführten Begriff der strukturellen Kopplung beschreiben. Das Konzept der strukturellen Kopplung geht
von einer Co-Evolution auf der Strukturebene aus. Strukturgekoppelte Systeme, so Maturana, erfahren „Strukturveränderungen ohne Identitätsver-
lust".[2] Strukturelle Kopplung bezeichnet kein beliebiges System-Umwelt-
Verhältnis, sondern ein System-System-Verhältnis zwischen Systemen, die

---

[1] Vgl. Niklas Luhmann, 1984, Soziale Systeme. Grundriß einer allgemeinen Theorie, Frankfurt/M:
Suhrkamp, bes. S. 92 ff.

[2] Humberto Maturana, 1982, Erkennen: Die Organisation und Verkörperung von Wirklichkeit.
Ausgewählte Arbeiten zur biologischen Epistemologie, Braunschweig/Wiesbaden:Vieweg, S. 44.

trotz ihrer selbstreferentiellen Geschlossenheit einen „notwendigen Zusammenhang" darstellen. In einem solchen Zusammenhang stehen Bewußtseinssystem und Kommunikationssystem. „Von struktureller Kopplung spricht man," so Luhmann, „um die Bedingungen der Ausdifferenzierung von Systemen auf der Basis eines Materialitätskontinuums zu beschreiben".[3] Jene Ausdifferenzierung und die daraus folgende radikale Trennung von Bewußtsein und Kommunikation liefern erst die theoretische Erklärung für die These, daß Gesellschaft aus nichts anderem als Kommunikationen besteht. Der notwendige Zusammenhang von Bewußtsein und Kommunikation bedeutet auch, daß Kommunikation nur durch Bewußtseinssysteme irritierbar ist, aber nicht direkt durch physische oder organische Prozesse. Im Unterschied zu physischen und organischen Systemen teilen Bewußtseins- und Kommunikationsystem das „Materialitätskontinuum" oder - wie wir auch sagen werden - das Medium Sinn. Als generalisierte Sinnformen entstehen auf dieser Grundlage die Bewußtsein und Kommunikation gemeinsamen Strukturen Sprache und Schrift.[4] Obgleich Kommunikation und Bewußtsein sinnkonstituierende Systeme sind, die jeweils in ihrem Prozedieren Sprache und Schrift verwenden, kommt es nicht zu einer partiellen Überschneidung der Systeme. Dies wiederspräche der Theorie der selbstreferentiellen Geschlossenheit. Strukturelle Kopplung spezifiziert nicht die Ereignisse, die sie erfaßt. Dies bleibt den beteiligten Systemen überlassen.

---

[3] Luhmann, Niklas, 1990, Die Wissenschaft der Gesellschaft, Frankfurt/M: Suhrkamp, S.39.

[4] Co-Evolution von Strukturen anstatt einer partiellen Überschneidung und eines Zusammenfallens bestimmter Elemente in den beteiligten Systemen unterscheidet das Konzept der strukturellen Kopplung von dem der Interpenetration. Zum Konzept der strukturellen Kopplung vgl. Humberto Maturana 1982, Erkennen, a.a.O., S. 143ff u.150ff; Niklas Luhmann 1990, Die Wissenschaft der Gesellschaft, a.a.O., bes. S. 38ff; zum Problem von Schrift und Sprache: Niklas Luhmann 1988, Wie ist Bewußtsein an Kommunikation beteiligt?, in: Hans Ulrich Gumbrecht/ K. Ludwig Pfeiffer, (Hrsg.), Materialitäten der Kommunikation, Frankfurt/M: Suhrkamp, S.884-909 (889f.).

2. Sinnzwang, Selektionszwang und Selbstveränderungszwang

Phänomenologische Bewußtseinsphilosophie und Systemtheorie verwenden das Konzept der Geschlossenheit der selbstreferentiellen Reproduktion des Systems. Während Husserl von Subjekt und Bewußtsein, die im bewußtseinsphilosophischen Paradigma zusammenfallen, als jener selbstreferentiellen sinnhaft operierenden Einheit ausging, erweitert die sozio-logische Systemtheorie das Konzept der Sinnsysteme auf Bewußtsein und Kommunikation.[5] Psychische und soziale Systeme sind sinnverarbeitende Systeme. Sie können daher Welt nur in der Form sinnhafter Verweisungen erleben. Dem liegt die phänomenologisch und systemtheoretisch for-mulierbare Annahme zugrunde, daß Welt nur „phänomenal" gegeben sei, also erfahrungsrelativ bzw. beobachtungsrelativ vorliegt.[6] Der phänome-nologische Sinnbegriff ist daher referenzlos. Sinn kann sich nur auf Sinn beziehen, kennt also nur die Referenz auf sich selbst. Es gibt nichts außerhalb von Sinn, was durch Sinn repräsentiert würde. Davon wollen wir im folgenden ausgehen.[7]

Ausgangspunkt allen Erlebens und Kommunizierens im Medium Sinn ist die Erfassung einer Differenz: Stets zeigt sich etwas aktuell Gege-

---

[5] Die Alternative zu dieser Erweiterung auf Kommunikation war die Theorie der Intersubjektivität. Es ist die über Denkweisen und Traditionsstränge hinweg anerkannte Auffassung, daß Husserl das Problem der Intersubjektivität in der fünften Cartesianischen Meditation nicht gelöst hat. Wir gehen daher auf dieses ausschließlich theoriegeschichtlich relevante Konzept nicht ein. Vgl. hierzu: Niklas Luhmann, 1995e, Intersubjektivität oder Kommunikation: Unterschiedliche Ausgangspunkte soziologischer Theoriebildung, in: ders., 1995, Soziologische Aufklärung 6, S. 169-189.

[6] Husserl, Edmund, 1913/1976, Ideen zu einer reinen Phänomenologie und phänomenologischen Philosophie. Erstes Buch: Allgemeine Einführung in die reine Phänomenologie, Husserliana III, neu herausgegeben von Karl Schuhmann, Den Haag: Nijhoff, S. 100f. (im folgenden: HUA III,1976 oder 1950)

[7] Klassische und neuere Bezugstexte für diese Einsicht sind: Edmund Husserl, 1939/1985, Erfahrung und Urteil, Hamburg: Meiner; HUA III, 1976; William James, 1890/1950, The Principles of Psychology, Vol.I, New York, bes Kap.IX, S. 224ff.; William James, 1909, Psychologie, Leipzig: Quelle und Meyer, bes.Kap XI, S. 148 ff.; Niklas Luhmann,1984, Soziale Systeme, a.a.O., bes. Kap. 2; Niklas Luhmann, 1993, Die Form des Zeichens, in: Dirk Baecker, Probleme der Form, Frankfurt/M, S.45-70; Niklas Luhmann, 1971, Sinn als Grundberiff der Soziologie, in: Jürgen

benes im Horizont von Möglichkeiten, die nicht aktualisiert sind. Sinn ist die Virtualisierung des aktuell Gegebenen und die Aktualisierung des Möglichen. Die Phänomenologie beschreibt Sinn als einen Überschuß an Verweisungen über das hinaus, was jeweils aktuell intendiert ist, in der Trias von aktualisiertem „Kern", appräsentiertem „Horizont" und vager „Unbestimmtheit".[8] Bei Husserl heißt es: „Ein Ding ist notwendig in bloßen *Erscheinungsweisen* gegeben, notwendig ist dabei ein Kern von wirklich Dargestelltem, auffassungsmäßig umgeben von einem Horizont uneigentlicher *Mitgegebenheit* und mehr oder weniger vager *Unbestimmtheit".[9]*

Der bloß mitgegenwärtige Horizont eines jeden aktuellen Zentrums der Wahrnehmung entfaltet sich in sachlich-räumlicher und in zeitlicher Hinsicht in einer Doppelhorizontstruktur. Raum und Zeit sind die beiden Komponenten des Husserlschen Präsenzbegriffes. Die sachlich-räumliche Dimension verweist von jeder Erfahrung eines wahrgenommenen Dings auf einen unabschließbaren Innenhorizont und einen offenen endlosen Außenhorizont von Mitobjekten. Der Zusammenhang von aktuellem Zentrum und Horizont entfaltet sich in zeitlicher Hinsicht als Verweisung des gegenwärtigen Augenblicks auf den zweiseitig unendlichen zeitlichen Horizont von Vergangenheit und Zukunft. „Ebenso wie mit der Welt in ihrer Seinsordnung räumlicher Gegenwart, ... , verhält es sich mit ihr hinsichtlich der *Seinsordnung in der Folge der Zeit.* Diese jetzt und offenbar in jedem wachen Jetzt, für mich vorhandene Welt hat ihren zweiseitig unendlichen zeitlichen Horizont, ihre bekannte und unbekannte unmittelbar lebendige und unlebendige Vergangenheit und Zukunft."[10]

Habermas/ Niklas Luhmann, Theorie der Gesellschaft oder Sozialtechnologie, Frankfurt/M, S. 25-101.

[8] Zur Trias „Kern", „Horizont" und „Unbestimmtheit" von Erfahrungen vergleiche auch: Edmund Husserl, 1939/1985, Erfahrung und Urteil, a.a.O., S.27.

[9] HUA III, 1950, S.100.

[10] HUA III, 1950, S.59.

Über den Aufweis von Verweisungsstrukturen gelangt Husserl zum Begriff des Horizontes und bestimmt schließlich Welt als Letzthorizont allen Umgangs mit Sinn. Welt als Letzthorizont allen Sinnerlebens ist operativ nicht erreichbar. Die Geschlossenheit der selbstreferentiellen Ordnung wird hier gleichbedeutend mit der endlosen Offenheit der Welt. Sie ist durch die Selbstreferentialität von Sinn konstituiert und wird laufend reaktualisiert. Selbstreferentialität von Sinn heißt, daß Sinn immer wieder auf Sinn und nie aus Sinnhaftem hinaus auf etwas anderes verweist. Wir können auch von einem Sinnzwang sprechen, dem sinnhaft operierende Systeme nicht entkommen können.

Im Anschluß an die Husserlsche Beschreibung des operativen Umgangs mit Sinn formuliert Luhmann: „Das Phänomen Sinn erscheint in der Form eines Überschusses von Verweisungen auf weitere Möglichkeiten des Erlebens und Handelns. Etwas steht im Blickpunkt, im Zentrum der Intention, und anderes wird marginal angedeutet als Horizont für ein Und-so-Weiter des Erlebens und Handelns. Alles, was intendiert wird, hält in dieser Form die Welt im Ganzen sich offen, garantiert also immer auch die Aktualität der Welt in der Form der Zugänglichkeit. Die Verweisung selbst aktualisiert sich als Standpunkt der Wirklichkeit, aber sie bezieht nicht nur Wirkliches (bzw. präsumtiv Wirkliches) ein, sondern auch Mögliches (konditional Wirkliches) und Negatives (Unwirkliches, Unmögliches). Die Gesamtheit der vom sinnhaft intendierten Gegenstand ausgehenden Verweisung gibt mehr an die Hand, als faktisch im nächsten Zug aktualisiert werden kann. Also *zwingt* die Sinnform durch ihre Verweisungsstruktur den nächsten Schritt zur *Selektion*."[11]

Sinnzwang, Selektionszwang und Selbstveränderungszwang sind sinnhaftem Geschehen inhärent. Dem Sinnzwang korrespondiert die These der Geschlossenheit selbstreferentieller Systembildung. Sinnhaftes Gesche-

---

[11] Niklas Luhmann, 1984, Soziale Systeme, a.a.O., S.93f.

hen kann demnach auf der operativen Ebene niemals sinnlos sein, denn Sinnlosigkeit läßt sich in einem Sinnsystem nur sinnhaft formulieren. Sinnlosigkeit ist in einem Sinnsystem allerdings auf der Ebene der Beobachtung als Selbstbeschreibungsphänomen vorfindbar. Sinnsysteme sind in der Lage Sinnlosigkeit als Virtualität im Möglichkeitshorizont zu aktualisieren. Selektionszwang ergibt sich aus dem Verweisungsüberschuß, der Sinnsysteme, um ihres operativen Fortgangs willen, zwingt auszu-wählen.[12] Für das Problem des Selbstveränderungszwangs, der mit sinn-haftem Erleben und Kommunizieren automatisch mitgegeben ist, hat die Tradition zwei Metaphern geprägt. Die augustinische Metapher der Unruhe. Sie wurde vom Neuaugustinismus der Anthropologie des 17.Jh. wieder aufgenommen. Veränderungszwang und Unruhe werden hier im Menschen verortet.[13] Die Strom- oder Flußmetapher findet sich in der jüdischen Tra-dition, die bei James und Husserl in der Theorie des Bewußtseinsstroms wiederkehrt. Hier konstituiert sich Bewußtsein als Bewußtseinsstrom.

Ob nun der Mensch als Auslöser der sinninhärenten Unruhe gilt oder ob ein von der Gegenwart her gedachter Zeitfluß als Realitätsunterbau für den Selbstveränderungszwang sinnhafter Prozesse gilt, ist nur eine diver-gierende semantische Reaktion auf das gleiche Problem. Immer geht es um

---

[12] Ein Problem, das sich auch komplexitätstheoretisch formulieren läßt. Komplexität heißt Selek-tionszwang, wenn man darunter versteht, daß eine zusammenhängende Menge von Elementen aufgrund immanenter Beschränkungen ihrer Verknüpfungskapazität nicht mehr jedes Element jederzeit mit jedem anderen verknüpft sein kann. Niklas Luhmann, 1984, Soziale Systeme, a.a.O., S.46f.; vgl. auch: ders., 1980, Temporalisierung von Komplexität. Zur Semantik neuzeitlicher Zeitbegriffe, in: ders., 1980, Gesellschaftsstruktur und Semantik, Bd 1, Frankfurt/M: Suhrkamp, S.237; ders., 1990, Haltlose Komplexität, in: ders., Soziologische Aufklärung 5, Opladen: WDV, S.59ff. Die komplexitätstheoretische Problemfassung geht allerdings von der Differenz: Element und Relation aus, während die sinntheoretische Beschreibung zunächst die basale Operation der Anschlußselektion vor dem Hintergrund der Differenz Aktualität/Potentialität im Blick hat.

[13] Vgl. Alois Hahn, 1987, Religion und Welt in der französischen Gegenreformation, in: Dirk Baecker, et al., (Hrsg.), Theorie als Passion, Frankfurt/M: Suhrkamp, S. 84-107(103, Anm. 22). Zum Problem des Selbstveränderungszwangs vgl. Niklas Luhmann 1984, Soziale Systeme, a.a.O., S. 98ff. Die Flußmetapher ist mit Heraklits Ausspruch: "Man steigt niemals in den gleichen Fluß" kanonisch geworden. Im Fließen befand sich in der Tradition freilich noch „das Sein".

Probleme der Sinnfixierung und Kontinuität, der (Un-) Wiederholbarkeit sinnhafter Ereignisse und der „basalen Instabilität" von Sinnsystemen. Diese sind in beständiger Wandlung begriffen. Darin, so Husserl, „besteht der *Fluß*, der eine absolute Gegebenheit ist. Und die Konstitution eines Selbstgegenwärtigen, eines Selbst in der Form Jetzt setzt die Kontinuität voraus."[14] Die Frage, wie eine Fixierung, Selbstbezüglichkeit und Wiederholung sinnhaften Geschehens möglich ist, wird freilich erst brisant, wenn die Idee aufgegeben ist, ein vorausgesetztes Dingschema stifte die Einheit eines Sinnelements. Die Theoretiker des Bewußtseinsstroms gingen bereits davon aus, daß Wahrnehmungen, Empfindungen und Vorstellungen allesamt Leistungen des Bewußseins selbst sind.[15] In der Theorie des Bewußtseinsstroms ist beschlossen, daß das Bewußtseinsystem identisch bleibt, obgleich sich die Gedanken ständig ändern.[16] James versucht den Nachweis zu führen, daß niemals zwei „Vorstellungen" genau gleich sind, angesichts eines Bewußtseins, das sich in einer fortwährenden Veränderung befindet.

---

[14] Husserl, Edmund, 1893-1917/1966, Zur Phänomenologie des inneren Zeitbewußtseins, Husserliana X, hg. von Rudolf Böhm, Den Haag: Nijhoff, S. 326 (im folgenden: HUA X, 1966).

[15] Es war eine berühmte Einsicht Humes, daß die Wiederholung nichts am sich wiederholenden Objekt ändert. Sie ändert aber etwas am Geist, der sie betrachtet. Vgl. Hume, 1898, Traktat über die Menschliche Natur, Hamburg und Leipzig, S.237-240. Sie wird ein entscheidender Ausgangspunkt für die Überlegungen von Gilles Deleuze, 1992, Differenz und Wiederholung, München: Fink, bes. Kap 2. Deleuze entwickelt daraus u.a. eine kontraktions- und differenzorientierte Theorie der Gewohnheit.

[16] James' Theorie des Bewußtseinsstroms entfaltet sich in vier Eigentümlichkeiten des Bewußtseins: 1. Persönliches Bewußtsein: Das Bewußtsein tendiert zur persönlichen Form; 2. Veränderungszwang: innerhalb eines jeden Bewußtseins wechseln die Zustände fortwährend; 3. Kontinuität: jedes Bewußtsein ist merklich kontinuierlich; 4. die Idee der „fringes" : die Aufmerksamkeit eines jeden Bewußtseins ist selektiv. Das Wissen um etwas entspricht demnach dem Wissen von seinen Relationen. Die Theorie der Fringes, der offenen Ränder, der relativen Unbestimmtheit eines Endes entspricht der Husserlschen Appräsentationtheorie. Wie oben erwähnt, geht Husserl davon aus, daß sich der Kern einer jeden Wahrnehmung im Horizont von Verweisungen auf andere Möglichkeiten bestimmt. Vgl. William James, 1909, Psychologie, a.a.O., S. 149ff; Husserl, 1985, Erfahrung und Urteil, S.27.

„Wir hören den gleichen Ton immer und immer wieder; wir sehen die gleiche *Qualität* Grün, riechen den gleichen objektiven Wohlgeruch oder erleben die gleich *Art* von Schmerz. Die Realitäten, konkret und abstrakt, physisch und ideal an deren permanente Existenz wir glauben, scheint be-ständig wieder vor unserem Bewußtsein aufzutauchen, und veranlassen uns, wenn wir nicht ganz genau achtgeben, zu der Annahme, daß unsere 'Ideen' von ihnen immer die gleichen Ideen sind. ... Alles was wir über die so-genannte Empfindung wissen, bedeutet einen Kommentar zu der Tatsache, daß wir nicht imstande sind, anzugeben, ob zwei Sinnesqualitäten, die uns getrennt gegeben werden, genau gleich sind. Was unsere Aufmerksamkeit weit mehr fesselt als die absolute Qualität eines Eindrucks, ist sein *Verhältnis* zu den übrigen Eindrücken, die wir gleichzeitig mit ihm haben."[17]

In der oben eingeführten Husserlschen Beschreibung des Sinnbegriffs war ebenfalls - vermutlich durch James angestoßen - enthalten, daß sich der Kern einer jeden Wahrnehmung im Horizont von Verweisungen auf andere Möglichkeiten bestimmt. Bereits die Appräsentationstheorie läßt Fixierung und Wiederholbarkeit sinnhafter Ereignisse als Problem erscheinen, da zu verschiedenen Zeitpunkten gleichzeitig mitgegebene Ereignisse variieren und Unschärfen produzieren. Der konstante Wechsel als Eigentümlichkeit von Sinnsystemen fügt ein weiteres Argument hinzu. Eine in der zeitlichen Konstituiertheit von Sinnsystemen begründete Fassung des Veränderungszwangs sinnhaften Geschehens findet sich in der systemtheoretischen Antwort auf das Problem. Letztelemente von Sinnsystemen werden in der soziologischen Systemtheorie als Ereignisse, d.h. als zeitpunktfixierte Elemente konzipiert. Handlungen gewinnen ihre Identität daher nicht durch Motive, Absichten, Zwecke, Strategien oder Kompetenzen von Personen, sondern durch die Zeit, die sie in Anspruch nehmen. Die Theorie der Sinn-

---

[17] William James, 1909, Psychologie, a.a.O., S. 152f.

systeme mit temporalisierten Letztelementen kehrt nicht nur die alte Frage-richtung von Struktur und Prozeß bzw. Stabilität und Wandel um. Jetzt ist nicht mehr Wandel von Systemstruktur und -aufbau, sondern deren Sta-bilität erklärungsbedürftig. Sie weist auf das Problem hin, wie Elemente von Sinnsystemen den Zeitpunkt ihres Aufscheinens, ihrer operativen Ver-wendung im System „überdauern". Ereignisse gewinnen ihre Identität durch Differenzierung, im Unterschied zu anderen Ereignissen, die vor und nach ihnen identifiziert werden. Als zeitbindende Einheiten sind sie als Elemente in Prozessen verwendbar. Ereignisse folgen der Logik des Dauerzerfalls. Nur in modifizierter Form, nämlich als erinnerte überdauern sie den Augen-blick ihres Aufscheinens. Sinnsysteme existieren vor jeder Strukturbildung operativ als „Selbsttransformation", sie müssen demnach über eine interne Operationsweise verfügen, die ein Element in ein neues transformiert. Wenn Ereignisse zeitpunktfixierte Elemente sind, kommen sie „nur einmal und nur in einem für ihr Erscheinen nötigen Kleinstzeitraum (specious present) vor. Sie sind durch dieses zeitliche Vorkommen identifiziert, sind also un-wiederholbar."[18] Wie ist dann ein Zurückkehren möglich, wenn niemals die gleichen sinnhaften Ereignisse wiederholbar sind? Die Verschiedenheit sinnhafter Ereignisse wird uns deutlich durch das Zwischengeschaltetsein von sinnhaft anders bestimmten Ereignissen. Die Idee der Wiederholung glaubt, daß wir sachlich Identisches an zeitlich verschiedenen Positionen wahrnehmen können. Die Unter-stellung allerdings, daß es sich um sachlich Identisches handelt, ist selbst schon eine Konstruktion. Wir fragen daher nach den Leistungen, die erforderlich sind, um ein an einer neuen Zeitstelle Auftauchendes als Identisches zu begreifen.

---

[18] Niklas Luhmann, 1984, Soziale Systeme, a.a.O., S. 102.

3. Wiederholung und Kontinuität in ereignisfundierten Systemen

Wiederholung selbst schafft Sinn. Sie ist ein sinngeneratives Prinzip, eine
Form des Rückbezugs, die Sinn fixiert, Kontinuität und Strukturbildung
voraussetzt. Alle Identifikation und Institutionalisierung ist dafür geschaffen, Selbiges erneut aufscheinen zu lassen. Auf der Stufe des einfachen
Lebens ist alle Organbildung darauf angelegt, Wiederholung zu ermöglichen. Die bewußte Wahrnehmung bildet Typen und Schemata aus, die
wiederholtes Wahrnehmen und Reidentifizieren ermöglichen. Damit
Wiederholung in der Kommunikation gelingt, bedarf es der Sprache, der
Schrift und anderer Codifizierungen von Sinn wie z.B. Zahlen. Die Operation des Wiederholens können wir mit dem doppelseitigen Prozeß des Kon-
densierens und des generalisierenden Konfirmierens beschreiben.[19] Kondensieren meint die Wiederverwendung einer bereits bekannten Sinneinheit. Sie
muß aus dem sie umgebenden Verweisungszusammenhang herausgelöst und
auf Identisches, auf vermeintlich Eindeutiges, reduziert werden. In der
Kommunikation ist die Vorraussetzung für Wiedererkennbarkeit und
Wiederverwendbarkeit von Sinneinheiten durch Sprache und Schrift gegeben. Wiederholung heißt nicht nur, daß etwas Identisches an zeitverschie-
denen Stellen auftaucht, es heißt auch Wiederverwendung von Sinneinheiten
in einer anderen Situation.[20] Diese Generalisierungsleistung hat bereits

---

[19] Diese Begriffe sind dem Formenkalkül George Spencer Browns entliehen, vgl. ders., 1969,
Laws of Form, London (reprint New York 1979), S.10; vgl. dazu auch Niklas Luhmann, 1990, Die
Wissenschaft der Gesellschaft, a.a.O., bes. S.107ff.

[20] Diese beiden Momente des Schriftzeichens beschreibt Derrida als Gelegenheit der Iteration
einerseits, da sich das schriftliche Zeichen „nicht in der Gegenwart seiner Einschreibung erschöpft
und die Gelegenheit zu einer Iteration bietet" und als Kraft des Bruchs andererseits: „Gleichzeitig
enthält ein schriftliches Zeichen die Kraft eines Bruches mit seinem Kontext, das heißt mit der
Gesamtheit von Anwesenheiten, die das Moment seiner Einschreibung organisieren." Jacques
Derrida, 1988, Randgänge der Philosophie, Wien: Passagen, S. 300. Derridas Pointe ist freilich
gegen die in der Linguistik verbreitete Idee der Identitätssicherung eines Zeichens durch
Wiederholung gerichtet. Im Anschluß an den Gedanken der différance, wonach der Sinn nie
gegenwärtig sein kann, weil er sich in einem stets offenen Verweisungszusammenhang verschiebt

Parsons mit Sprache verbunden. In Sinnsystemen bedeutet generalisierende Konfirmierung aber auch, daß die auf Selbigkeit reduzierte Sinneinheit in der Wiederverwendung mit neuen Sinnbezügen angereichert wird. Das gilt für die gesprochene Sprache ebenso wie für die erneute Lektüre von Geschriebenem. Wir kondensieren Sinn, indem wir seine Verweisungen für einen erneuten Gebrauch festlegen. Kondensieren von Sinn meint, daß wir ein einmal gefundenes Symbol durch Festlegung der Verweisungen wiedererkennbar halten. Wir konfirmieren Sinneinheiten, indem wir sie in anderen Kontexten wiederverwenden und damit den nicht mehr beliebig austauschbaren kondensierten Sinnkern verdichten, indem wir neue Verweisungen hinzufügen.

Wir können auf diese Weise zu Begriffen oder Symbolen kondensierten Sinn auch als *strukturelle Einheiten* bezeichnen, die autopoietische Systeme für die Fortsetzung ihrer Operationen benötigen und erzeugen. Sie ermöglichen Vorgriffe, Rückgriffe und Wiederholungen. Strukturelle Einheiten sind im Unterschied zu operativen Einheiten „festgelegte Anweisungen für die Bindung von Erwartungen in Situationen."[21] Hat sich die Gesellschaft erst einmal Begriffe und Symbole geschaffen, die jeweilige Sinneinheit auf einen Kern hin kondensiert, so steht ihnen eine semantische Karriere bevor - vorausgesetzt, die Sinnkondensate werden schriftlich fixiert und damit für Wiederholung unabhängig von den beteiligten Gedächtnissen aufbewahrt. Wir wissen, daß Begriffe in der Neuzeit anderes konnotiert sind als in der Antike. Dennoch ist der sprachlich und schriftlich kondensierte Bedeutungskern wiederzuerkennen und wiederzuverwenden. Während die *Generalisierung* von Sinn bereits durch Sprache ermöglicht wird, ist Schrift die Möglichkeitsbedingung der *Stabilisierung* und Reidentifikation von einmal als Einheit qualifiziertem Sinn über die Zeit hinweg. Erst mit der

---

und dadurch einem Bedeutungswandel unterliegt, spricht er von einer dekonstruierenden Wiederholung.

[21] Vgl. Niklas Luhmann, 1990, Die Wissenschaft der Gesellschaft, a.a.O., S. 383.

schriftlichen Aufbewahrung von kondensiertem Sinn ist es möglich, den Prozeß der generalisierenden Konfirmierung historisch differentiell nachzuzeichnen. Schriftlichkeit erlaubt es, „bloße" Wiederholung von der Neuheit in der Wiederholung und dem vollständig Neuen zu unterscheiden. Das System der modernen Wissenschaft, eigens für die Beurteilung und Generierung neuen Wissens ausdifferenziert, ist ohne diesen Prüfmechanismus nicht denkbar. Schriftlichkeit schafft also erst die Möglichkeit, zwischen der Wiederholung und der Neuheit zu unterscheiden.[22] Die mit dem Buchdruck einsetzende Verschriftlichung der Gesellschaft schafft schließlich eine Semantik der Innovation.

Die Idee der Kontinuität geht davon aus, daß sinnhafte Ereignisse aneinander anschließbar sind. Bewußtsein und Kommunikation haben wir im Anschluß an Luhmann als Sinnsysteme mit temporalisierten Elementen bezeichnet. Wenn die Elemente von Kommunikationen und von Bewußtseinserlebnissen, Ereignischarakter haben, also vergänglich sind, müssen beide das Problem der Kontinuität und Selbstbezüglichkeit sinnhaften Prozedierens lösen.

James hat in die Theorie des Bewußtseinsstroms eingeschlossen, daß uns das Bewußtsein kontinuierlich erscheint. Kontinuität sollte sagen: „Daß auch da wo eine zeitliche Lücke vorhanden ist, das nach dieser auftretende Bewußtsein seine Zusammengehörigkeit mit dem Vorausgehenden als einem anderen Teil desselben Ich unmittelbar erfaßt. Daß die von einem Moment zum anderen vor sich gehenden Veränderungen im Inhalt des Bewußtseins niemals vollkommen abrupt sind."[23] Der vorausgesetzte Strom war selbst die Lösung des Problems. Husserl behandelt dieses Problem bereits als ein

---

[22] Goody hat den umgekehrten Vorgang in nicht-literalen Gesellschaften mit dem Begriff der Homöostase beschrieben: Das alte Wissen wird ohne jede Differenzmarkierung mit dem neuen identisch gesetzt. Wie es jetzt ist, ist es immer gewesen. Aktuell/Inaktuell ist daher in schriftlosen Gesellschaften eine nicht handhabbare Differenz. Vgl. Goody, Jack/Watt, Ian, 1986, Konsequenzen der Literalität, in: Goody, Jack/Watt, Ian/Gough, Kathleen, 1986, Entstehung und Folgen der Schriftkultur, S.63-123, S.68f.

operatives unter den Titeln Abschattungskontinuität, Protention, Retention und Vergegenwärtigung.

Auf das Problem der Kontinuität von Sinnsystemen, die ausschließlich im Modus der Aktualität oder Präsenz operieren, hat Husserl (für das Bewußtsein) mit der Idee der Abschattungskontinuität geantwortet. Abschattungen sowie Protention und Retention sind im Unterschied zur Vergegenwärtigung präreflexive Operationen. Husserl spricht von unterscheidbaren Gegebenheitsmodi des Erlebnisstroms, davon, daß jedes Erlebnis den „Hof" der weiteren Erlebnisse beeinflußt. „Jedes Erlebnis ist in sich selbst ein Fluß des Werdens, es ist was es ist in einer *ursprünglichen Erzeugung* von einem unwandelbaren Wesenstypus; ein beständiger Fluß von Retentionen und Protentionen vermittelt durch eine selbst fließende Phase der Originarität, in der das lebendige Jetzt des Erlebnisses gegenüber seinem 'Vorhin' und 'Nachher' bewußt wird. Andererseits hat jedes Erlebnis seine Parallelen in verschiedenen Formen der Reproduktion, die wie ideelle operative Umformungen des ursprünglichen Erlebnisses angesehen werden können: jedes hat sein 'genau entsprechendes' und doch durch und durch modifiziertes Gegenstück in einer Wiedererinnerung, ebenso in einer möglichen Vorerinnerung in einer möglichen bloß reproduktiven Phantasie und wieder in den Iterationen solcher Abwandlungen."[24] Retention ist demnach die primäre Erinnerung in „immanenter Wahrnehmung". Sie bezeichnet den im aktuellen Erleben stets mitgegebenen „Nachhall" des unmittelbar Vergangenen, ohne den keine Kontinuität des Erlebens möglich wäre. Kontinuierlich wandelt sich die Impression in Retention, diese kontinuierlich in modifizierte Retention. Dazu kommt aber die Gegenrichtung der kontinuierlichen Wandlung; dem Vorher entspricht das Nachher; dem Nachhall des Vorher die gegenwärtige Erwartung des Nachher, die sich auf das un-

---

[23] James, 1909, Psychologie, a.a.O., S. 156.
[24] HUA III, 1976, S. 167.

mittelbar Folgende richtet. Dem Kontinuum der Retention entspricht also ein Kontinuum der Protention. Im Modus einer erstreckten Gegenwart, der Protention und Retention mit einbegreift, sieht Husserl den Garanten für die Kontinuität und Fortsetzbarkeit des beständig im Wandel sich befindenden Bewußtseinssystems. Mit der Idee des Abschattungskontinuums als Modus des inaktuellen Bewußtseins ist gesagt, daß Sinnsysteme trotz beständigen Wandels, trotz der Vergänglichkeit ihrer Elemente Beständigkeit und Irreversibilität aufbauen. Im Abschattungskontinuum ist das nicht-aktualisierte Erlebnis miteinbegriffen. Der nicht-aktualisierte Horizont des vergangenen Erlebnisses verschwindet nicht, sondern ist als Nichtaktualisiertes im Bewußtsein oder in der Kommunikation präsent. Daß es sich nicht um einen unendlichen Regreß oder, wie wir es nennen werden, ein selektionsloses Geschehen handelt, erklärt Husserl mit der kontinuierlichen Modifikation: „(...) jede Erinnerung (ist) in sich selbst kontinuierliche Modifikation (...), die sozusagen in Form einer Abschattungsreihe das Erbe der ganzen vorangegangenen Entwicklung in sich trägt. Es ist nicht so, daß bloß in der Längsrichtung des Flusses jede frühere Erinnerung durch eine neue ersetzt ist, sei es auch stetig; sondern jede spätere Erinnerung ist nicht nur kontinuierliche Modifikation hervorgegangen aus der Urempfindung, sondern kontinuierliche Modifikation aller früheren stetigen Modifikationen desselben Einsatzpunktes (...)"[25] Protention, Retention und Abschattungskontinuität[26] sind Modi des unreflektierten Bewußtseins. Erst die Wiedererinnerung oder Vergegenwärtigung gehört in den Bereich der Reflexion. Auch die Reflexion hat den Charakter einer Bewußtseinsmodifikation. Das heißt zunächst, daß jede Bewußtseinsoperation, jede Noesis eine reflexive Blickwendung auf sich selbst zuläßt, daß sie dies im Unterschied

---

[25] HUA X, S. 327.

[26] Abschattung wird bei Husserl allgemein auf Erlebnisse zugerechnet. Dies trifft auf das Nachklangerlebnis eines Tones ebenso zu wie auf eine Farbwahrnehmung oder die Wahrnehmung

zu anderen Bewußtseinen vollzieht. Im Fall der Wiedererinnerung oder sekundären Erinnerung im Unterschied zur primären Erinnerung (Protention, Retention) bezeichnet es die Möglichkeit des Bewußtseins, sich auf Vergangenes zu beziehen, ohne sich jedoch den Sequenzen der Abschattungsreihe zu fügen. Erst die Vergegenwärtigung hat also die Freiheit zu springen. Sie erlaubt eine Verfügung über vergangene Sinnbestände unabhängig von deren ursprünglicher zeitlicher Umgebung.

Husserl hat das Problem der Kontinuität und Selbstreferenz für das Bewußtsein beschrieben und zeittheoretisch gelöst. Die erstreckte Gegenwart, die Protention und Retention miteinschließt, und die aus dem Verweisungscharakter des Aktuellen folgende Abschattung garantieren die Kontinuität der Bewußtseinserlebnisse wie Wahrnehmen, Denken, Empfinden etc. Kontinuität ist demnach Vorraussetzung für die Konstitution eines „Selbstgegenwärtigen", eines Selbst in der Form Jetzt, wie es bei Husserl heißt. Von der Kontinuitätsgewähr in den Abschattungsmodifikationen unterscheidet Husserl die Vergegenwärtigung als verfügbare Form des Selbstbezugs. Für selbstreferentielles Operieren von Sinnsystemen sind bei Husserl wie bei Luhmann sinnhafte Ereignisse vorausgesetzt, deren zeitliche Extension den Zeithorizont für Anschlußereignisse festschreibt. Dieser Zeithorizont, die erstreckte Gegenwart also, entspricht keinem festen Zeitquantum. Das ist für die Frage der schriftlichen Kommunikation von großer Bedeutung. Was ein Ereignis ist, wie lange es dauert, wie sein Anfang und sein Ende definiert sind, was zwischen den Ereignissen ist, wie man darauf wieder zurückkommen kann, muß erst im System festgelegt werden. Schriftlichkeit ist immer zäsuriert. Nicht die Schrift, wohl aber Geschriebenes hat immer einen Anfang und ein Ende. Die Zeitbindung der Schriftlichkeit bezieht sich darauf, daß Kontinuierliches durchbrochen werden kann. Unterscheidungstheoretisch kann man von „zeitbindenden Unter-

---

von akustischen oder visuellen Sätzen. Dagegen ist das Abgeschattete prinzipiell nur räumlich möglich, vgl. HUA III,1976, S.86.

scheidungen" sprechen, die Selbstreferenz erst ermöglichen.[27] Ein Selbst muß noch vorhanden sein, wenn es auf sich selbst referiert. Es muß sich aber gleichzeitig von sich selbst unterscheiden, von sich selbst abrücken, damit es sich auf sich beziehen kann. Wir können auch sagen, es bedarf eines Mediums, damit selbstreferentielles Operieren gelingt.

4. Verschriftlichte Selbstreferenz

Die verschiedenen Operationen des Selbstbezugs sind bei Husserl strikt für das Bewußtsein entwickelt. In der ereignishaften Selbstkonstitution von Sinnsystemen und der damit einhergehenden radikalen Verzeitlichung haben wir aber mit Luhmann die unerläßliche Vorraussetzung für die Trennung von Bewußtsein und Kommunikation gesehen. Ihre Trennung beruht darauf, „daß die rekursiven Netzwerke, mit deren Hilfe die Operationen, aus denen diese Systeme bestehen, reproduziert und identifiziert werden, verschieden sind und nicht überlappen."[28] Es handelt sich also nicht um eine substantielle Trennung, vielmehr sind wir von einem Materialitätskontinuum zwischen Bewußtsein und Kommunikation ausge-gangen, das wir zunächst im Medium Sinn gesehen haben (s.o.). Damit Sinn aber in den je verschiedenen selbstrefentiellen Systemen verwendbar wird, bedarf es weiterer Leistungen, die in den jeweiligen Systemen selbst hervorgebracht werden. Bewußtseinsoperationen beruhen gewiß ebenso wie die Operationen des Kommunikationssystems auf Unterscheidungen, das haben wir anhand

---

[27] Der Begriff der Zeitbindung stammt von Alfred Korzybsky, 1958, Science and Sanity. An Introduction to Non-aristotelian Systems and General Semantics, 4. Aufl., Lakeville Conn. Er reagiert auf das Problem, daß Zeit nicht gebunden werden kann, aber daß sie binden kann, indem sie Ereignissen Strukturwert gibt. So auch dem Ereignis der Unterscheidung eines Selbst von seiner Umwelt, eines Jetzt von seiner Vergangenheit. Vgl. dazu auch Kay Junge, 1993, Medien als Selbstreferenzunterbrecher, in: Dirk Baecker (Hrsg.), Kalkül der Form, Frankfurt/ M:Suhrkamp.

[28] Niklas Luhmann,1990, Die Wissenschaft der Gesellschaft, a.a.O., S.37.

der Doppelhorizontstruktur eingeführt. Die rekursiven Vernetzungen [29] von Bewußtseinserlebnissen sind allerdings bereits vor-prädikativ möglich - das war in einer anderen Sprache eine der Pointen Husserls. Sprachverstehen ist im Prozedieren des Bewußseins nur ein Sonderfall unter anderen wie Wahrnehmen, Phantasieren, Denken bzw. Reflektieren, Erinnern, Erleben - und außerdem noch einer der wenig erforschten.[30] Ganz anders geht es im Kommunikationssystem zu. Unsere These ist, daß es in der Kommunikation der Medien Sprache und Schrift bedarf, damit Selbstreferenz zustande kommt, und daß selbstreferentielles Operieren der Kommunikation unter Bedingungen der Schriftlichkeit eine Veränderung erfährt.

Das Grundproblem ist auch hier, wie ein ereigniskonstituiertes Sinnsystem trotz des Dauerzerfalls seiner Elemente den Kontakt mit sich selbst behält. Es gehört zu den Besonderheiten der selbstreferentiellen Operation, daß sie in das von ihr Bezeichnete eingeschlossen ist. Selbstreferentielle Operationen bezeichnen immer etwas, dem sie selbst zugehören. Selbstreferentielles sinnhaftes Operieren bezeichnet immer Sinnprozesse, deren Bestandteil es selbst ist. Selbstreferentielle Operationen des Bewußtseins sind stets bewußte Operationen. Die Selbstreferenz der Kommunikation ist immer kommunikatives Operieren. Luhmann unterscheidet drei Formen der Selbstreferenz in Sinnsystemen. Durchaus mit den Husserlschen Modi des Selbstbezugs verwandt, unterscheiden sie sich von diesen darin, daß sie zugleich für Bewußtsein und für Kommunikation zutreffen. Die

---

[29] Wir verwenden die soziologisierte Version des Begriffs von Niklas Luhmann, vgl. ebenda, S. 275ff. Der mathematische Begriff meint die wiederholte Anwendung einer Operation auf das Resultat der gleichen vorherigen Operation. Die hier verwendete weichere Version begnügt sich damit, daß rekursiv geschlossene Systeme ihre Elemente nur aufgrund der Vernetzung eben dieser Elemente erzeugen können. Damit ist ausgeschlossen, daß man nicht vom System erzeugte Einheiten als Elemente des Systems behandelt.

[30] Vgl. Peter Bieri, 1992, Was macht Bewußtsein zu einem Rätsel? in: Spektrum der Wissenschaft, Oktober 1992, S. 48-56; er stuft folgendermaßen ab: Wahrnehmung sei am besten erforscht, Erinnern wenig verstanden, für reflexives Wissen gebe es schemenhafte Erklärungsversuche, Sprachverstehen stoße v.a. in der KI-Forschung immer wieder an das 'Frame-Problem' und an die ungelöste Frage des semantischen Gehaltes von Sätzen oder Gedanken.

Selbste, in die sich Sinnsysteme, Bewußtseine wie Kommunikationen, zeregen lassen, sind ihre Elemente, ihre Strukturen und Prozesse und die Einheit des Systems. Mit Luhmann wollen wir von der basalen Selbstreferenz, der Reflexivität und der Reflexion sprechen. Die drei Selbstreferenzen bilden eine Einheit, wirken selbdritt. So setzt die Reflexion die Leistungen der beiden anderen Selbstreferenzen voraus, und die basale Selbstreferenz enthält die beiden höheren in ihrem latenten Bezug auf Einheit und Prozesse des Systems bereits in sich.

Basale Selbstreferenz ist die Mindestform von Selbstreferenz, ohne die ein System mit temporalisierten Letztelementen nicht existieren kann. Die eigene Reproduktion ereignisbasierter Systeme wird zum Dauerproblem. Das konstitutive Erfordernis der Bildung selbstreferentieller Systeme ist, daß Ereignisse miteinander verknüpft werden, man könnte auch sagen, daß Relationen Elemente verbinden. Basale Selbstreferenz ist der Garant für die Verknüpfung und Anschließbarkeit der Elemente, und zwar so, daß sie, obwohl verschieden, dennoch die Einheit des Systems aufrechterhalten. In der notwendigen Verschiedenheit der Elemente unterscheidet sich die Reproduktion von der Wiederholung oder gar der bloßen Replikation. Die Husserlsche Parallelkonstruktion hatte den Kontinuitätsgaranten der Bewußtseinssysteme in der erstreckten Gegenwart gesehen, die Protention und Retention miteinschließt. Das Vorgreifen und Rückgreifen im Medium der Schriftlichkeit führt gegenüber der Mündlichkeit zu einer deutlich gedehnten Gegenwart. Der Verbrauch längerer Realzeitstrecken ist sowohl ein historisch bedeutsamer Aspekt für die Selbstverständigung des Bewußtseins als auch für die schriftliche Kommunikation. Selbstreferentielles Operieren im Medium der Schriftlichkeit führt zu neuen Formen der Bewußtseinspräzisierung und zu neuen Formen der Kommunikation. Sie ermöglicht etwa der wissenschaftlichen Kommunikation durch die Dehnung des Jetzt eine Längung der Argumente durch die Möglichkeit des Zugriffs auf komplexe Argumentationsfelder.

Dies führt uns zur strukturalen und prozessuralen Selbstreferenz. Die basale Selbstreferenz gewährleistet zwar die Kontinuität durch sukzessives Anschließen und Zurückgehen, bleibt aber strukturlos und selbstvergessen. Erst durch die reflexive Rückwendung auf die Einheit der sukzessiven Abfolge von Ereignissen des Bewußtseins und der Kommunikation gewinnen Systeme Strukturen und Prozeßqualitäten. Ein Prozeß entsteht, wenn Zeit, also die Vorher-Nachher-Differenz, in das System eingeführt wird und die Zusatzbedingung der Selektionsverstärkung erfüllt ist. Anstatt einer bloßen Aneinanderreihung beliebiger heterogener Elemente bedarf es für den Aufbau eines selbstbewußten, sich selbst als Einheit reflektierenden Systems der Sicherung der Selektion von Ereignissen. Prozessurale Selbstreferenz schafft selegierende Strukturen, die weitere Selektionen provozieren. Nach a und b folgt c. Weder kann das Thema in einer organisierten Diskussion ohne weiteres gewechselt werden, noch kann das vorhandene Informationsniveau ignoriert werden. Ein Beitrag in einem Diskussionsprozeß kann nicht einen anderen, der drei Zeitstellen vorher geäußert wurde, schlicht wiederholen. Ist ein Prozeß erst etabliert, so ist seine Fortsetzung in hohem Maße selektiv festgelegt. Was die strenge Bedingung der Weiterbehandlung nicht erfüllt, ist nicht anschließbar. Vor allem gewinnen über Prozesse und Strukturen verfügende Systeme die Möglichkeit, zwischen Selbstreferenz und Fremdfererenz oder - in der Sprache Husserls - zwischen Noesis und Noemata, dem Prozeß und seinen Gegenständen zu unterscheiden. Im Bewußtsein kann die Operation des Denkens und Wahrnehmens von dem Gedachten und Wahrgenommenen unterschieden werden. Für die Kommunikation läßt sich ihr Prozeß, nämlich die Verknüpfung von Mitteilungen, von den verhandelten Themen und Informationen unterscheiden. Die zweite Stufe der Selbstreferenz ermöglicht Sinnsystemen die Entwicklung eines Gedächtnisses und die Vorstellung ihrer eigenen Geschichtlichkeit. Prozessuale Selbstreferenz im Medium der Schriftlichkeit erlaubt eine Selektionsverstärkung, die deutlich den Horizont personaler Gedächtnisse überschreitet. Sie ermöglicht darüber hinaus eine Auflösung und Rekombination von Prozessen.[31] Der schriftlich dokumentierte Prozeß, etwa ein über Jahrhunderte hinweg sich entfaltender wissenschaftlicher Erkenntnisprozeß, kann anhand unterschiedlicher sachlicher Gesichtspunkte aufgelöst und in eine andere Ordnung gebracht werden. Sachliche Zusammenhänge können chronologische überspringen. Allein Schrift ist in der Lage, strenge Kontinuität ins Diskontinuierliche einzubringen. Husserl hatte für das Bewußtsein zwischen der primären, vorreflexiven und der reflexiven Erinnerung unterschieden. Das präreflexive Vor- und Zurückgreifen, in der Ordnung des Abschattungskontinuums befangen, ist einzig durch die Perspektive modifiziert, die der Jetztpunkt vorgibt.[32] Die reflexive Erinnerung, die der reflexiven Selbstreferenz entspricht, kann springen und die sukzessive Ordnung des Abschattungskontinuums verlassen, bleibt aber auf den Prozeß selbst bezogen.

Erst die Reflexion als dritte Form der Selbstreferenz zielt auf die Einheitsbildung des Systems und dessen zeitliche Abkopplung von der Umwelt. Die Operation der Reflexion sorgt dafür, daß sich psychische und soziale Systeme trotz des Dauerzerfalls ihrer Elemente gegenüber sich selbst und der Umwelt als einheitliches Ganzes präsentieren. Erst unter Bedingungen der Schriftlichkeit entstehen für kommunikativ operierende Sozialsysteme Reflexionstheorien und die schriftlich aufbewahrte gepflegte Semantik. Das ausdifferenzierte System des Wissens, das seit der Neuzeit Wissenschaftssystem heißt, bringt etwa eine Erkenntnistheorie, Wissenschaftstheorie und Wissenssoziologie hervor.

---

31 An diesem Unterschied, der die Differenz von basaler und reflexiver Selbstreferenz zum Ausdruck bringt, macht Bourdieu seine Unterscheidung von „praktischer Logik" und dem detachierten Blick des wissenschaftlichen Beobachters fest. Letzterer totalisiert, was sich detotalisiert vollzieht. Basale Selbstreferenz ist für Bourdieu „Praxis", die sich polythetisch, sukzessiv, sequentiell und detotalisiert vollzieht. Vgl. Bourdieu, Pierre, 1979, Entwurf einer Theorie der Praxis, Frankfurt/ M:Suhrkamp, S. 248ff.

5. Das Prinzip der Schriftlichkeit: Stabilität und Kontingenz

5.1. Aktualität und Virtualität: eine asymmetrische Verweisungsstruktur

Bisher haben wir Sinn von seinen operativen Umgangsweisen her beschrieben. Wir haben einen „dimensionsfreien Sinnbegriff" vorausgesetzt und gehen davon aus, daß die beschriebenen operativen Probleme existieren, seit es Sinn als Errungenschaft des Zusammenwirkens von Kommunikation und Bewußtsein gibt, daß die Lösung der Probleme aber mit den sinnhaftem Operieren zur Verfügung stehenden Medien variieren. Luhmann ergänzt diese operative Beschreibung im Anschluß an die Husserlsche Unterscheidung von Kern und Horizont der Aufmerksamkeit durch eine differenztheoretische Bestimmung von Sinn als Einheit der Differenz von Aktualität und Potentialität.[33] Grundlegend ist also, so Luhmann, „daß in aller Sinnerfahrung zunächst eine Differenz vorliegt, nämlich die Differenz von *aktual Gegebenem* und auf Grund dieser Gegebenheit *Möglichem*. Diese Grunddifferenz, die in allem Sinnerleben zwangsläufig reproduziert wird, gibt allem Erleben Informationswert. Im Fortgang des Sinngebrauchs stellt sich heraus, daß dies und nicht das der Fall ist; daß man so und nicht anders weiterlebt, kommuniziert, handelt, daß die Verfolgung bestimmter weiterer Möglichkeiten sich bewährt oder nicht bewährt. Es ist die Grunddifferenz

---

[32] Vgl. die Skizzen in: HUA X, S. 330f.

[33] Während Husserl von Zentrum und Möglichkeitshorizont ausgeht, den Kern der Aufmerksamkeit und ihren Horizont unterscheidet , der räumlich und zeitlich gedacht werden kann, nennt Yves Barel 1979/1989, Le paradox et le systeme, Grenoble, die virtualisierende Kapazität der Aktualität: Potentialität, S.71f., 185f., 302f. In den Texten Luhmanns, auf die ich mich hier beziehe, finden sich beide Begriffspaare, mit Präferenz für Potentialität. Wir verwenden im folgenden die Differenz Aktualität/Virtualität. Selbst ein metaphorischer Gebrauch des Horizontbegriffes ist doch allzusehr mit mündlicher Rede und raumzeitlicher Präsenz konnotiert. Obgleich Horizont für Unüberschreitbarkeit und Unabschließbarkeit steht, so ist doch im Horizontbegriff immer auch die Wahrnehmungssituation evoziert: soweit die Stimme trägt, soweit das Auge sehen kann.

von Aktualität und Möglichkeitshorizont, die es ermöglicht, Differenzen zwischen den offenen Möglichkeiten zu redifferenzieren; sie zu erfassen, zu typisieren, zu schematisieren und der dann folgenden Aktualisierung Informationswert abzugewinnen. Identitäten wie Worte, Typen, Begriffe werden auf dieser Grundlage eingeführt, um Differenzen zu organisieren. Sie dienen als Sonde, um abzutasten was sich im Unterschied zu anderem bewährt; und dann natürlich, um Bewährtes festzuhalten und zu reproduzieren. Am Anfang steht also nicht Identität, sondern Differenz."[34] Einheit einer Differenz bedeutet, daß die beiden Seiten der Differenz nicht voneinander geschiedene quasi-ontologische Seinsbereiche sind. Aktualität und Virtualität sind nicht zu trennen. Es handelt sich um eine asymmetrische Verweisungsstruktur, die darin besteht, daß jede Operation nur aktuell vollzogen werden kann, daß sich ihre Aktualität aber im Unterschied zur darin angezeigten Virtualität bestimmt. Die nicht aktualisierten Möglichkeiten, so hatten wir von Husserl gehört, verschwinden nicht. Bei jeder aktuellen Wahl aus Möglichkeiten sind die nichtmitvollzogenen Möglichkeiten zumindest als Möglichkeitshorizonte stets mitgegeben. In der Differenz von Aktualität und Virtualität ist die Offenheit und Kontingenz sinnhafter Verweisungen angelegt. Im Laufe der Sinnevolution differenzieren sich die drei Sinndimensionen: Zeitdimension, Sachdimension und Sozialdimension aus. Sie sind gleichsam als Unterdifferenzen in der Grunddifferenz von Aktualität und Virtualität eingeschrieben. D.h. die Dekomposition von Sinn wird nicht als Differenz, sondern als Dekomposition in Differenzen vorgefunden. Der Doppelhorizont der Verweisungsstruktur von Sinn differenziert sich in drei genannten Dimensionen. „Jede dieser Dimensionen gewinnt ihre Aktualität aus der Differenz zweier Horizonte, ist also ihrerseits eine Differenz, die gegen andere Differenzen differenziert wird. Jede Dimension ist ihrerseits

---

[34] Niklas Luhmann, 1984, Soziale Systeme, a.a.O., S. 111.

wieder sinnuniversell gegeben,..."[35] Darauf kommen wir zurück. Was verändert sich nun für sinnhaftes Erleben und Kommunizieren durch die Einführung von Schrift, wenn man von dieser differenztheoretischen Bestimmung ausgeht?

Die Grunddifferenz von Aktualität und Virtualität können wir als allgemeinste Form allen Sinnerlebens überhaupt ansehen. Unsere These ist, daß schriftlich fixierter Sinn Möglichkeitshorizont und Virtualisierungskapazität allen Sinnerlebens verändert. Dies gilt für die Aktualisierung von Sinn unabhängig vom gewählten Aktualisierungs-medium und unabhängig von der Form der Operationsweise. Zunächst kann Schrift als eine der wichtigsten sozialen Vorraussetzungen für die „Entstehung einer Kluft von Wissen und Wissensaktualisierung" angesehen werden.[36] Schriftlich fixiertes Wissen ist dem unmittelbaren Verwendungszusammenhang enthobenes, dekontextuiertes Wissen. Aktualisierung von schriftlich fixiertem Wissen heißt immer seine Rekontextuierung. Es eröffnet aber nicht nur einen Raum für die Selbstproblematisierung und das Reflexivwerden von Wissen (s.o.). Die Kluft zwischen Wissen und Wissensaktualisierung verändert auch die Anschluß- und Verweisungsbedingungen sinnhaften Operierens. Bewußtsein und Kommunikationen operieren unter Bedingungen der Schriftlichkeit im Horizont vielfältigerer Verweisungsmöglichkeiten. Jede Wahrnehmung, jede Vorstellung, jede kommunikative Offerte muß die Selektion ihrer Verweisungsüberschüsse im Horizont von Archiven und Bibliotheken, schriftlich fixiertem und tradiertem Wissen vornehmen. In

---

[35] Ebenda, S.112.

[36] Vgl. Alois Hahn, 1991, Zur Soziologie der Weisheit, in: Aleida Assmann (Hrsg.), Archäologie der literarischen Kommunikation III, München:Fink, S. 47-58 (53), der sich v.a. mit einer Antwort auf dieses Problem beschäftigt, nämlich der Weisheit als Wissenswissen. Historisch entsteht sie mit dem Schriftgebrauch und der Gelehrsamkeit. Sie wird als reflexives Wissen vorgeführt, das Wissen „vor dem Hintergrund der Differenz von Wissen und Übersetzung des Gewußten in situationsadäquates Handeln" problematisiert. Moderne Äquivalente jener Form des Selbstreferenz des Wissens sind Erkenntnistheorie, Wissenschaftssoziologie und Wissenssoziologie. Problematisch wird hier allerdings nicht der Verwendungskontext, so Hahn, sondern die Gültigkeit des Wissens.

den Funktionssystemen Wissenschaft und Kunst gilt einzig das Zitat als legitime Form, bereits Bekanntes noch einmal zu kommunizieren. Sedimentierter Sinn stellt die Aktualisierung unter Bedingungen von Schriftlichkeit vor neue Anforderungen. Dies betrifft das veränderte Verhältnis zu Vergangenem. Die schriftliche Aktualisierung von Sinn kreiert darüber hinaus eine neue Situation für Zukünftiges. Die virtualisierende Kapazität des Aktuellen, die häufig auch Potentialisierung genannt wird, verändert sich unter Bedingungen der Schriftlichkeit. Geschriebene Texte schaffen ein enormes Potential an Anschluß-möglichkeiten für noch nicht geschriebene oder gesprochene Texte.

Das gesprochene Wort ist auf die Zufälligkeit dessen verwiesen, was den gerade Anwesenden einfällt, welche Aussagen, Sätze, Beobachtungen Anschlußsätze, -beobachtungen, -aussagen   provozieren. Die Anschlüsse präjudizieren das noch Sagbare in einschränkender und in erweiternder Weise. Die Sukzessivität und Flüchtigkeit der Mündlichkeit erlaubt kein beliebiges Zurückgehen zu verklungenen Verweisungsüberschüssen. Insofern müssen wir die Husserlsche Idee, daß die nichtvollzogenen Möglichkeiten zumindest als vergangene Möglichkeitshorizonte stets mit gegeben seien, differenzieren. Für das Bewußtsein ist die Appräsentation vergangener Möglichkeitshorizonte ganz und gar gedächtnisabhängig. Für die an der Kommunikation beteiligten Bewußtseine divergiert diese Appräsentation nach Maßgabe ihrer Gedächtnisse. In der Kommunikation bedarf es für Rückwendung auf offen gebliebene Möglichkeiten eines Außenhalts. Das können beteiligte Bewußtseine sein, anhand derer in der Kommunikation thematisch gewordene, aber nicht vollzogene Möglichkeiten rekonstruiert werden können. Handelt es sich aber um Geschichte gewordene oder mit institutionalisierter sozialer Relevanz ausgestattete offene Möglichkeiten, bedarf es eines meist schriftlichen Außenhaltes jenseits der beteiligten Bewußtseine. Für die Wissenschaft könnte man an abgelehnte Forschungsvorhaben denken oder an außerhalb einer Themenkonjunktur gefundene, daher ohne Resonanz gebliebene Forschungsresultate, publiziert oder nicht publiziert. Für eine Familiengenealogie kann der Blick in die Briefschatulle der Großmutter Aufschluß über die nichtgewählten Möglichkeiten in der Fortschreibung der Genealogie gewähren. Im letzten Fall ist die Kontingenz der Ereignisse der Irreversibilität des selektionssteuernden Prozesses gewichen. Schrift hat hier eine dokumentarische, mnemotechnische Funktion. Im ersteren bewahrt Schriftlichkeit die Kontingenz und Offenheit der Anschlüsse. Die offene Möglichkeit kann nicht nur als solche appräsentiert oder erinnert werden. Im Medium der Schriftlichkeit bleibt sie offene Möglichkeit, unabhängig vom chronologischen Verlauf oder zufälligen situativen Konstellationen.[37]

Schriftlichkeit kennt weder situative noch chronologische Beschränkungen. Wir können an Texte von gestern oder von vor einhundert Jahren in einer bisher unberücksichtigten Weise anschließen, wir können Kohärenz oder Inkohärenz von Theorien noch Epochen später diskutieren.

Das Prinzip der Schriftlichkeit wollen wir daher als Erweiterung und Steigerung der Virtualisierungskapazität sinnhaften Erlebens und Kommunizierens begreifen. Anders als in Derridas Begriff der différance, der, in exakter Umkehrung des Husserlschen Präsenzbegriffes, Schrift als Prinzip des zeitlichen und räumlichen Aufschubs begreift, wollen wir die Virtualisierungskapazität der Schriftlichkeit anhand der drei Sinndimensionen präzisieren.[38]

---

[37] Unerheblich für diese Bestimmung der Schriftlichkeit ist, ob sich die offene Möglichkeit in der Anschlußkommunikation bewährt oder ob sie verworfen wird. Entscheidend ist zunächst, daß sie als kommunikative Offerte wieder aufgenommen werden kann. Das Problem der Annahme oder Ablehnung der Kommunikation werden wir weiter unten behandeln.

[38] Ein Versuch der Parallelisierung der Theorien Luhmanns und Derridas müßte m.E. genau hier einsetzen. Derridas erweiterter Schriftbegriff nimmt die Theoriestelle ein, die in Luhmanns Theorie der Sinnbegriff, das an Differenzen orientierte sinnhafte Operieren einnimmt.

5.2. Sinndimensionen und Kontingenz

Mit der prinzipiellen Unterscheidbarkeit von Sachdimension, Zeitdimension und Sozialdimension ist nicht schon ihre reale Ausdifferenzierung unterstellt. Die Differenzierung dieser Dimensionen ist bereits Resultat der soziokulturellen Evolution. Sinnevolution schafft sich damit einen Artikulationsrahmen für die selbst erzeugte erweiterte Virtualisierungskapazität. Sie variiert mit der Gesellschaftsstruktur. Für archaische Gesellschaften gilt ja gerade, daß das sachlich Identische als zeitliche Konstanz und als soziale Übereinstimmung erscheint. Das Auseinander-ziehen der Sinndimensionen selbst steht in Verbindung mit dem Schriftgebrauch. Mündliche Rede ist vom Zeitfluß des Erzählens kaum zu trennen. Der geschriebene Text legt es nahe, Sache und Person zu trennen. Was geschrieben wird, kann unabhängig davon behandelt werden, wer etwas mitgeteilt hat. Sozialdimension und Sachdimension können stärker gegen-einander differenziert werden und als differente aufeinander bezogen werden. Diese durch Schrift gegebene Möglichkeit hat Havelock zur Möglichkeit von Philosophie schlechthin erklärt. Episteme, der Wahrheit verpflichtete Erkenntnis, und Doxa, das eingelebte Wissen, die taken for granted assumptions, lassen sich jetzt als Wissenstypen unterscheiden. In der Religion findet sich die Orthodoxie, das autoritativ verbürgte Wissen, mit heterodoxen Absetzbewegungen konfrontiert.

Die zunehmende Differenzierung von Sach-, Zeit- und Sozialdimension läßt sich als zunehmende Eigenständigkeit der Doppelhorizonte beschreiben, die jeweils eine Sinndimension konstituieren. Differenzierung meint aber nicht Isolierung, wie häufig eingewandt wurde. Ist die Trennung erst einmal etabliert, muß die Selbstreferenz des Erlebens und Kommunizierens von Sinn zwar innerhalb der Dimensionen artikuliert werden und sich an ihrem jeweiligen Gegenhorizont orientieren. Sachdimension, Zeitdimension und Sozialdimension können aber nicht isoliert auftreten. „Sie stehen unter Kombinationszwang. Sie können getrennt analysiert werden, aber sie erscheinen in jedem real gemeinten Sinn selbdritt."[39] So können wir auch in einem ersten Schritt die durch Schriftlichkeit indizierten Veränderungen des Sinnprozessierens anhand der drei Sinndimensionen analysieren.

5.2.1. Sachdimension

Der Doppelhorizont „dies" und „anderes" konstituiert in einer primären Disjunktion die *Sachdimension*. Etwas „noch Unbestimmtes" wird von anderem noch Unbestimmten unterschieden. Der weitere Fortgang orientiert sich am Innenhorizont bzw. Außenhorizont der jeweiligen Sache. Bei jeder einmal konstituierten Sachunterscheidung lassen sich die Verweisungsstrukturen nach innen oder nach außen verfolgen. Husserl exemplifiziert dies am Beispiel der Wahrnehmung von Äpfeln in Räumen. Auch System/Umwelt-Unterscheidungen, Themen in Kommunikationen, Texte bei der Lektüre lassen sich vertiefend, verfeinernd, den inneren Verweisungen und Bezügen folgend wahrnehmen, verstehen, kommunizieren. Ebenso können Wahrnehmungen und Kommunikationen dem äußeren Horizont folgen: die Umwelt beobachten, das Thema wechseln, die Bezugstexte, die dem Text zugrunde liegen oder ihm folgen, lesen oder schreiben. Wir wollen die Differenzen „dies" und „anderes", Innenhorizont und Außen-horizont durch die räumliche Unterscheidung „hier" und „dort" ergänzen, die wir als ein Register der Sachdimension begreifen.

Für unseren Zusammenhang der Analyse schriftlicher Kommunikationen ist es wichtig, im Auge zu behalten, daß die Sachdimension des Sinns nicht identisch ist mit der Sphäre der Dinge. Die Identität der Dinge

---

[39] Niklas Luhmann,1984, Soziale Systeme, a.a.O., S.127.

mit sich selbst erweist sich in systemtheoretischer und phänomenologischer Sicht als konstruiert. Eine der wichtigsten Funktionen der Identifikation liegt darin, daß sie es ermöglicht, die unendliche Möglichkeit des Erlebens zu reduzieren, eine Möglichkeit gegen die andere abzugrenzen, sie festzuhalten und zum Gegenstand selbstbezüglicher Verweisungen zu machen. Die dazu erforderlichen Negationen haben nicht den Charakter von endgültigen Ausschließungen aus der Welt. Sie halten das Negierte aus dem jeweils Bestimmten heraus, obgleich es beides gibt. Die Sachdimension des Sinns umfaßt daher alle für das psychische System wahrnehmbaren Gegenstände, sprachlich formulierbare Sachverhalte, Themen der Kommunikation, Personen, Aussagen, Kategorien, Kausalverknüpfungen, Urteile und sozial festgelegte Lokalitäten: Orte und Territorien.

Schriftlichkeit erlaubt es - das trifft für Bewußtseins- und für Kommunikationsprozesse gleichmaßen zu - den Außenhorizont von Denkoperationen oder Kommunikationen auszutauschen. Wir können auch von der mit der Schriftlichkeit gegebenen Möglichkeit der Dekontextuierung und Rekontextuierung bzw. der Delokation und Relokation sprechen.

Unter dem Titel „decontextualized thinking" ist der Zusammenhang von Literalität und analytischem Denken in den letzten beiden Dekaden häufig und kontrovers untersucht worden. Schriftliche Fixierung verändert die Syntax der Sprache in einer Weise, die geeigneter ist, analytische Beziehungen zum Ausdruck zu bringen. Schriftsprache ermöglicht komplexe Kausalverknüpfungen, sie schafft die Verknüpfung von Sachverhalten und erlaubt es, komplizierte Bedingungssätze zu bilden.[40] Literalität, so die mittlerweile anerkannte Auffassung, verändert nicht nur die Inhalte des Denkens, sondern die Prozesse des Denkens selbst verändern sich unter Bedingungen der Schriftlichkeit. Der lange behauptete Nexus allerdings zwischen Illiteralität und alogischem Denken bzw. Literalität und Logik ist

mit Gewißheit aufgebrochen. Illiterale Bewußtseine sind - das haben Untersuchungen der vergleichenden Kultur- und Kognitions-forschung ergeben -
durchaus in der Lage, logische Denkoperationen zu vollziehen. Sie vollziehen sie jedoch kontextabhängig, an einem bestimmten Gegenstand, an
einem Beispiel, an *einem* Sachverhalt. Die Übertragung der gleichen Operation auf einen anderen Gegenstand oder ihre Symbolisierung in einer
Formel, die Abstraktion von dem Verwendungskontext voraussetzt, sind
allererst schriftgestützte Operationen.[41] Erst literalisierte Bewußtseine
erwerben die Gewohnheit, logische Funktionen der Sprache von ihren interpersonalen Funktionen zu separieren.[42] D.h. in der hier verwendeten Terminologie: Sach- und Sozialdimension können getrennt gehandhabt werden. Für die Kommunikation bedeutet die durch Schrift gegebene Möglichkeit der Dekontextuierung die Möglichkeit zur überlokalen Kommunikation. Darauf kommen wir zurück.

---

[40] Vgl. Patricia M. Greenfield, 1972, Oral and written language: The consequences for cognitive
development in Africa, the United States and England, in: Language and Speech 15, S.169-178.

[41] Vgl. Sylvia, Scribner, 1977, Modes of thinking and ways of speaking: Culture and logic
reconsidered, in: P.N. Johnson-Laird/P.C. Wason (Hrsg.), Thinking, Cambridge: UP, S.483-500;
Sylvia Scribner/ Michael Cole, 1981, The Psychology of Literacy, Cambridge:Harvard UP;
Batesons Begriff des Deutero-Lernens bezeichnet diesen Sachverhalt der Kontextübertragung in
Lernprozessen, den er auch als Lernen des Lernens beschreibt. Er stellt jedoch keinen
Zusammenhang zur Literalität her, sondern bleibt allgemein kulturvergleichend. Vgl. Gregory
Bateson, 1981a, Sozialplanung und der Begriff des Deutero-Lernens, in: ders., 1981, Ökologie des
Geistes, Frankfurt/ M:Suhrkamp, S. 219-241.

[42] Diese Einsicht ist auch von Olson immer wieder herausgearbeitet worden. Vgl. David R. Olson,
1977, From utterance to text: the bias of language in speech and writing, in: Harvard Education
Review 47(3), S. 257-281; ders., 1980, Some social aspects of meaning in oral and written
language, in: ders., 1980, S. 90-111;. Als ein Beispiel der These, daß Literalität formales
Räsonieren befördert, dient Olson die Transformation des Satzes „John hit Mary" in die Satz-
konstruktion „Mary was hit by John". Literalisierte Bewußtseine sind dazu unabhängig von
konkreten personalen oder lokalen Kontexten in der Lage.

5.2.2. Zeitdimension

Von einer ausdifferenzierten *Zeitdimension* von Sinn können wir sprechen,
wenn Erleben und Kommunizieren die Differenz Vorher, Nachher (und
Gleichzeitig mit) in besonderer Weise verwenden. Es ist eine Folge
historischer Prozesse, daß wir zwischen sachlichen und zeitlichen Ereignisverknüpfungen unterscheiden können. Wie die Sonderhorizonte In-
nen/Außen, hier und dort die Sachdimension konstituieren, konstituieren die
Sonderhorizonte Vergangenheit und Zukunft die Zeitdimension. Es setzt
voraus, daß die universell erlebbare Differenz Vorher und Nachher auf den
Doppelhorizont Vergangenheit und Zukunft bezogen wird. Damit löst sich
die zeitdimensionale Sinnkategorie von der sach- oder sozialdimensionalen
Kategorie des Anwesenden und Abwesenden, seien es Gegenstände oder
Personen. Die Zeitdimension von Sinn wird zu einer offenen Dimension für
alternative Gegenwarten und alternative Gleichzeitigkeiten. Abwesende
Gegenstände sind gleichzeitig an einem anderen Ort anwesend. Abwesende
Personen können - das notwendige Kommunikationsmedium als gegeben
vorausgesetzt - gleichzeitig als Adressen in Kommunikationen fungieren.
Für die Zeitsemantik bedeutet Offenheit der zeitlichen Sinndimension eine
Ablösung des zirkulären Zeitmodells, der Vorstellung also, Zukunft gehe
letztlich in Vergangenheit über, Zeitläufe seien nichts anderes als die Repe-
tition immer gleicher Ereignisverknüpfungen. Diese Vorstellung einer kreis-
läufigen Zeit ist typisch für schriftlose Gesellschaften.[43] Die Ausdifferenzierung einer offenen zeitlichen Sinndimension ist noch nicht damit
gegeben, daß es Worte und Modelle für „Zeit" gibt. Erst wenn Vergangenheit und Zukunft kontingent gesetzt werden, verfügt eine Gesellschaft über

---

[43] Vgl. Jan Assmann, 1992, Das kulturelle Gedächtnis. Schrift, Erinnerung und politische Identität
in frühen Hochkulturen, München:Beck, S. 89, der die zyklische Zeitvorstellung mit der auf einem
Wiederholungszwang beruhenden „rituellen Kohärenz" schriftloser Gesellschaften in Verbindung
bringt. Vgl. auch Walter J. Ong, 1977, Interfaces of the Word. Studies in the Evolution of
Conciousness and Culture, Ithaka.

Zeitlichkeit als eigenständiges Ordnungsprinzip (Sinndimension). Am Beispiel der Geschichte, die selbst erst in der besonderen Sinndimension Zeit
konstituiert werden kann, wollen wir diese Einsicht verdeutlichen.

Geschichte ist Modus und Derivat von Kommunikationen. Aber
nicht jede Kommunikation ist oder wird Geschichte. Wenn wir Geschichte
als einen Vorgang betrachten, wird Kommunikation nur in dem Maß
Geschichte, wie sie auf die soziale oder biographische Ordnung Einfluß
nimmt, bewahrenswerte Veränderungen und Umschwünge auslöst. Nun ist
Sinngeschichte nicht ein Vorgang, über den sich auch noch nachdenken
läßt, sondern das Denken über die Geschichte, das Wissen von der
Geschichte und die Beobachtung der Geschichte bestimmen zu einem
großen Teil die Geschichte selbst. Vorgang der Geschichte, Geschichtsbewußtsein und Geschichtsschreibung sind untrennbar, das eine ohne das
andere nicht denkbar, da uns jeder Vorgang, jede Operation nur als
beobachtete oder erinnerte zugänglich ist. Die Besonderheit der Geschichte
von Sinnsystemen ist ja gerade, daß sie nicht als faktische Sequenz von
Ereignissen aufgefaßt werden kann, sondern einen „wahlfreien Zugriff auf
den Sinn von vergangenen bzw. künftigen Ereignissen ermöglicht ....
Geschichte entsteht durch Entbindung von Sequenzen."[44] Die erzählten
Ereignisse in der Geschichtsschreibung sind Resultate von Selektionen.
Erzählt werden das Nicht-Selbstverständliche, die Umbrüche, das
Ungewöhnliche, die Transformationen.[45] Geschichte ist immer ausgewählte
Geschichte. Wie jede Erzählung eine andere Zeit behauptet als die des er-
zählten Vorgangs, so ist die historische Zeit nicht die chronologische Zeit.

Die Abhängigkeit der Geschichte von ihrer Beobachtbarkeit und Re-
konstruierbarkeit hat zu der Annahme geführt, daß sich Gesellschaften eine
Geschichte dann konstruieren, wenn sie schriftliche Dokumente ihrer Exis-

---

[44] Niklas Luhmann, 1984, Soziale Systeme, a.a.O., S.118.

[45] Vgl. für viele andere: Paul Veyne, 1978, Comment on écrit l'histoire: essai d'épistémologie.
Augmentée de Foucault révolutionne l'histoire, Paris.

tenz hinterlassen haben. Es ist evident, daß Schrift historische Datierung erleichtert, daß schriftliche Quellen die selektive Rekonstruktion von Historie ermöglichen. Schrift und Geschichtsbewußtsein oder die Herausbildung eines kulturellen Gedächtnisses sind aber keineswegs gleich-ursprünglich, wie man lange behauptet hat.

Der Auffassung, Geschichte sei undenkbar ohne die Möglichkeit ihrer Aufzeichnung, hat Schott in dem dafür berühmt gewordenen Text *Das Geschichtsbewußtsein schriftloser Völker* deutlich wiedersprochen. Es sei dahingestellt, ob wir die Begründung seines Befundes teilen, Geschichtsbewußtsein sei eine anthropologische Universalie, der ein „historischer Sinn" zugrunde liege, „eine elementare Eigenschaft des Menschen, die mit seiner Kulturfähigkeit schlechthin" zusammenhänge.[46] Bedeutender scheint die Frage, welcher Begriff von Geschichte hier zugrunde gelegt wird. Offenbar ist Schotts Verständnis von Geschichte bereits mit dem von uns als universell angesehenen vorher/nachher Schema erfaßt. Der selektive Zugriff auf Vergangenheit und Zukunft, die Offenheit der von Sach- und Sozialdimension entbundenen Zeitdimension ist, soweit ich sehe, an seinem Material nicht ersichtlich.

Jedenfalls ist der *kausale* Zusammenhang von Schrift und Geschichte seit gut zwanzig Jahren plausibel aufgelöst. Einen sehr differenzierten Einspruch gegen diese These hat Jan Assmann anhand der frühen Hochkulturen entwickelt. Er geht davon aus, daß Geschichte nicht das Volk hat, das schriftliche Quellen seiner Existenz hinterlassen hat, sondern jenes, das sich der Geschichte als einer Sinndimension seines Daseins bewußt geworden ist. Jan Assmann stellt die Frage nach den „Quietiven" und „Inzentiven" der Geschichtsschreibung. Die hervorgehobene Funktionsstelle, die es nach seiner Theorie zu besetzten gilt, ist die der *fundierenden*

---

[46] Rüdiger Schott, 1968, Das Geschichtsbewußtsein schriftloser Völker, in: Archiv für Begriffsgeschichte 12, S.166-205 (170).

Geschichte.[47] So kann er für Ägypten zeigen, das seit Herodot als das Volk mit dem längsten Gedächtnis gilt, daß die bloße Dokumentation in Form von Annalen und Königslisten Geschichtsschreibung eher blockiert als befördert. „Sie (die Königslisten) beweisen nicht die Bedeutsamkeit, sondern eher die Trivialität der Geschichte." Und er schlußfolgert: „Diese ganze intensive Beschäftigung mit der Vergangenheit, wie sie sich in der altorientalischen Zeitrechnung, Annalistik und in den Königslisten niederschlägt, dient der Stillstellung und Entsemiotisierung der Geschichte."[48] Die Zeit der großen Ereignisse, Umschwünge und Veränderungen, die Geschichte interessant macht, ist in dieser Epoche, so Assmann, die Zeit der Götter. Erzählungen von dieser Zeit nennen wir Mythen. Es ist neben vielen anderen Verdiensten auch Jan Assmanns Verdienst, die Opposition von fiktiv und faktisch aufgelöst zu haben und den Begriff des Mythos jenseits dieser Differenz anzusiedeln. Mythen in diesem generalisierenden Sprachgebrauch sind dann alle identitätsfundierenden Narrationen: die kosmischen Mythen der Hochkulturen, wie der Osiris-Mythos für das ägyptische Königtum, die Exodus-Überlieferung für Israel, wie der „Holocaust" als fundierende Geschichte des israelischen Staates. Für die biographische Narration können wir hinzufügen: Die „adlige Herkunft" des Findelkindes, die biographische Bedeutsamkeit der Gratifikation durch eine Eliteschule, sofern die jeweilige Gesellschaft sie bereithält, die göttliche Erscheinung, die zum Glaubensbekenntnis führt, oder die Geschlechtsumwandlung des

---

[47] Sinndimension wird bei Jan Assmann nicht in der Weise verwendet, wie wir den Begriff eingeführt haben. Die unterschiedlichen Ausgangspunkte scheinen in der Verschiedenheit soziologischer und kulturwissenschaftlicher Fragestellungen begründet. Während die Soziologie nach der sinnevolutionären Differenzierung der Selbstreferenz in zeitliche, sachliche und soziale Dimensionen fragt, geht es Jan Assmanns gerade um das Zusammenschießen zeitlicher, sachlicher und sozialer Hinsichten im Konzept der *fundierenden Geschichte.* Ihr Angelpunkt ist die sachlich begründete Identität einer Gruppe, die nicht different von zeitlich distanten Alter egos durch Bezugnahme auf eine gemeinsame Vergangenheit erzeugt wird. Geschichte wird hier nicht mit Zeit, sondern mit einer Gruppenidentität in Verbindung gebracht. Vgl. Jan Assmann, 1992, Das kulturelle Gedächtnis, a.a.O., bes. Kap III, S. 66ff.

[48] Ebenda, S.75.

Transsexuellen. Nicht mehr die Unterscheidung faktisch/fiktiv ist also entscheidend für das Verständnis von Geschichte, sondern vielmehr die Frage, ob es sich um eine absolute oder um eine relative bzw. historische Vergangenheit handelt. Die Vergegenwärtigung der absoluten Vergangenheit in der Gegenwart bleibt in immer gleicher Distanz zur fortschreitenden Gegenwart. Wie die Ewigkeit kennt sie keinen Anfang und kein Ende. Sie geschieht im Modus der zyklischen Wiederholung. Anders die Vergegenwärtigung historischer Vergangenheit: Sie folgt der historisch rekonstruierten Sequenzialisierung. Ob eine Gesellschaft nun die „kalte" oder „heiße" Option - so lassen sich die Formen der Vergegenwärtigung übersetzen - des Umgangs mit Vergangenheit und Zukunft praktiziert, diese Differenz versucht Jan Assmann aus einem evolutionären Schema herauszulösen und reduziert die jeweilige Option auf eine „gedächtnispolitische Strategie, die jederzeit unabhängig von Schrift, Kalender, Technologie und Herrschaft gegeben" sei.[49]

Wir wollen den Begriff der Geschichte der Vergegenwärtigung historischer und nicht absoluter Vergangenheit vorbehalten und ihn von den übrigen erwähnten Formen der Organisation eines kulturellen Gedächtnisses unterscheiden. Den Begriffsentscheidungen von Jan Assmann folgen wir also nur zum Teil, was uns auch zu anderen Schlußfolgerungen führt. Seine Studie dient uns allerdings als Beleg für eine These, die für den Fortgang unserer Untersuchung von zentraler Bedeutung ist. Daß Schrift ihre Ursprünge nicht im Kontext von Geschichtsschreibung hatte, sondern ihre Ausgangspunkte in Wirtschaft und Religion nahm, muß nicht bedeuten, daß sie ohne Einfluß auf die Sinnevolution blieb. Die Sinnevolution hat schließlich die Selbstreferenz des Sinns in der beschriebenen Weise

---

[49] Vgl. ebenda, S. 69; der Begriff der absoluten Vergangenheit wird im Anschluß an Cassirer, die Idee der heißen und kalten Gesellschaft in modifizierter Form im Anschluß an Lévi-Strauss verwendet.

dimensional respezifiziert: eine Zeitdimension ausdifferenziert, innerhalb derer sich Geschichte konstituiert.

In der Schrift sehen wir eine der „preadaptive advances" im Parsonsschen Sinn. Was prinzipiell mit Schrift möglich wird, realisiert sich nicht schon mit dem Vorhandensein von Schrift. Schrift ist Voraussetzung, aber nicht hinreichende Bedingung für die Sinnevolution, die in der Zeitdimension Zukunft und Vergangenheit kontingent setzt und so überhaupt erst Geschichte denkbar macht. Schriftlichkeit als solche erzeugt also nicht bereits Geschichte. Sie schafft Möglichkeitsbedingungen, die in sehr verschiedener Weise gesellschaftlich verwendet werden. Mit Schrift kann auch gegen den mit Schrift prinzipiell eröffneten Kontingenzraum opponiert werden. Sie kann auch in den Dienst eines zyklischen Zeitmodells genommen werden. Die chronologisierende kreisförmige Wiederholung des Immergleichen der ägyptischen Königslisten sind ein Beispiel dafür. Aufwendige und komplizierte Manöver, die eine Kultur „kaltstellen", lassen sich auch schriftlich bewerkstelligen. Es lassen sich Dokumentationsgattungen schaffen, die die mit der Schrift gewonnene Kontingenz stillstellen.[50] Der umgekehrte Fall, nämlich die Semantisierung der Kontingenz von Vergangenheit und Zukunft in einer schriftlosen Gesellschaft ist, soweit ich sehe, nicht bekannt. Insofern können wir keine Alternativen im evolutionären Zusammenhang von Schrift und Geschichte einerseits und Geschichte als Sinndimension andererseits sehen, da offenbar nur die Semantik von Schriftkulturen die für Geschichte konstitutive Kontingenz der Horizonte Zukunft und Vergangenheit hervorzubringen vermag.[51]

---

[50] Ein Beispiel sind Nonnenbiographien des 17. Jahrhunderts. Nicht Veränderung, Abweichung, Umschwünge, sondern die Gleichförmigkeit und Regelmäßigkeit werden in dieser Gattung gepflegt. Der geübte Leser kann offenbar Tonlagen unterscheiden. Vgl. Jacques Le Brun, 1987, Das Geständnis in den Nonnenbiographien des 17. Jahrhunderts, in: Alois Hahn/Volker Kapp (Hrsg.), Selbstthematisierung und Selbstzeugnis: Bekenntnis und Geständnis, Frankfurt/M.: Suhrkamp, S.248-265.

[51] Es bestätigt sich in dieser historischen Koinzidenz vielmehr ein Zusammenhang von Gesellschaftsstruktur und Semantik.

5.2.3. Sozialdimension

Die Sozialdimension von Sinn wird relevant, wenn Erleben und Kommunizieren daraufhin befragt werden, ob andere eine andere Perspektive einnehmen und eine andere Auffassung vertreten könnten. Sie betrifft eine Alterität, die als anderes und dennoch Seinesgleichen unterstellt wird und deshalb in der Tradition alter Ego genannt wird. Wie der Doppelhorizont innnen/außen die Sachdimension, Vergangenheit/Zukunft die Zeitdimension konstituiert, so konstituiert der Doppelhorizont alter/ego die Sozialdimension. Wie die Explorationen in den Sonderhorizonten der Sach- und Zeitdimension an kein Ende kommen, so konstituiert die Horizonthaftigkeit von ego und alter die Unabschließbarkeit von Verweisungen in der Sozialdimension.

Hat sich in der Sinnevolution die Semantik von alter und ego erst einmal etabliert, was selbst ein Resultat rekursiver Vernetzungen von Beobachterbeobachtungen ist, wie es in der Sprache der second order cybernetics heißt, so ist sie universell relevant.[52] Die Sozialdimension von Sinn gewinnt so eine von der Sachdimension unterschiedene auf alles durchgreifende Eigenständigkeit. Ihre Eigenständigkeit ergibt sich daraus,

---

[52] Die erkenntnistheoretische Einsicht, daß die semantische Beschreibungen der Sozialdimension alter/ego, Konsens/Dissens oder Personen und deren Auffassungsunterschiede Konstruktionen des Beobachtens von Beobachtungen sind, setzten wir voraus. Was es heißt, die Position des Beobachters zweiter Ordnung zu explizieren und sozusage vor die Klammer zu ziehen, innerhalb derer die Sinndimensionen entfaltet werden, findet sich bei Niklas Luhmann, 1990, Die Wissenschaft der Gesellschaft, a.a.O. S. 88ff.

so Luhmann, „daß neben der Ego-Perspektive auch eine (oder viele) Alter-Perspektive(n) Berücksichtigung finden. Jedem Sinn kann dann auch eine Verweisung ins Soziale abverlangt werden. Das heißt: Man kann allen Sinn daraufhin abfragen, ob ein anderer ihn genauso erlebt wie ich oder anders. Sozial ist also Sinn nicht qua Bindung an bestimmte Objekte (Menschen), sondern als Träger einer eigentümlichen Reduplizierung von Auffassungsmöglichkeiten. Entsprechend stehen die Begriffe ego und alter hier nicht für Rollen oder Personen oder Systeme, sondern ebenfalls für Sonderhorizonte, die sinnhafte Verweisungen aggregieren und bündeln."[53]

Wenn wir also die Sozialdimension allen sinnhaften Erlebens und Kommunizierens als Verweisung auf Auffassungsperspektiven verstehen, die auch unterschiedlich ausfallen können, so ist die Sozialität des Sinns nicht schon mit der Frage nach dem selbstverständlich und unhinterfragt geteilten Sinn behandelt.[54] Unter Sozialität von Sinn wollen wir das Problem behandeln, ob Wissen bei alter ego als mitgewußt unterstellt werden kann oder nicht, und den innerhalb der Sozialdimension ausdifferenzierten Sonderhorizont Konsens/Dissens.[55] Die Sozialität von Sinn fragt also zunächst nach Wissensdivergenzen, die wir auch als Beobachtungsdivergenzen bezeichnen können, da wir Wissen als Kondensierung von Beobachtungen begreifen.[56]

---

[53] Niklas Luhmann, 1984, Soziale Systeme, a.a.O., S. 119f.

[54] Dies ist das Anliegen von Lebenswelttheorien, die dann bei Schütz durch die Reziprozität der Perspektiven ergänzt wird und gerade nicht durch die Möglichkeit der Verschiedenheit der Auffassungsperspektiven.

[55] Dem entspricht der Sonderhorizont reversibel/irreversibel in der Zeitdimension.

[56] Wissen rechnen wir auf Bewußtsein und auf Kommunikation zu. Wir verwenden Wissen im Sinne eines beobachtungsbasierten Wissensbegriffs. Jede Beobachtung setzt eine Unterscheidung, deren eine Seite sie bezeichnet. Vgl. dazu Niklas Luhmann, 1990, Die Wissenschaft der gesellschaft, S. 122ff, passim. Der so bestimmte Wissensbegriff versucht, dem Dilemma klassischer Begriffe von Wissen zu entkommen: er vermeidet die ausschließlich bewußtseinsimmanente Begründung des Wissens, wie es in der auf Transzendentalismus begründeten Tradition geschieht; er vermeidet ebenso den Weg der wissenssoziologisch bzw. sprachphilosophisch belehrten Nachfolgetheorien, die an die Stelle des Bewußtseins Sprache, Kultur, wissenschaftliche Paradigmata etc. setzen, ohne jedoch in die Alternative eines kausalen Wissensbegriffs zu verfallen,

Erst die Erwartbarkeit der Nichtübereinstimmung, die unterstellte Möglichkeit des Dissens provoziert eine Semantik des Sozialen, die eine Theorie des Doppelhorizontes der Sozialdimension ist, eine Theorie der Differenz von Alter und Ego. Sie kann die Form von Verstehenstheorien, Empathietheorien und schließlich Kommunikationstheorien annehmen. Aber die ausdifferenzierte Sozialdimension ist für die Operationen des Bewußtseins im gleichen Maße relevant wie für die Operationen der Kommunikation. Auch wenn die Alter/Ego-Differenz konstitutiv ist für die Kommunikation - wie wir sehen werden, ist sie ihr nicht vorbehalten. Sinnhafte Operationen des Bewußtseins können sich immer danach fragen, ob ein anderes Bewußtsein ebenso wahrnimmt, erlebt, denkt. Bewußtsein und Kommunikation können fragen: was meinen die anderen. Die Möglichkeit der Wissens- und Auffassungsdivergenz kann gedacht und kommuniziert werden.

Unter Interaktionsbedingungen, die den Horizont der Wahrnehmung immer mit in Anspruch nehmen (darauf kommen wir zurück), erscheinen Auffassungsunterschiede wie Sachabschattungen und alles Wissen verhaltensabhängig. Es gibt keine verhaltensunabhängige Beziehung von Aussagen und Wirklichkeit. Erst mit Hilfe der Schrift lassen sich Themen soweit objektivieren, daß Sachbehauptungen unabhängig von der Frage diskutiert werden können, wer sie aufstellt. Damit stoßen wir in unserer Darstellung an die Grenzen der analytischen Trennfähigkeit von Sach- und Sozialdimension. Denn das Problem der kontroversen Diskussion von Sachaussagen betrifft die auf dem Auseinandertreten von Sach- und Sozialdimension aufruhende Zuordnung sachlicher Auffassungen zu

---

der Wissen ausschließlich auf Wahrnehmung, Sinneseindrücke und deren mentale Repräsentationen gründet, so daß Wahrnehmung und Beobachtung ununterscheidbar bleiben. Er ist nicht idealistisch bzw. subjektivistisch, da Realität als involvierte Unsichtbarkeit vorausgesetzt wird. D.h. jede Unterscheidung/Bezeichnung setzt immer etwas anderes außer ihr - nämlich Welt - voraus. Er ist nicht naiv realistisch, da die verwendete Unterscheidung/Bezeichnung nicht in der Sache selbst liegt, sondern ein konstruktiver Vorgang ist. Die Unterscheidung liegt der Beobachtung zugrunde und ist nicht deren Resultat.

sozialen Positionen. Der Dialog wird zum Textprinzip in den frühen Schriftkulturen. Man denke nur an die Platonischen Dialoge, aber auch an die mittelalterlichen Summae. Er ist nur scheinbar das Aufnehmen oder Wiedereintreten der Oralität in die Literatur. Tatsächlich handelt es sich um eine erst unter Bedingungen der Schriftlichkeit entwickelte Form der Vorführung und Verhandlung einer Sache aus der Perspektive unterschiedlicher sozialer Positionen, die im Modus der Abwesenheit und im Laufe der Entwicklung dieser Textgattung fiktiv erörtert werden.[57] Ein Teil der Platonischen Dialoge argumentiert hypothetisch mit Abwesenden: x,y würde sagen... . Einige Dialoge enden aporetisch. Man kann sich nicht auf eine Position einigen. Die Zustimmung wird kontingent. Schließlich entstehen Textsorten mit Abhandlungscharakter. Wissenschaftliche Argumentationen werden überprüft, indem systematisch die verschiedenen Auffassungen Abwesender referiert werden. Bibliotheken und deren Perfektionierung

---

[57] Unter dem Stichwort Dialogizität wird üblicherweise der Replikaspekt von Wechselreden behandelt. Im Rekurs auf Bachtins Typologie des Prosawortes wird Dialogizität linguistisch als „zweistimmiges" Wort, als Wort mit Einstellung auf ein „fremdes" Wort behandelt. Texte erscheinen dann als potentiell nicht abschließbare Dialoge, als Interaktion bestimmter Sinnpositionen. Die sich daran anschließende Idee der Intertextualität geht von einem Text über einen Text aus, der an einen anderen Text gerichtet ist. Zugrunde gelegt wird die verschriftlichte Stimme, die in der Schrift ihre Ambivalenzspur sichtbar macht. Die Ästhetik der Dialogizität wird so vornehmlich für Prosagattungen wie den Roman reserviert. Die Ambivalenz zweier Sinnpositionen, zweier Wertakzente wird der Monovalenz der einen Wahrheit gegenübergestellt. Ausgangspunkt ist die Stimme als Ambivalenz- und als Doppelstimme, die zur Idee der Diaphonologie und nicht zu einer Grammatologie führt. Vgl. dazu: Renate Lachmann, 1982, (Hrsg.), Dialogizität, München:Fink; Renate Lachmann, 1990, Gedächtnis und Literatur, Ffm: Suhrkamp, S.126f. Wir wollen nicht die Dissenslinie Stimme versus Zeichen als Universalien aufnehmen. Vielmehr scheinen uns die Platonischen Dialoge wie auch mittelalterlichen Quaestiones bereits eine auf Schrift gestützte Ausdifferenzierung von Ästhetik und Erkenntnis zu belegen. Obgleich einige der Platonischen Dialoge ambivalent und nicht monovalent enden, interpretieren wir dies nicht als Spur der Stimme, sondern als Ausdifferenzierung der Sozialdimension des Sinns. Vielleicht müßte man mit Derrida sagen, sie seien dekonstruktivistisch, da die vorgeführten Positionen häufig als unhaltbar aus der Wechselrede entlassen werden. Der Triumph der richtigen Einsicht wird später Platon vorbehalten. Vorbereitet wird in beiden Fällen die Suche nach der wahren Erkenntnis. Es geht jeweils um die später von Logik und Hermeneutik übernommene Aufgabe der Anleitung zur Erkenntnis der Wahrheit, nämlich um den Ausschluß falscher Deutungen. Zu diesem Zusammenhang zwischen Logik und Hermeneutik vgl. Werner Alexander, 1993, Hermeneutica Generalis. Zur Konzeption und Entwicklung der allgemeinen Verstehenslehren im 17. und 18. Jahrhundert, Stuttgart : Metzler, bes. S.74.

durch den Buchdruck schaffen die Möglichkeitsbedingung der Expansion dieses neuen Text- und Wissenstyps. Mit der Einführung der Bibliotheken ist die prompte Verfügbarkeit unendlich vieler Auffassungen gegeben, die von Verhaltenskontexten abstrahiert aufbewahrt werden. Es entstehen Texte, die Texte beobachten.[58] Durch die Erfindung der Autorenschaft können Texte daraufhin befragt werden, wer mit welcher Unterscheidung beobachtet.[59] Erst Schriftlichkeit schafft die Vorraus-setzung für eine Routinisierung der Beobachtung zweiter Ordnung, die neue Kommunikationsprobleme ausdifferenziert. Man gewöhnt sich z.B. daran, noch zu überprüfen, ob ein für wahr gehaltenes Wissen als wahres Wissen angenommen wird.[60] Verhaltenskontexte werden durch Wissenskontexte abgelöst. Die Frage der Wissenskonvergenz, ob Wissen bei alter Ego als mitgewußt unterstellt werden kann, wird kontingent.

Erst unter Bedingungen der Schriftlichkeit entsteht eine abstrakte Alterität: der abwesende Andere, der unbekannte Andere. Wo es keine Schrift gibt, gibt es nur konkrete Andere. Ahnen und Götter lassen sich durchaus in diese Kategorie einbeziehen. Der abwesende Adressat wird erreichbar, der Adressat einer schriftlichen Kommunikation kann prinzi-

---

[58] Es ist hier zwar auch an Paratexte im Genetteschen Sinne gedacht, denen man auch Bibliothekskataloge zuordnen könnte, aber in erster Linie scheint für eine Beobachtung zweiter Ordnung der Kommentar, die Referenz auf einen anderen Text, dessen Diskussion und die der Beobachtung zugrundeliegende Unterscheidung von Bedeutung. Die prompte Verfügbarkeit divergierender Auffassungen durch deren Aufbewahrung in den Bibliotheken erfährt allerdings zunächst durch strenge religiös und bürokratisch reglementierte Ausleihvorschriften: wer darf wann was ausleihen, eine Einschränkung in der Sozialdimension. Vgl. Christine Maria Grafinger, 1992, Die Ausleihe von Handschriften aus der Bibliotheca Palatina im 17. Jahrhundert, Heidelberger Jahrbuch; dies., 1993, Ein abgelehnter Antrag des deutschen Gelehrten Friedrich Jacobs zur Benützung der Bibliotheka Vatikana, in: Il Bibliothecario.

[59] Den Zusammenhang zwischen der Benutzung der Schrift und der Entwicklung eines Autorenbewußtseins in der frühen griechischen Literatur hat Elisabeth Stein, 1990, nachgewiesen. Es ist eine Erkenntnis der Oral-Poetry -Theorie, daß der Sänger mündlicher Dichtung sich nicht als Autor versteht, sondern nur als tradierender Erzähler alter Begebenheiten.

[60] Auf die Ausdifferenzierung von problembezogenen semantischen Formen für Wissen, Freundschaft, Eigentum und Gelderwerb, die die Kommunikationsmedien Wahrheit, Liebe, Geld vorbereiten, kommen wir zurück.

piell anonym sein - eine Entwicklung, die vor allem mit dem Buchdruck in Verbindung gebracht wird.[61] Schriftlichkeit verändert in der Sozialdimension das Ausmaß der Erwartungsgeneralisierung. Mit der Schriftlichkeit ist das Ausmaß der Zustimmung und Ablehnung ins Unendliche gesteigert. Zustimmung und Ablehnung sind nicht auf die Gleichzeitigkeit, Unmittelbarkeit und Zufälligkeit des Interaktionsgeschehens verwiesen, sondern im Jenseits der Interaktion situiert. Es können daher in der schriftlichen Kommunikation nicht nur divergierende Auffassungen Abwesender in Betracht gezogen werden und unabhängig von ihrer ursprüglichen zeitlichen und sozialen Umgebung nebeneinander plaziert werden: eine Eigenschaft selbstreferentieller Prozesse, die wir als Reflexivität bezeichnet hatten. Diese Auflöse- und Rekombinationsmöglichkeit der schriftlichen Kommunikation beschreibt bereits eine Veränderungen der Differenz von Aktualität und Virtualität in der Sozialdimension. Die Steigerung der Virtualität erlaubt es, daß unendlich viele in Kommunikationen ausgezeichnete Auffassungen in die Aktualität hineinassoziiert werden können. Eine weitere Veränderung zeigt sich im Fortgang der schriftlichen Kommunikation: Er ist nicht von der Auffassung konkreter Anderer abhängig. Schriftliche Kommunikation enthält somit in der Sozialdimension einen Dissensaufschub. Hinter der häufig beschriebenen Einsamkeit des Schreibers verbirgt sich ein Gewinn an Abweichungs- und Innovationschancen. Sinngehalte werden unabhängig von deren Zustimmungsfähigkeit in der direkten Interaktion stabilisierbar. Auch der Dissens kann schriftlich aufbewahrt werden.

Wenn wir also das Prinzip der Schriftlichkeit als Veränderungen entlang der Differenz von Aktualität und Virtualität begreifen, die sich in

---

[61] Während sich in der Buchkommunikation der Adressat selbst bestimmt, bestimmt die Briefkommunikation ihren Adressaten. Zum Problem der Adressatenkontrolle in der Briefkommunikation vgl. meinen Text: 1996, Die Beredsamkeit der Schrift und die Verschwiegenheit des Boten, in: Jürgen Fohrmann/Harro Müller (Hrsg.), Systemtheorie der Literatur, München: Fink, S. 310-325.

den drei Sinndimensionen ausfaltet, lassen sich diese folgendermaßen zusammenfassen: Wir hatten festgehalten, daß Sinn nur durch Verweisung auf anderen Sinn jeweils aktuelle Realität gewinnen kann. Es handelt sich um eine asymmetrische Verweisungsstruktur, da jede Operation in ereignisbasierten Systemen nur aktuell vollzogen werden kann. Diese Aktualität aber bestimmt sich im Unterschied zur darin angezeigten Virtualität. Wenn Schriftlichkeit nun zur Steigerung und Komplexifizierung der Seite der Virtualität sinnhaften Prozessierens führt, hat dies Folgen für die ausdifferenzierten Doppelhorizonte: innen/außen, Zukunft/Vergangenheit, Ego/Alter, die Sach-, Zeit- und Sozialdimension konstituieren und selbst das Resultat der Verschriftlichung von Sinnprozessen sind.

In der *Sachdimension* ermöglicht Schriftlichkeit die Dekontextuierung und Rekontextuierung im Sinne einer Neukontextuierung von Wissen. Wir hatten dies als Abstraktions- und Kohärenzgewinn beschrieben, der Bewußtseinsprozesse verändert und neue Anforderungen an die Organisation von Wissen stellt. Das dekontextualisierte Denken entwickelt Logik und Formalismen, das rekontextualisierte Wissen erhebt Anspruch auf Widerspruchsfreiheit.

In der *Zeitdimension* führen die mit der Schriftlichkeit ermöglichte Detemporalisierung und Retemporalisierung zur Kontingenz von Zukunft und Vergangenheit. Gegenwart kann jetzt Gegenwart einer Vielzahl von Vergangenheiten und Zukünften sein. Der detemporalisierte, Chronologien unterlaufende Sinnprozeß kann in einen selektiven Geschichtsprozeß retemporalisiert werden.

Schriftlichkeit setzt schließlich in der *Sozialdimension* Alterität kontingent. Sie ermöglicht Wissen zu dissoziieren und zu resoziieren. Mit der Schriftlichkeit etabliert sich ein Wissen von der Inkommensurabilität von Auffassungsperspektiven. Alter, der auch ein abwesender oder anonymer Anderer sein kann, fungiert als Horizont für ein anderes Weltwissen. Schriftlichkeit steigert die Möglichkeit anderer Auffassungen, die jetzt als

Auffassung Abwesender präsent werden können. Das divergente Wissen ist Ego und Alter potentiell zugänglich, kann seine Gültigkeit und Tradierbarkeit aber auch unabhängig von deren jeweiliger Zustimmung entfalten.

Schriftlichkeit führt die Sinnevolution somit in eine Paradoxie. Sie ermöglicht in der Organisation des Wissens zugleich Kohärenz und Widerspruch. In der Schriftforschung sind diese Einsichten durchaus als getrennte Befunde gesehen worden. Wir hatten im Kapitel Sachdimension zahlreiche empirische, historische und kulturvergleichende Studien herangezogen, die Kohärenz, Formalisierung und Dekontextuierung des Wissens als Resultate des Schriftgebrauchs plausibel machen konnten. Andererseits wird Kritik, die wir als Widerspruch in der Sozialdimension interpretieren, durchaus plausibel mit dem Schriftgebrauch einer Kultur in Verbindung gebracht.[62] Wenn wir versuchen, die bislang getrennt gesehenen Befunde in der Sinnevolution zusammenzuführen, steht selbstreferentieller Sinn mit dem Zugleich von Kohärenz und Widerspruch vor einer unentscheidbaren Situation. Voraussetzung für Unentscheidbarkeiten ist eine Paradoxie, die in diesem Fall lautet: Selbstreferentieller Sinn ist kohärent und widersprüchlich. Deren Entparadoxierung ist die dimensionale Respezifizierung der Selbstreferenz von Sinn in sachlicher, zeitlicher und sozialer Hinsicht. Während Schriftlichkeit in der Sachdimension widerspruchsbereinigtes Wissen hervorbringt, kultiviert sie in der Sozialdimension geradezu den Widerspruch.

---

[62] Vgl. Jack Goody, 1977, Literacy, Criticism and the Growth of Knowledge, in: Joseph Ben-David and Terry Nichols Clark (Hrg.), Culture and Its Creators. Essays in Honor of Edward Shils, Chicago:UP, S. 226-244. Auch in der Musik werden stilistische Absetz- und Kritikbewegungen mit der Notation und dem zu Beginn des 16. Jahrhunderts einsetzenden Notendruck in Verbindung gebracht. Für die so initiierte Epochenbildung über den Widerspruch ist freilich die Zeitdimension von Bedeutung. Kohärente Stilgestalten werden nacheinander als jeweils kohärent und stimmig wahrnehmbar und zugelassen.

Kapitel II
Sozialität und Schriftlichkeit

1. Die Differenz schriftlich/mündlich

Medien sind niemals Substitute. Sie verändern, indem sie zu ersetzen scheinen. So wie Schrift nicht gesprochene Sprache ersetzt oder ablöst, so löst die schriftliche Kommunikation nicht die mündliche Kommunikation ab.[1] Wir wollen vielmehr davon ausgehen, daß die Einführung der Schriftlichkeit in die gesellschaftliche Kommunikation die Differenz schriftlich/mündlich schafft und die Kommunikation selbst verändert. Wie sich die Kommunikation der Gesellschaft durch die Einführung der Schriftlichkeit in die Kommunikation verändert und welche Anforderung diese Veränderung an eine Sozialitätstheorie stellt, ist der Problemhorizont dieses Kapitels. Deshalb werden wir zuerst klären, was Kommunikation ist.

Unter Kommunikation verstehen wir eine Form sinnhaften Prozessierens, die als Einheit der drei Selektionen Information, Mitteilung und Verstehen beschrieben werden kann.[2] Darin folgen wir einem Verständnis

---

[1] Wir wenden uns mit dieser Auffassung explizit gegen die prophezeite Schriftlosigkeit der Sprache von Medientheoretikern wie z.B. Flusser. Ebensowenig wird im Zuge der Elektronisierung der Kommunikation eine neue Oralität die Literalität ablösen, wie es McLuhans Phantasie eines medialen Weltdorfs vorsieht.

[2] Vgl. Niklas Luhmann, 1984, Soziale Systeme, a.a.O., S. 194ff; ders., 1987a, Zum wissenschaftlichen Kontext des Begriffs Kommunikation, MS, S. 6; und passim. Diese Auffassung schließt an die sprachtheoretischen Überlegungen Bühlers an, der die dreifache Leistung der Sprache

von Kommunikation, das Kommunikation zugleich als vom Bewußtsein unterschiedenes Sinnsystem und als operative Einheit auffaßt. Kommunikation in diesem Sinne unterliegt allen im vorangegangenen Kapitel beschriebenen Restriktionen und Möglichkeiten von Sinnsystemen. Demnach ist Kommunikation ein selbstreferentielles System, das nicht außerhalb seiner Grenzen operieren kann. Dies hat besondere Konsequenzen für das Verhältnis von Kommunikation und Bewußtsein. Bewußtsein kann nicht andere informieren oder etwas mitteilen. Über das Bewußtsein anderer wissen wir nur etwas - wenn wir die Auffassung Husserls zugrunde legen - per Analogie zu unserem eigenen Bewußtsein. Niemals können wir an fremdem Bewußtsein teilhaben. Wir können nur Körper wahrnehmen und beobachten. Wahrnehmung ist aber nicht Moment von Kommunikation, sondern kann nur Gegenstand, nicht Selbstreferenz, sondern Fremdreferenz von Kommunikation sein. Ebenso bleibt alles Kommunizieren über Bewußtsein immer nur Kommunikation über Bewußtsein, und es ist niemals als solche selbst Bewußtseinsoperation, obgleich sich Kommunikation nur ereignen kann, wenn gleichzeitig Bewußtseinsoperationen beteiligt sind. Darin unterscheidet sich der Freiheitsgrad der Operationen des Bewußtseins von dem der Kommu-nikation. Strukturaufbau und Bewußtseinsentwicklung sind diachron ohne Kommunikation nicht denkbar. Die dafür verwendeten Medien sind diejenigen, die auch in der Kommunikation verwendet werden. Darauf kommen wir noch einmal zurück. Operative Prozesse des Bewußtseins verlaufen aber durchaus ohne Kontakt zur Kommunikation, denn Bewußtseinsoperationen können aneinander anschließen ohne Zwischen-

---

unterscheidet nach: Ausdruck, Appell und Darstellung, vgl. Karl Bühler 1934/1982, Sprachtheorie, Stuttgart-New York, S. 28. Auch die Sprechakttheorie schlägt die drei Formen: Lokution, Illokution und Perlokution von Sprechakten vor. Die Idee der dreifachen Selektion von Information, Mitteilung und Verstehen betont jedoch anders als ihre Vorläufer die *Einheit* der Operation, die in der dreifachen Selektion besteht. Darin ist der Luhmannsche Kommunikationsbegriff dem Peirceschen Zeichenbegriff verwandt. Man könnte die dreifache Relation eines Zeichens: zum Objekt, zu sich selbst und zum Interpretanten durchaus in die drei Selektionen Information, Mitteilung und Verstehen übersetzen.

schaltung von Kommunikation. Die Operationen des Denkens, Wahrnehmens, Empfindens bedürfen aktuell keiner kommunikativen Unterstützung.
Anders die Kommunikation: Sie kann nur funktionieren, wenn aktuell
mindestens ein Bewußtsein beteiligt ist. Die systematische Differenz von
Mündlichkeit und Schriftlichkeit besteht nun darin, daß die Interaktion
gleichzeitig mehrere Bewußtseine beteiligt, während die schriftliche Kommunikation im Moment ihres Zustandekommens, d.h. im Akt des Verstehens gleichzeitig auf die Verstehensleistungen der Kommunikation und nur
eines Bewußtseins verwiesen ist. Diese systematische Differenz ist in eine
Kommunikationstheorie einzutragen, die die Modi mündlich und schriftlich
umgreifen soll.

Üblicherweise wird Kommunikation als Informationsübertragung
zwischen Sender und Empfänger oder als eine spezifische, von anderen
unterscheidbare Form von Handlung begriffen: kommunikatives Handeln,
Mitteilungshandeln, verständigungsorientiertes Handeln; oder als Kundge-
bung und Verstehen der Anzeichen von cogitationes eines Mitmenschen.
Die erste, vor allem in Linguistik und Informationstheorie verbreitete Variante wird dem Postulat des Selektionszwangs sinnhafter Prozesse nicht
gerecht. Da sinnhafte Prozesse aber immer einen Verweisungsüberschuß
abzuarbeiten haben, ist Selektion geradezu konstitutiv für sinnhaftes
Operieren. Klassische Referenz ist hier die Kommunikationstheorie
Shannons und Weavers.[3] Sie gehen in ihrem informationstheoretischen
Modell von einer Nachrichtenübertragung durch Datenströme aus und unterscheiden fünf Funktionen von Nachrichtennetzen: Quelle, Sender, Kanal,
Empfänger und Senke von Datenströmen. Die einzige Bedingung für eine
funktionierende Informationsübertragung ist, daß über den Kanal nicht

---

[3] Vgl. Shannon, Claude E./ Weaver, Warren,1949/1976, Mathematische Grundlagen der Informationstheorie, München-Wien, bes. S. 43-45; vgl. als klassische linguistische Variante, auf
Saussure aufbauend: Luis Prieto, 1966, Messages et signaux, Paris.

immer die gleiche Nachricht laufen darf. Denn Information steht hier ausschließlich für den Überraschungswert eines Signals. Angestrebtes Ziel eines jeden Nachrichtennetzes ist der saubere, rauschfreie Kanal. Wenn in diesem Modell von Selektion die Rede ist, so geschieht es im Sinne der Materialität eines Mediums: Selektion meint hier Datenselektion, die im jeweiligen Kanal stattfindet. So lassen etwa Schrift und Buch als Kanal keine sonorisch-lautlichen Informationen zu. Die Post als Kanal läßt keine leiblich-gestischen Mitteilungen zu, seitdem Botschaften von Boten transportiert werden, die den Inhalt der von ihnen transportierten Botschaften nicht kennen bzw. nicht kennen sollten.[4]

Das Modell von Shannon und Weaver wurde immer wieder mit unerheblichen Modifikationen aufgegriffen. Verbindlichkeit hat nach wie vor das von den Autoren geprägte Verständnis von Information. Gelegentlich gab es Synthetisierungsversuche, die die Anwendung auf sinnhafte Prozesse erleichtern sollten. Daß "Sinnhaftigkeit Auswahl impliziert", stellt Lyons an den Anfang seines Integrationsversuchs aus Informationtheorie, Kommunikationspragmatik und Semantik.[5] Auswahl meint hier, "daß das, was der Sender kommuniziert (die Informationen, die sozusagen durch die Auswahlmöglichkeiten des Senders in das Signal gelegt werden) und die vom Empfänger aus dem Signal gewonnene Information (die gedacht werden kann als Auswahl des Empfängers aus der gleichen Menge von Alternativen) als identisch angesehen würde. In der Praxis gibt es jedoch häufig Fälle von Mißverstehen, und wir müssen dies in unserem theoretischen

---

[4] Vgl. dazu Cornelia Bohn, 1996, Die Beredsamkeit der Schrift und die Verschwiegenheit des Boten, in: Jürgen Fohrmann/Harro Müller (Hrsg.), Systemtheorie der Literatur, München: Fink, S. 310-325.

[5] John Lyons, 1980, Semantik I, München, S. 45ff. schränkt das Übertragungsmodell auf "intentionale Informationsübertragung mittels eines eingeführten Signalsystems" ein. Er versucht Erkenntnisse aus der Informationstheorie (Shannon/Weaver), der pragmatischen Bedeutungstheorie (Grice, Strawson) und der linguistischen Semantikforschung zu integrieren. Die umgekehrte Rezeptionsstragegie verfolgen Friedrich Kittler, 1985/1986, Aufschreibesysteme, Stuttgart, und alle

Ansatz berücksichtigen."[6] Was für die semantisch angereicherte Übertragungstheorie der Kommunikation als Abweichung einen Platz im theoretischen Modell verdient, ist in unserer Vorstellung von Kommunikation durchaus die Regel. Wir gehen ja gerade nicht von der Identität eines kommunikativ zu übertragenden Sinnes aus, der aus einem bereits vorhandenen Datenvorrat herausselegiert wird. Dies beschreibt allenfalls die Selektion der Information. Der Sinn eines kommunikativen Aktes konstituiert sich aber nach dem hier zugrunde gelegten Verständnis erst in der dreifachen Selektion von Information/Mitteilung und Verstehen. Dreh- und Angelpunkt eines jeden kommunikativen Prozesses ist daher das Mißverstehen einschließende Verstehen, das notwendig selbst eine Selek-tion darstellt.

Die von Mead gegen die individualistische Handlungstheorie angeführte pragmatische Erkenntnis: Der Sinn eines jeden gegebenen sozialen Aktes bestehe in der Antwort auf diesen Akt,[7] wird von Niklas Luhmann kommunikationstheoretisch universalisiert. "Die Kommunikation wird sozusagen von hinten her ermöglicht, gegenläufig zum Zeitablauf des Prozesses".[8] Erst mit dem Verstehen bzw. Mißverstehen anhand der Differenz von Information und Mitteilung erfolgen kommunikative Anschlüsse und die Möglichkeit, die Kommunikation anzunehmen oder abzulehnen.

Die zweite Variante geht davon aus, daß sich Strukturen des Kommunikationssystems durch Bewußtseinszustände, wie z.B. Motive, Absichten, Intentionen, Orientierungen spezifizieren lassen.[9] Legen wir die für

---

Klartextanhänger: Semantik gilt als Artefakt, dessen sich die Literaturwissenschaft zu entledigen hat. Es gelten nur noch der Kanal und dessen Schaltungen.

[6] John Lyons, 1980, Semantik I, a.a.O., S. 46.

[7] Diese Meadinterpretation entfaltet Alois Hahn in: Hans Braun/ Alois Hahn, 1973, Wissenschaft von der Gesellschaft, Freiburg, bes. S.102, anhand der Textstelle bei George Herbert Mead: "The response of one organism to the gesture of another in any given social act is the meaning of that gesture."

[8] Vgl. Niklas Luhmann, 1984, Soziale Systeme, a.a.O., S. 198.

[9] Vgl. als prominentesten zeitgenössischen Vertreter dieser Auffassung: Jürgen Habermas, 1981, Theorie kommunikativen Handelns, Bde.1 und 2, Frankfurt/M. Auf unser Problem bezogene

Sinnsysteme festgestellte Besonderheit der operativen Geschlossenheit zugrunde, ist offensichtlich, daß wir Kommunikation - als Operationsmodus des Sozialen - nicht mit Rekurs auf Psychisches erklären können.

1.1 Sprache und Schrift transzendieren den Wahrnehmungskontext

Während wir Sinn und sinnhaft konstituierte Sprache als koextensiv mit Gesellschaft begreifen, begreifen wir Schriftlichkeit als eine evolutionäre Gegebenheit in der gesellschaftlichen Kommunikation. Nur sehr elementare Sinnvorgänge sind ohne Sprache, das heißt immer auch ohne die Möglichkeit der Negation und andere Modalisierungen denkbar. So sind Operationen des Bewußtseins wie Wahrnehmungen oder Empfindungen auch ohne vorgängigen Zeichengebrauch durchführbar, rudimentäre Kommunikationen können deiktisch, mimisch oder gestisch vollzogen werden.[10] Hochgezogene Augenbrauen können Zweifel und Bedenken signalisieren,

---

Einwände habe ich diskutiert in: Cornelia Bohn-Müller, 1986, Über die Einheit der Formen von Kommunikation, in: Rainer Danielzyk/Fritz Rüdiger Volz, (Hrsg.), Vernunft der Moderne? Zu Habermas' Theorie des kommunikativen Handelns, Parabel, Band 3, Schriftenreihe des Evangelischen Studienwerks Villigst, Münster: edition liberación. Vgl. aber auch den sprach- und zeichentheoretisch informierten Kommunikationsbegriff bei Alfred Schütz, 1971, Gesammelte Aufsätze, Bd 1: Das Problem der sozialen Wirklichkeit, Den Haag:Nijhoff, S.368ff. In der Kommunikation verwendete Interpretationsschemata bleiben bei Schütz durch die biographische Situation und die ihr entspringenden Relevanzsysteme bestimmt, ebenda, S. 373. Neuerlich hat Ilja Srubar, 1994, Lob der Angst vorm Fliegen. Zur Autogenese sozialer Ordnung, in: Walter M. Sprondel (Hrsg.), Die Objektivität der Ordnung und ihre kommunikative Konstruktion, Frankfurt/M: Suhrkamp, S.95-121, diese Position noch einmal sehr differenziert auf das Problem der Autogenese sozialer Ordnung bezogen. Wir stimmen der Formulierung zu: "Das Individuum, seine Sinnleistungen und ihre soziale Plastizität sind also von dem autogenetischen Prozeß, in dem soziale Ordnung entsteht, nicht trennbar, ..." (ebenda, S. 115), nicht aber den Schlußfolgerungen, die Srubar zieht: "Vielmehr macht es Sinn, wenigstens für die Betrachtung des Problems der Autogenese sozialer Ordnung, Kommunikation als einen Prozeß zu betrachten, aus dem das subjektive und soziale Sinngeschehen als ein geschlossener Zusammenhang zu begreifen sind." (ebenda, S. 116).

[10] Husserls Analysen der Bewußtseinsoperationen situieren Modalisierungen wie Möglich-sein, Negation in der vorprädikativen Sphäre. Er will nicht nur zeigen, daß Modalisierung dort auftritt, sondern daß sie "dort am ursprünglichsten zu Hause ist." Husserl, Edmund, 1939/1985, Erfahrung und Urteil, a.a.O., S. 104. Der Ursprungsfrage wollen wir nicht nachgehen.

Nicken oder Kopfschütteln Zustimmung oder Ablehnung. Dennoch sind die eigentlich sozialitätsstiftenden Sinnprozesse nicht ohne Sprache und in komplexerer Form nicht ohne Schrift denkbar. Wir können aber Kommunikation als Selektionsverstärkung der Wahrnehmung annehmen und Sprache und Schrift als Selektionsverstärkung der Kommunikation.[11] Das auf einen wahrnehmbaren Sachverhalt gerichtete Gespräch wird die Aufmerksamkeit der Beteiligten auf jenen Gegenstand richten. Die generalisierbaren, in Sprach- und Schriftzeichen verfügbaren Sinneinheiten präformieren die kommunikativen Anschlußmöglichkeiten.

Wie stark mündliche Kommunikation in Wahrnehmungskontexte eingebunden bleibt, wird in den Interaktionsstudien Goffmans deutlich. Er weist darauf hin, daß es im strengen Sinne in Interaktionen keine reine Sprecher-Hörer-Kommunikation gibt, sondern daß alle mündliche Kommunikation eingebunden bleibt in wechselseitige Sicht- und oft auch Berührbarkeit: "The terms 'speaker' and 'hearer' imply that sound alone is at issue, when, in fact, it is obvious that sight is organizationally very significant too, sometimes even touch."[12] Goffman unterstreicht in diesem Zusammenhang ausdrücklich, wie stark Interaktion nicht lediglich ein kommunikatives Geschehen ist, sondern ein Vorgang wechselseitiger *Wahrnehmung*, auf der die Kommunikation "fußt". Die mündliche Kommunikation ist demnach für die Optimierung ihres Gelingens geradezu auf "Inter-Perzeption" (Hahn) angewiesen. "For the effective conduct of talk, speaker and hearer had best be in a position to *watch* each other."[13] Gerade die Goffmansche Theorie des "Fußens" einer Kommunikation in Wahrnehmungsumwelten macht deutlich, daß in Interaktionen Sprache, ja sogar Kommunikation nur eine Kom-

---

[11] Vgl. zum Problem der Selektionsverstärkung: Niklas Luhmann, 1971, Sinn als Grundbegriff der Soziologie, in: Jürgen Habermas/ Niklas Luhmann, Teorie der Gesellschaft oder Sozialtechnologie, Frankfurt/M: Suhrkamp, S. 43f. Aus der Wissenschaftsforschung ist schon seit Popper die Theoriegeleitetheit der Wahrnehmung bekannt.

[12] Erving Goffman, 1981, Forms of Talk, Philadelphia: Univ. of Pennsylvania Press, S. 129.

[13] Ebenda, S.130.

ponente des Geschehens ist. Das Erröten einer der beteiligten Personen löst selbstverständlich bei den dies wahrnehmenden Personen Reaktionen aus; Kommunikation im Sinne einer mitgeteilten Information ist es nicht.

Für unseren Zusammenhang ist eine weitere in der Zeichennatur von Sprache und Schrift begründete Eigenschaft von größter Bedeutung: Sprache transzendiert den Wahrnehmungskontext. Sprachlich kann unter Anwesenden über nicht wahrnehmbare Dinge und Sachverhalte kommu-niziert werden. Sprachtheoretisch ist dieser Sachverhalt als Darstellungsfunktion der Sprache bezeichnet worden.[14] Sprache steht hier als mediales Phänomen für Gegenstände und Sachverhalte. Sie erlaubt es, Abwesendes zu vergegenwärtigen und suspendiert somit von der Wahrnehmung dessen, worüber man spricht. Schrift erlaubt darüber hinaus die Transzendierung des Interaktionskontextes. Schriftlich können wir über nicht wahrnehmbare Dinge und Sachverhalte mit Abwesenden kommunizieren. Schrift in diesem Sinne ist zwar nicht hinreichende, aber dennoch notwendige Voraussetzung für die Trennung von Interaktion und Gesellschaft. Darin folgen wir einer Begriffsbestimmung Niklas Luhmanns, wonach die Grenzziehung des Interaktionssystems anhand von Anwesenheit und wechselseitiger Wahrnehmbarkeit verläuft, die der Gesellschaft entlang der kommunikativen Erreichbarkeit.[15]

---

[14] Vgl. Karl Bühler, 1934, Sprachtheorie, a.a.O., S. 28 und passim.

[15] Vgl. dazu Niklas Luhmann, 1975, Interaktion Organisation Gesellschaft, in: ders., Soziologische Aufklärung 2, Opladen, S.9-20. Eine Folge der Annahme, Kommunikation sei eine besondere Form der Handlung, die als kommunikativ oder koordinierend charakterisiert wird, ist, daß die Unterscheidung von Interaktion und Gesellschaft nicht mitvollzogen werden kann. Für Austauschtheoretiker z.B. ist die Differenz von Interaktion und Kommunikation bzw. Gesellschaft anhand der Grenzziehung Anwesenheit, kommunikative Erreichbarkeit nicht nachvollziehbar. Interaktion ist hier jede Transaktion (eine Externalisierung, eine Transaktion, ein Austausch). Da sie sich an ökonomischen Modellen orientieren, interessieren ausschließlich Maximierungsmotive, Gewinn oder Verlust auf beiden Seiten, nicht aber die Verkettung von Ereignissen. Auch Parsons kann aufgrund seiner handlungstheoretischen Fundierung die Unterscheidung von Interaktion und Gesellschaft nicht mitvollziehen. Für Parsons ist Interaktion Gesellschaft. Vgl. Talcott Parsons, Interaction: Social Interaction, in: David L.Sills (Hrsg.), International Encyclopedia of the Social Sciences, New York u.a. 1968, Bd.7, S.429- 441; vgl. auch Hans Peter Müller, Interaktion, in:

1.2. Sprache und Schrift entkoppeln Kommunikation vom Wahrnehmungs-kontext

Von besonderer Tragweite ist jedoch der umgekehrte Effekt, der mit sprachlicher Kommunikation gegeben ist und sich in der schriftlichen Kommunikation perfektioniert: Sprache und Schrift ermöglichen es nicht nur, über Abwesendes mit Abwesenden zu kommunizieren, sie ermöglichen auch, Anwesendes wie abwesend zu behandeln. Sprache und Schrift entlasten die Kommunikation von unmittelbaren Wahrnehmungssuggestionen und Reaktionen auf den Wahrnehmungskontext. Im Sinne Gehlens kann man dies als Hiatfunktion der Sprache bezeichnen.[16] Sprache stiftet nicht nur sonst unmögliche Anschlüsse in der Kommunikation im oben erwähnten Sinne, sie stiftet auch sonst unvollziehbare Unterbrechungen. Sprache und in radikalisierter Form Schrift fungieren als Interdependenzunterbrecher.[17] Sie ermöglichen die Abkopplung von unmittelbaren Anschlußhandlungen an wahrgenommene Zeichen. Sie sind somit konstitutiv für die sich an jede Kommunikation anschließende Bifurkation von Annahme und Ablehnung. Sprache und Schrift unterbrechen das Kontinuum Wahrnehmung - Kommunikation und erlauben, wie Gehlen es genannt hat, "eine entlastete Kommunikation, die sich selbst potenziert und

---

Staatslexikon, der zwar die an Parsons' Artikel orientierte Unterscheidung von monologischen und dialogischen Interaktionstheorien aufnimmt, aber die Differenz Interaktion/Geselllschaft nicht erwähnt.

[16] Daß dies den Unterschied zwischen Signalkommunikation, die Sofortreaktionen auslöst, und sprachlicher Kommunikation ausmacht, die es erlaubt, "über Gegenstände zu kommunizieren, die nicht aktuelle situationale Stimuli sind", findet sich bei Alois Hahn, 1993, Handschrift und Tätowierung, in: Gumbrecht, Hans Ulrich / Pfeiffer, K. Ludwig, (Hrsg), Schrift, München: Fink, S.201-219 (205). Zur Unterscheidung von Zeichen und Stimulus vgl. Arnold Gehlen, 1986, Der Mensch, Wiesbaden, zum Zusammenhang von Wahrnehmung, Bewegung und Sprache ebenda, bes. S. 233ff.

[17] Im Sinne von W. Ross Ashby, 1956/1974, Einführung in die Kybernetik, Frankfurt/ M:Suhrkamp.

den Anreiz zur Weiterentwicklung aus sich selbst zieht."[18] Obwohl also prinzipiell bereits Sprache die Möglichkeit zur Verfügung stellt, Kommunikation von der Wahrnehmung abzukoppeln, steht ihre Verwendung in interaktiven Kontexten doch stets unter dem Druck wahrnehmbarer Veränderungen der äußeren Situation. Es bedarf daher oft erheblicher organisatorischer oder ritueller Vorkehrungen, um die Beeinflussung der Interaktion durch das aktuell Wahrnehmbare abzuschwächen. Umgekehrt bedient sich die Interaktion auch des Wahrnehmungsfeldes der Beteiligten. Auf dem Wege der Deixis kann der Fortgang der sprachliche Kommunikation durch Wahrnehmung situativer Gegebenheiten gesteuert werden. Darauf kommen wir zurück. Sprache leistet also die erwähnte Abstraktion der Kommunikation vom Wahrnehmungskontext bereits virtuell. Die Abkopplung bleibt jedoch bei Einbettung in Interaktionen höchst prekär und instabil. Bei drastischen Veränderungen der Normalität, plötzlichen Geräuschen, auffälligem Benehmen der Interaktionspartner und ähnlichem ist sie in der Regel nicht aufrecht zu erhalten, sondern erzwingt soziale Aufmerksamkeit.

Jede Abkopplung bringt evolutionäre Vorteile, wenn sie mit neuen Anschlußmöglichkeiten verbunden ist. Die Abkopplung der sprachlichen und schriftlichen Kommunikation vom Wahrnehmungskontext eröffnet die Möglichkeit, daß Kommunikationen an Kommunikationen anschließen können. Systemtheoretisch können wir dies als Entwicklung einer selbstselektiven Ordnung - nämlich der Kommunikation - bezeichnen. Wir verstehen darunter ein emergentes Realitätsniveau, das nicht auf Umweltereignisse reagiert oder auf sie zurückführbar ist. So ist Kommunikation ein genuin sozialer Operationsmodus, der nicht auf psychische Operationen zurückzuführen ist. Kommunikationssysteme sind demnach operativ geschlossene Systeme, deren Elemente sich aus den Elementen des Systems

---

[18] Arnold Gehlen, 1986, Der Mensch, a.a.O., S. 238.

selbst reproduzieren.[19] Niklas Luhmann hat diese mit Sprache gegebene und mit Schrift radikalisierte Möglichkeit in der These zusammengefaßt, "daß Sprache die Ausdifferenzierung von Kommunikationsprozessen aus einem (wie immer anspruchsvollen, komplexen) Wahrnehmungskontext ermöglicht. Erst durch Ausdifferenzierung von Kommunikationsprozessen kann es zur Ausdifferenzierung sozialer Systeme kommen. Diese bestehen keineswegs nur aus sprachlicher Kommunikation; aber daß sie auf Grund sprachlicher Kommunikation ausdifferenziert sind, prägt alles was an sozialem Handeln, ja an sozialen Wahrnehmungen sonst noch vorkommt. Zur Ausdifferenzierung trägt nicht nur die besondere phänomenale Prägnanz, Auffälligkeit und Abgehobenheit des Sprachverhaltens bei. Ebenso wichtig ist, daß Sprache die Reflexivität des Kommunikationsprozesses sicherstellt und damit Selbststeuerung ermöglicht. Reflexiv sind Prozesse, die auch auf sich selbst angewandt werden können. Im Falle von Kommunikation heißt dies: daß über Kommunikation kommuniziert werden kann. Man kann den Kommunikationsverlauf in der Kommunikation thematisieren, kann fragen und erläutern, wie etwas gemeint gewesen war, kann um Kommunikation bitten, Kommunikation ablehnen, Kommunikationszusammenhänge einrichten usw. Zu Grunde liegt auch hier jeweils die Differenz von Information und Mitteilung; nur daß im Falle von reflexiver Kommunikation die Kommu-nikation selbst als Information behandelt und zum Gegenstand von Mitteilung gemacht wird. Dies ist ohne Sprache kaum möglich, da das bloß Wahrgenommene als Kommunikation nicht eindeutig genug ist für weitere

---

[19] Maturana hat Systeme, deren Weiterentwicklung nicht durch Umwelteinflüsse, sondern ausschließlich durch die Selbstproduktion des Systems steuerbar ist, autopoietische Systeme genannt. Autopoietische Systeme sind nicht nur sich selbst organisierende, sondern auch sich selbst produzierende Systeme. Sie schaffen sich nicht eine eigene, in der Umwelt nicht vorhandene Struktur, sondern sie definieren auch die Elemente des Systems durch das System selbst. Die Reproduktion autopoietischer Systeme, die wir auch operativ geschlossene Systeme nennen, hängt davon ab, daß die Produktion der Elemente des Systems aus den Elementen des Systems stattfindet. Neben der umfangreichen Folgeliteratur vgl. zuerst Humbert R.. Maturana, 1982, Erkennen: Die Organisation und Verkörperung von Wirklichkeit. Ausgewählte Arbeiten zur biologischen Epistemologie, Braunschweig/Wiesbaden:Vieweg.

kommunikative Behandlung. Wie immer, so setzt auch hier das Reflexivwerden eines Prozesses hinreichende Ausdifferenzierung und funktionale
Spezifikation voraus. Erst Sprache sichert Reflexivität im Sinne einer
jederzeit vorhandenen, relativ problemlos verfügbaren, nicht weiter erstaun-
lichen Möglichkeit, den Kommunikationsprozeß auf sich selbst zurückzu-
beziehen."[20]

Nun liegt es nahe zu behaupten - wie Gehlen es für die Lautzeichen
getan hat - Lautzeichen und Schriftzeichen selbst seien Bestandteile der
Wahrnehmungswelt. Eine Entkopplung der Kommunikation vom Wahrnehmungskontext durch Sprache und Schrift hätte dann nicht stattgefunden.
Wie für die üblichen Gegenstände des Wahrnehmungskontextes z.B. Bäu-
me, Vögel, Straßenbahnen oder Universitätsgebäude gilt auch für Sprach-
und Schriftzeichen, daß sie Differenzen entspringen, die Sinnsysteme erst
gesetzt haben. Für ihr Existieren ist die Bedeutsamkeit konstitutiv. Dennoch
wollen wir zwischen der Wahrnehmungswelt und den Medien der Kommunikation unterscheiden.

Selbstverständlich müssen akustische und visuelle Zeichen zunächst
einmal wahrgenommen werden, bevor sie als verstandene Mitteilungen die
Kommunikation fortschreiben. Dies zeigt ein weiteres Mal, daß Kommunikation ohne die Leistungen des Bewußtseins nicht denkbar ist. Obgleich
Kommunikation nur über das Bewußtsein irritierbar ist - denn sie ist
ausschließlich durch Bewußtsein mit ihrer Systemumwelt verbunden - kann
doch Bewußtsein Kommunikation "nicht *in*struieren, denn die Kommunikation *kon*struiert sich selbst. Aber Bewußtsein ist für die Kommunikation
eine eigenständige Quelle von Anlässen, für die eine oder andere Wendung
des kommunikationseigenen Verlaufs."[21] Sprachlich und schriftlich fixierte

---

[20] Niklas Luhmann, 1984, Soziale Systeme, a.a.O., S. 210 f.

[21] Niklas Luhmann, 1988, Wie ist Bewußtsein an Kommunikation beteiligt?, in: H. U. Gumbrecht/
K. L. Pfeiffer, (Hrsg.), Materialitäten der Kommunikation, Frankfurt/M: Suhrkamp, S.884-909,

Sinneinheiten stehen Bewußtsein und Kommunikation als Strukturen, die Erwartungen und Anschlußmöglichkeiten präformieren, je spezifisch anders, mit anderen Folgen und anderen Anschlußerwartungen zur Verfügung. Selektionen der kommunikativen Anschlüsse gehen immer auf operative Leistungen des Kommunikationssystems selbst zurück, so wie Selektionen von Bewußtseinsereignissen ausschließlich im Bewußtseinssystem stattfinden.

Wir hatten festgehalten, daß Sprache und Schrift der strukturellen Kopplung zwischen Bewußtsein und Kommunikation dienen. In der bei Maturana aufgegriffenen Terminologie stellt sich das Kopplungsproblem als Abstimmungsproblem zwischen mindestens zwei geschlossenen, strukturdeterminierten Systemen, in unserem Fall den Sinnsystemen Bewußtsein und Kommunikation. In diesem Sinne ist Kopplung weder ein Bewußtseinsphänomen noch ein Kommunikationsphänomen. Vielmehr kann ein Beobachter feststellen, ob Kopplung als strukturelle Kompatibilität mit der Umwelt erfüllt ist. Voraussetzung hierfür ist die diachrone Strukturentwicklung und der synchrone Gebrauch der Kommunikationsmedien Sprache und Schrift in den Sinnsystemen.

Für die Kommunikation impliziert dies, daß die Kommunikationsmedien Sprache und Schrift nichts anderes sind als Strukturen der Autopoiesis der Kommunikation. Sie gewährleisten die unaufhörliche Reproduktion von Kommunikation durch Kommunikation im oben beschriebenen Sinne dynamisch stabilisierter Systeme. Um dies zu rekonstruieren, müssen wir aber ein weiteres Kopplungsproblem lösen. Deshalb werden wir die Theorie der strukturellen Kopplung durch ein anderes Kopplungstheorem, die Differenz von Medium und Form, ergänzen. Niklas Luhmann hat eine von Fritz Heider entwickelte Begrifflichkeit modifiziert, die ursprüglich für die Wahrnehmungsmedien psychischer Systeme

---

(893); vgl. auch ders., 1990, Die Wissenschaft der Gesellschaft, Frankfurt/M: Suhrkamp, Kap.1., S.11ff.

entwickelt wurde.[22] Die Theorie der strukturellen Kopplung reagiert auf das
Problem, wie ein System in seiner Umwelt überlebt, das sich doch nur ei-
gengefertigte Konstruktionen von der Umwelt macht, ohne im strengen
Sinne in Kontakt mit der Umwelt zu sein. Es geht also um das Kompati-
bilitätsproblem mehrerer strukturdeterminierter Systeme, die füreinander
Umwelt sind. Die Lösung war die co-evolutive Strukturentwicklung. Sie
führt zu einer gewissen Verläßlichkeit, daß die in der Kommunikation verwendete Sprache und Schrift auch von Bewußt-seinen verstanden wird. Im
Fall der Medium/Form - Differenz geht es um eine Antwort auf das Problem, wie trotz des Verschwindens der zeitpunktgebundenen Elemente in
dynamisch stabilisierten Systemen stabile Formen erhalten werden. Strukturelle Kopplung und Medium/ Form - Differenz greifen in der Weise
ineinander, daß stabilisierte Formen Strukturqualität gewinnen, die Anschlüsse der Ereignisse im jeweiligen System sichern.

Strenggenommen geht es um drei voneinander unterschiedene
Kopplungsvorgänge: *Erstens* die operative Kopplung, für die wir wiederum
mit Niklas Luhmann zwei Varianten unterscheiden können: "Die eine heißt
Autopoiesis. Sie besteht in der Produktion von Operationen des Systems
durch Operationen des Systems. Die andere beruht auf der immer
vorauszusetzenden Gleichzeitigkeit von System und ʻUmwelt. Sie erlaubt
eine momenthafte Kopplung von Operationen des Systems mit solchen, die
das System der Umwelt zurechnet, also zum Beispiel die Möglichkeit durch
eine Zahlung eine Rechtsverbindlichkeit zu erfüllen (...) Operative Kopplungen zwischen System und Umwelt durch solche Identifikationen sind
aber immer nur auf Ereignislänge möglich. Sie halten nicht stand und beruhen auch auf einer gewissen Ambiguität der Identifikation, denn im Grunde
wird die Identität der Einzelereignisse stets durch das rekursive Netzwerk

---

[22] Fritz Heider, 1926, Ding und Medium, Symposion, 1 (2) , S.109-157; die Modifikation Niklas
Luhmanns findet sich in ders., 1990, Die Wissenschaft der Gesellschaft, a.a.O., bes. S.182ff. und
passim.

des Einzelsystems erzeugt, und wirtschaftlich ist deshalb Zahlung im Hinblick auf die Wiederverwendbarkeit des Geldes etwas ganz anderes, als rechtlich im Hinblick auf die Rechtslage, die dadurch bewirkt wird."[23] Obgleich Aussagen in Texten, so können wir ergänzen, Elemente für die beteiligten Bewußtseine und die Kommunikation sind, haben sie für das jeweilige System andere Bedeutungen und andere Konsequenzen. Operative Kopplung betont also das Hervorbringen eines Systemelements aus einem anderen sowie die gleichzeitige Verwendung eines Elements in verschiedenen Systemen. Sie betont Interpenetrativität und Sukzessivität. Als Gegenkonzept zur operativen Kopplung fungiert *zweitens* der Beobachterbegriff der strukturellen Kopplung. Strukturelle Kopplung beruht auf der coevolutiven Entwicklung struktureller Einheiten in verschiedenen Systemen und betont Kompatibilität. *Drittens* die Medium/Form-Differenz, die Stabilität und Sukzessivität betont.

Leitunterscheidung des Medium/ Form Theorems ist die von loser und strikter Kopplung der Elemente. Die lose gekoppelten Elemente sind somit das mediale Substrat. Tauchen sie in strikter Kopplung auf, werden sie als Form bezeichnet. Medien sind Medien immer nur von einer Form aus gesehen. Sie kommen - anders als die Gegenstände der Wahrnehmungswelt - dann zustande, wenn Elemente in loser und in strikter Kopplung auftreten. Was das Buch vom Buchstaben unterscheidet, ist, daß Buchstaben und Worte als solche lesbar sind, aber auch zur Konstruktion von Sätzen und Texten verwendet werden. Das Medium Schrift etwa wird im laufenden Prozeß der Kopplung und Entkopplung von Elementen, der ereignisbasierte Systeme auszeichnet, in jeder Operation verbraucht und regeneriert. Die kommunikativen Ereignisse verschwinden, aufbewahrt werden die in der Ereignisabfolge generierten Formen, Schriftzeichen bleiben als mediales

---

[23] Niklas Luhmann, 1993, Das Recht der Gesellschaft, Frankfurt/M: Suhrkamp, S. 440f; vgl. für lebende Systeme Humberto Maturana, 1982, a.a.O., S. 150ff, 251ff.

Substrat für immer neue Kopplungen verfügbar. Die Medium/ Form - Differenz erlaubt uns, zwischen Wahrnehmungskontext und Kommunikationsmedien zu unterscheiden. Für die schriftliche Kommunikation müssen wir von einer dreifachen Verschränkung von Medium/Form-Form ausgehen. Das physikalische Substrat von Buchstaben und Worten wird für strikt gekoppelte sinnhafte Formen des Bewußtseins und der Kommunikation verwendet. Als physikalisches Substrat gehört Schrift somit in die Umwelt der Kommunikationssystems. Wenn wir diesem Vorschlag folgen, kann also nicht schon, wie es in Shannon und Weavers Kommunikationstheorie vorgesehen ist, Schrift als "Kanal" für die Selektion in der Kommunikation zuständig sein. Nicht das Kommunikationsmedium Schrift selegiert Anschlußereignisse in der Kommunikation, sondern die durch Schrift ermöglichten Formen selegieren Anschluß-ereignisse aus dem Verweisungsüberschuß eines jeden sinnhaften Ereignisses.

Für die uns interessierende Differenz von mündlicher und schrift-licher Kommunikation stellt sich eine Radikalisierung der Unterbrecherfunktion von Sprache zu Schrift ein. Mündlichkeit und Schriftlichkeit sind auf unterschiedliche Weise vom Wahrnehmungskontext entkoppelt. Die mit der Schrift gegebene Radikalisierung besteht darin, daß Sprache die Möglichkeit eröffnet, Kommunikation vom Wahrnehmungskontext abzukoppeln, indem sie spezialisierte Wahrnehmungsfiguren ausdifferenziert. Was durch Sprache ermöglicht wird, wird aber in der schriftlichen Kommunikation gleichsam unumgänglich. Der Wahrnehmungskontext des Schreibens und der des Lesens sind in der Regel räumlich und zeitlich voneinander geschieden. Über Wahrgenommenes kann berichtet werden, Beschreibungen von Wahrnehmungen können in die schriftliche Kommunikation eingeführt werden. Während aber die Mündlichkeit durchaus die Möglichkeit des Wahrnehmungsverweises benutzen kann, ist die Schriftlichkeit jeder Deixis entzogen. Schriftlichkeit ist so radikal dem Wahrnehmungskontext enthoben, daß sie auf viel strengere Kontextuierungen durch Texte verwiesen ist. Schriftliche Kommunikation ist deshalb notwendig in höherem Maße selbstexplikativ als mündliche.[24] Jede Kommunikation im wechselseitigen Wahrnehmungsfeld läßt die Option offen, ob der Fortgang der Kommunikation an die Kommunikation selbst anschließt oder aber den Anschluß statt dessen auf unterstellbare gemeinsame Wahrnehmungen gründet. Die Interaktion unter Anwesenden kann das Zwitschern der Vögel, die hereinbrechende Dunkelheit, die Bewegungen eines Interaktionsteilnehmers als Umweltereignis ignorieren, oder sie kann es zum Anlaß für ein Systemereignis werden lassen. Wenn der Konversation die Themen ausgehen, kann immer noch im Wahrnehmungskontext Halt gesucht werden: Das Gespräch über das Wetter oder über die Haustiere belegen diese Möglichkeit.[25] Synchron Wahrnehmbares ist eine Themenressource für Interaktionssysteme. Das setzt freilich voraus, daß die visuelle oder akustische Wahrnehmung unter den Anwesenden koordiniert wird. Es muß wahrnehmbar sein, daß die Wahrnehmung der Gegenstände des Wahrnehmungskontextes als solche wahrgenommen werden. In der Interaktion erfüllt diese Funktion auch das sprachliche Zeigen: lokaldeiktische Ausdrücke - im Sprachgebrauch der Ethnomethodologen: indexikalische Ausdrücke - wie hier, da, dort. Sie überführen Wahrnehmungen in interaktive Ereignisse.[26] Dennoch bleiben Wahrnehmungen Bewußtseinsereignisse. Sie können Gegenstand von Kommunikation werden, nicht aber

---

[24] Sprachtheoretisch wurde diese Differenz von geschriebener Sprache und gesprochener Sprache immer wieder betont. Vgl. zusammenfassend Dieter Nerius, 1987, Gesprochene und geschriebene Sprache, in: Ulrich Ammon, et al., (Hrsg.), Soziolinguistik, Erster Halbband, S.832-841 (834): "Die Verwendung der GSCHS (geschriebenen Sprache, CB) zwingt durch die Abwesenheit des Kommunikationspartners und die fehlende Situationshilfe - anders als die GSPS (gesprochene Sprache, CB) - zu maximaler Ausgestaltung der Äußerung. Der mitzuteilende Inhalt muß sprachlich möglichst vollständig expliziert werden, da der Empfänger für seine Erfassung alleine auf den geschrieben Text angewiesen ist."

[25] Vgl. die konversationsanalytische Studie: Jörg R. Bergmann, 1988, Haustiere als kommunikative Ressource, in: Hans Georg Soeffner (Hrsg.), Kultur und Alltag, Soziale Welt, Sonderband 6, Göttingen 1988, S.299-312.

selbst Kommunikationsereignis sein. Erst die reflexive Struktur der Wahrnehmungswahrnehmung - ego nimmt wahr, daß alter wahrnimmt, daß ego wahrnimmt - setzt Interaktion in Gang. Ein weiteres Spezifikum der Interaktion ist, daß die Option, auf wahrnehmbare Ereignisse einzugehen, dann zur Notwendigkeit wird, wenn die Grenzen des Interaktionssystems selbst tangiert sind. Eine hinzutretende Person zwingt das Interaktionssystem zur erneuten Schließung mit erweiterter Grenzziehung. Dafür sind je nach situativem Kontext oder "frame" rituelle Formen vorgesehen. Auf der Seite des Hinzutretenden etwa die Frage: Darf ich stören? Auf der Seite des bereits konstituierten Interaktionssystems die Vorstellung der hinzugekommenen Person, eine kurze Erläuterung des Gesprächsthemas: Wir sprechen gerade über die schrecklichen Ereignisse in Bosnien-Herzegovina, den neuen Film von Spielberg. Ansonsten Themenwechsel. Ein auf diese Weise grenzbereinigtes Interaktionssystem kann den Irritationen des Wahrnehmungskontextes aber nicht entkommen. Anwesenheit und wechselseitige Wahrnehmbarkeit hatten wir als das Spezifikum von Interaktionssystemen bestimmt. Der Andere als leibhaftig Anwesender bleibt ständig mitlaufender Wahrnehmungs- und Verstehenshorizont des Interaktionssystems. Die Kopräsenz von alter ego und die prinzipielle Verfügbarkeit seines Wahrnehmungskontextes in der Kommunikation sind dem Interaktions-system eigen.[27]

---

[26] Vgl. dazu Heiko Hausendorf, 1992, Gespräch als System. Linguistische Aspekte der Soziologie der Interaktion, Opladen:WDV, bes. S.102.

[27] Goffman hat eine umfassende Klassifikation von Differenzierungen vorgeschlagen, um die verschiedenen Einbettungen (footings) von mündlicher Kommunikation in Wahrnehmungskontexte zu charakterisieren. So unterscheidet er etwa einerseits zwischen der offiziellen Teilnahme an einer sozialen Begegnung, der "ratified participantion" an einem social encounter von der Situation des Hörers: Man kann bei einem Gespräch offiziell dabei sein, ohne zuzuhören: "For plainly we might not be listening when indeed we have a ratified social place in the talk, and this in spite of normative expectations on the part of the speaker." Goffman 1981, Forms of Talk, a.a.O., S. 131. Andererseits erinnert er an die bekannte Tatsache, daß man natürlich auch einer Unterhaltung zuhörend folgen kann, ohne den Status eines zugelassenen Teilnehmers zu besitzen. Sei es, indem man lauscht ("eavesdropping"), sei es, indem man unabsichtlich etwas mitkriegt ("overhearing"), ebenda, S.132. Die Sprecher ihrerseits beziehen oft nicht offizielle Konversationsteilnehmer in ihre Mitteilung ein.

Unsere These ist, daß die an Mündlichkeit gebundenen Spezifika des Interaktionssystems in der soziologischen Theoriebildung zum Modell für Sozialität schlechthin erhoben werden. Die Vernachlässigung der Schriftlichkeit ist daher nicht nur eine Lücke in der Erfassung von relevanten Phänomenen der modernen Gesellschaft. Vielmehr erweist sich die Abstinenz gegenüber der Operation der schriftlichen Kommunikation als systematisches Problem für die Entwicklung eines tragfähigen Modells von Sozialität, das physische, psychische und soziale Emergenzen zu differenzieren vermag. Eine Kontamination von Wahrnehmung und Kommunikation in der Interaktion wird vorschnell zum Paradigma des Sozialen, da sie sich erst in der Differenz zur Schriftlichkeit als Besonderheit der Interaktion erweisen könnte.

Etwa wenn man im Restaurant so spricht, daß man auf die Gäste am Nebentisch Eindruck machen will. Diese Zaungäste ("bystanders") werden zwar oft behandelt, als seien sie Luft, und sie selbst verhalten sich auch so, wenn sie höflich sind. Aber die Konversation bezieht sie gleichwohl ein. Weitere Differenzierungen ergeben sich dadurch, daß selbst unter den "ratified participants" nicht alle in gleicher Weise am kommunikativen Geschehen beteiligt sind, wenn die Gesamtgruppe in Untergruppen zerfällt, ohne daß man indessen völlig isoliert wird von den Gesprächen der am gleichen Tisch Sitzenden. In dieser Situation kann es zu Anspielungen kommen, die gar nicht für die offiziell Angesprochenen bestimmt sind. Alle möglichen Formen solcher Anspielungen ("byplay", "crossplay", "sideplay") kommen vor, teils offen, teils verdeckt ("collusion"). Dabei zeigen manche Leute eine nicht zu unterschätzende Meisterschaft im Spiel mit Zweideutigkeiten, indem sie sich beispielsweise an einen offiziellen Partner mit Worten richten, die nur dieser begreift, nicht aber die anderen Beteiligten. Die derart verwendete Anspielung kann dann aber vom Sprecher hinterher als garnicht gemeint bestritten werden. Umgekehrt kann der Sprecher sich auch auf das Verständnis der gar nicht angesprochenen Teilnehmer oder gar eines Zaungastes beziehen. (Goffman nennt diese Verfahren im Anschluß an Fisher "innuendo", vgl. ebenda, S.134.) Alle diese hier beispielhaft genannten Komplikationen (Goffman führt dies sehr viel weiter aus) zeigen, daß Interaktion einerseits unentrinnbar in Wahrnehmungskontexten "fußt", daß sie sich andererseits aber auch darauf einrichtet. Ihre Einbettung in Wahrnehmung ist stets ihr Horizont, oft ihr Thema, manchmal Angelpunkt für strategische Züge in ihrer Gestaltung. Ein besonders relevanter Aspekt in diesem Zusammenhang ist natürlich die Interperzeption der offiziell oder nicht offiziell beteiligten Personen. Deren Reaktionen sind wahrnehmbar, auch wenn diese selbst sie gar nicht kommunizieren wollen: Ihre Eifersucht, ihr Zorn, ihre Verlegenheit etc. irritieren die Anschlußkommunikation, auch wenn sie bloß wahrgenommene Momente der Umwelt der mündlichen Kommunikation sind.

2. Fragen an die Tradition: Sozialität und Schriftlichkeit?

2.1. Ursprügliche Sozialität

Das Problem, daß Bewußtseine oder psychische Systeme füreinander intransparent sind, hat viele Antworten provoziert. Theologie und Kosmologie konnten den "Gleichklang der Seelen" als gültige Antwort akzeptieren, da die Geschicke der Welt ohnehin in den Händen Gottes oder einer prästabilierten Ordnung lagen. Seit dem 18. Jahrhundert soll gelten, daß Sympathie, Empathie und Einfühlung über das Problem hinweghelfen. Die gemeinsam geschaffene Sprache ist ein ebenso traditionsreicher Kandidat für eine Brücke zum Anderen. Seit der Wende zum zwanzigsten Jahrhundert scheint die Verbindung mit den Anderen über Sozialisation und geteilte Symbole gesichert; die Lösung des Problems heißt Rollenübernahme und Verständigung. Wir wollen keine Übersicht über die verschieden Positionen, Schulen und Meinungen zu dieser Frage geben, sondern typische Antworten reformulieren, die nach wie vor eine Verbindlichkeit beanspruchen. Problemhorizont für die Erörterung der Lösungen bleibt die Differenz schriftlich/mündlich. Geht man von den jeweils letzten Fassungen verschiedener Theorietraditionen aus, so stellt sich ohnehin häufig der Effekt der wechselseitigen Belehrung ein. Soziologisch unhintergehbare Einsichten und theoretische Funktionsstellen sind dann in jeder Theorie anzutreffen. Alles kommt vor. Auseinandersetzungen können dann nur noch um Grundentscheidungen und Akzentuierungen geführt werden. Es geht schließlich um Fragen des Ausgangspunktes und des Abschlusses unterschiedlicher Theorien und darum, ob Einzeleinsichten tatsächlich die Theoriebildung vorantreiben und tragen, oder ob sie für die Gesamtarchitektur einer Theorie folgenlos bleiben.

Mit Sozialität ist in einem allgemeinen Sinne jeder Bezug auf Alterität gemeint. Die Gewährleistung der Kontinuität von Sozialität ist die

Grundlage jeder sozialen Ordnung. Garant der sozialen Ordnung, so die inzwischen anerkannte Auffassung in der Soziologie, ist der Aufbau von Strukturen. Strukturen wollen wir im Sinne von Erwartungen verstehen. Eine Auffassung, die Parsons hervorgehoben hat, um damit eine theoretische Gewichtung auf zukünftig zu Erwartendes zu legen. Erwartungen haben Strukturqualität, insofern sie eine vollkommen undurchschaubare Zukunft strukturieren. Es kann in der Zukunft nicht Beliebiges geschehen, sondern nur das, was erwartet wird. Erwartungen fungieren als Einschränkungen von kombinatorischen Möglichkeiten.[28] Zukünftige Ereignisse können sich nur noch als Erfüllung oder Nichterfüllung von Erwartungen ereignen. Damit wird die Unendlichkeit der zukünftigen Möglichkeiten auf ein binäres Schema hin ausgelegt. Im Enttäuschungsfall kann wiederum auf zwei Weisen reagiert werden; Enttäuschungen können mit Lernen beantwortet werden, also der Aufgabe von Erwartungen, oder mit der kontrafaktischen Stabilisierung.

Üblicherweise ist das Bezugsproblem für Sozialität die anthropologisch begründete "Weltoffenheit" des Menschen, dessen Lösung eine in Strukturen und Institutionen etablierte Erwartungssicherheit und Entlastung.[29] Wir fragen nach der Sozialität als Systemeigenschaft sozialer Systeme. Den Grundlegungen des vorausgehenden Kapitels folgend, ergeben sich daraus als Bezugsprobleme der Verweisungsüberschuß sinnhafter Prozesse und die Ereignisbasiertheit von Sinnsystemen. Sozialität im Sinne

---

[28] Vgl. Niklas Luhmann, 1984, Soziale Systeme, a.a.O., S. 384 und passim.

[29] So die anthropologische Tradition von Max Scheler, Helmuth Plessner bis Arnold Gehlen, darauf aufbauend Peter Berger/Thomas Luckmann, 1969, Die gesellschaftliche Konstruktion der Wirklichkeit. Eine Theorie der Wissenssoziologie, Frankfurt/ M: Fischer; auch Uwe Schimank, 1992, Erwartungssicherheit und Zielverfolgung. Sozialität zwischen Prisoner's Dilemma und Battle of the Sexes, in: Soziale Welt (43), Heft 2, S.182-201, geht - für einen Akteurtheoretiker ist das nur konsequent - von diesem Bezugsproblem aus. In früheren Texten Niklas Luhmanns findet sich der Hinweis, die Theorie sozialer Systeme treffe sich in wesentlichen Punkten mit einer anthropologischen Soziologie, welche die "Weltoffenheit" und die entsprechende Verunsicherung des Menschen zum Bezugspunkt von (letztlich funktionalen) Analysen macht. In späteren Texten stellt er das Bezugsproblem der Sozialität auf Struktureigenschaften von Sinnsystemen um.

eines Strukturaufbaus, der Erwartbarkeit erwartbar macht, ist dann die
Bedingung der Möglichkeit der Fortsetzung von Kommunikation.[30] Auf die
Präzisierung dieser Überlegungen durch das Theorem der doppelten Kon-
tingenz kommen wir zurück.

Wenn wir also Sozialität als Eigenschaft sozialer Systeme zugrunde
legen, fragen wir nach Theorien der ursprünglichen oder primordialen
Sozialität und nicht danach, wie autonome Individuen ihre Handlungen
koordinieren. Von individualistischen Theorien, die entlang ökonomischer
Denkmodelle gearbeitet sind und die Individualität eines mit Bedürfnissen
ausgestatten Akteurs schlicht vorausetzen, wollen wir daher absehen.
Sozialität wird hier als Interdependenzproblem behandelt. Vorausgesetzt
wird, daß Akteure bei der Befriedigung ihrer Bedürfnisse voneinander abhängig sind. Der Andere tritt als Störer oder Beförderer bei der Interessen-
verfolgung eines autonomen Akteurs auf. Bei James Coleman findet sich die
Formulierung: "Actors are not fully in control of the activities that can
satisfy their interests, but find some of those activities partially or wholly
under the control of other actors".[31] An diese bei Coleman und anderen
anzutreffende Annahmen, die die Koordination von Interessen oder die
bloße Verhaltensabstimmung ins Zentrum der Aufmerksamkeit rücken,
wäre zunächst die Frage nach den sozialen Bedingungen der Genese von
Individualität und der sozialen Konstitution von Handlungsselektionen zu
richten. Individuelle Interessen und Handlungsselektionen sind - wie wir
zumindest seit Parsons wissen - sozial fundiert, aber sie fundieren nicht
Sozialität schlechthin.

---

[30] Der von Niklas Luhmann vorgeschlagene Strukturbegriff unterscheidet sich an diesem Punkt
von einer strukturfunktionalististischen Auffassung. Während Struktur hier als Stabilitätstypus
begriffen wurde, schränkt Luhmann den Strukturbegriff durch seine Funktion ein: "die
autopoietische Reproduktion des Systems von Ereignis zu Ereignis zu ermöglichen."Niklas
Luhmann, 1984, Soziale Systeme, a.a.O., S. 388.

[31] James Coleman, 1990, Foundations of social Theory, Camebridge/Ma : Belknap, S. 29.

Das gleiche Argument läßt sich auf die Vertragstheorien alter und neuer Form anwenden. Bei aller Verschiedenheit zwischen den einzelnen Entwürfen - sagen wir von Hobbes bis zu Buchanan [32] - taugen Vertragstheorien nicht als Antwort auf die Frage: Wie ist primordiale Sozialität möglich. Verträge bauen ja stets auf einer immer schon gegebenen sozialen Ordnung auf, sie setzen zumindest rudimentäre Gemeinsamkeiten wie eine geteilte Kultur oder Wertüberzeugungen voraus. Die Form der Verträge, die Zulassung oder der Ausschluß von bestimmten Regelungsbereichen von Verträgen, die Behandlung von Drittwirkungen von Verträgen etc., all dies unterliegt vorvertraglichen oder außervertraglichen Bindungen, seien diese nun stillschweigend als kulturelle Selbstverständlichkeit oder als explizite Normierung gegeben. Das bedeutet nicht, daß Verträge nicht weite Bereiche sozialer Ordnung fundieren, aber eben nicht soziale Ordnung als solche. Dieser Zusammenhang wird in der Soziologie bereits seit dem Anfang des 19. Jahrhunderts gesehen. Verträge begründen nicht Recht, sondern sie werden umgekehrt durch Rechtsgeltung bestimmter Art erst möglich und funktionsfähig. So hatte bereits Linguet und nach ihm Durkheim in fast identischen Formulierungen auf die "éléments non contractuels dans le contrat" verwiesen. Diese alleine, so war das Argument, könnten die Vertragspartner auch dann zur Einhaltung von Verträgen veranlassen, wenn denn die Übertretung im Interesse einer Partei läge. Während im Falle der Theorien der rationalen Wahl die Konstitution von Individualität mit den eigenen theoretischen Mitteln nicht aufgeklärt werden kann, müssen Vertragstheoretiker geteilte Wert- und Symbolsysteme als gegeben voraussetzen.

Eine klassische Antwort auf die Frage nach den sozialen Bedingungen autonomer Individualität ist George Herbert Meads Theorie der Genese

---

[32] Eine Übersicht über die kuranten Vertragstheorien bietet Peter Koller, 1987, Neue Theorien des Sozialkontrakts, Berlin.

des Selbst aus der Fähigkeit zum "role-taking". Ausgangspunkt einer jeden Kommunikation und in der Folge eines jeden kommunikativ erzeugten Selbst ist für Mead die Lautgebärde oder vokale Geste. Indem sich ein Sprecher die soziale Bedeutung seiner nach beiden Seiten gleichermaßen stimulierenden Lautgebärde zu eigen macht, nimmt er sich selbst gegenüber die Perspektive eines anderen ein und wird seiner selbst aus der Perspektive des anderen ansichtig. Mit dieser Selbstbeziehung verdoppelt er sich in die Instanzen des "Mich" und des dem Mich nachgeordneten "Ich". Für die Genese des Selbst und die ihm zugrunde liegende Selbstbeziehung wie für die Entwicklung jeder Kommunikation ist für Mead die Lautgebärde konstititutiv.[33] "Nur die vokale Geste ist für Kommunikation geeignet, weil man nur bei der vokalen Geste so wie andere Personen reagiert oder zumindest dazu neigt. Es ist richtig, daß die Zeichensprache die gleichen Merkmale aufweist. Wir sehen uns selbst die Gesten tauber Menschen anwenden, sie beeinflussen uns genauso wie die anderen. Natürlich gilt das auch für jede Form der Schrift. Aber all diese Symbole wurden aus der spe-

---

[33] Jürgen Habermas interpretiert Mead im Sinne seiner kommunikationstheoretischen Vernunftphilosophie. Vgl. Jürgen Habermas, 1981, Theorie kommunikativen Handelns, Bd 2, a.a.O., S.12ff. und ders., 1988, Individuierung durch Vergesellschaftung. Zu G. H. Meads Theorie der Subjektivität, in: ders., Nachmetaphysisches Denken, Frankfurt/M: Suhrkamp, S.187-242. Konsequenzen für eine "Subjektivitätstheorie" sieht Habermas in der Meadschen Erkenntnis, daß das Ich nichts Unmittelbares und schlechthin Innerliches ist. "Deshalb ist das ursprüngliche Selbstbewußtsein kein dem Subjekt innewohnendes, ihm zur Disposition stehendes, sondern ein kommunikativ erzeugtes Phänomen" ebenda, S. 216. Habermas schreibt Mead zu, er habe als erster dieses intersubjektive Modell des gesellschaftlich produzierten Ich durchdacht, ebenda, S. 209. Man könnte Smith' Sympathykonzept durchaus als Vorläufer ansehen. Habermas' Kritik an Meads Vernachlässigung der Unterscheidung zwischen einer originären Selbstbeziehung und einer reflektierten Selbstbeziehung, die sich nur im Gespräch mit sich selbst herstellt und ein sprachliches Medium mit Sprecher - Hörer - Perspektiven voraussetzt, scheint plausibel. In der Vernachlässigung dieser Differenz sieht Habermas den Grund dafür, daß sich Mead in seinen Analysen auf das vorsprachliche Niveau der Gebärdenkommunikation verwiesen sieht, ebenda, S. 214, 217. Habermas' Verweis allerdings auf das Medium Sprache und die ihr immanente Sprecher-Hörer-Perspektive scheint uns dem Hegelschen Diktum noch sehr nahe, wonach "die Stimme des Nächste zum Denken sei" Hegel, GA,Bd 9, S. 434. Auf die Gesellschaft übertragen hieße dies, die gesellschaftliche Kommunikation ist sich in der Interaktion am nächsten. Diese Vorrangigkeit der Interaktion für die gesellschaftliche Kommunikation wollen wir bestreiten und von einer Gleichursprünglichkeit der Medien Sprache, Schrift und symbolisch generalisierte Kommunikationsmedien für die Kommunikation der modernen Gesellschaft ausgehen.

zifischen vokalen Geste entwickelt, denn sie ist jene grundlegende Geste, die den einzelnen so wie den anderen beeinflußt."[34] Geht es im einen Fall um den Nachweis, daß das Selbstverhältnis durch die von den Interaktionspartnern gleichzeitig wahrgenommene Lautgebärde interaktiv aufgebaut wird, so geht es im Fall der Kommunikation um die Reaktion auf das Gesagte. Nun kann man nicht bestreiten, daß die Kommunikationsfähigkeit ontogenetisch interaktiv aufgebaut wird. Es gibt wohl keine Gesellschaft, in der man vor dem Sprechen schreiben lernt. Dennoch können wir, wenn Schriftlichkeit erst einmal etabliert ist, in der gesellschaftlichen Kommunikation von Emergenzen ausgehen, die nicht jeweils interaktiv eingeholt werden müssen. Für die Genese des Selbst sind Interaktion und Kopräsenz unverzichtbar. Für die Kommunikation und ihre Bindungskraft in bezug auf Reaktionen und Anschlußhandlungen an die Kommunikation ist die jeweilige "Ursprünglichkeit" oder Rückführbarkeit auf Interaktion und vokale Gesten nicht gegeben. Darauf kommen wir zurück.

Als einen Grundzug menschlicher Sozialität beschreibt Mead die Verwendung signifikanter Symbole. Eingeschliffen und festgelegt werden sie durch die Konstanz der Reaktionen auf einen identischen Akt. Sie ermöglichen den Individuen, so Mead, auf die von ihnen selbst hervorgebrachten Handlungen wie ein alter ego zu reagieren, ohne jeweils auf dessen Reaktionen zu rekurrieren. Die imaginative Vorwegnahme der potentiellen Reaktionen des Handlungspartners macht damit das eigene Verhalten am Verhalten des Partners ausrichtbar. Meads handlungs-theoretische und letztlich sozialpsychologische Lösung des Problems - das ist häufig eingewandt worden - erhellt vor allem die *Genese* von Individualität und Symbolwelt. Darin liegt sein Verdienst. Seine Theorie der ursprünglichen Sozialität, die jeder individualistischen Ausgangs-annahme widerspricht,

---

[34] G.H. Mead, 1968, Geist, Identität und Gesellschaft, Frankfurt/M, S. 107.

bleibt allerdings die Beschreibung einer bloß diachronen Entwicklung.[35] Eine Lösung des Sozialitäts- und Ordnungsproblems wird somit auf das Terrain der Sozialisation verschoben. Wenn wir aber nach einer genuin sozialen Operation fragen, so sind wir in Meads Theorie auf die einer ausschließlich *internen Kommunikation* verwiesen, die sich als interne Vorwegnahme der Reaktionen alters darstellt. Wir können dies auch als einfache Kontingenz im Unterschied zur doppelten Kontingenz bezeichnen. Der Prozeß des Sozialen wird bei Mead daher als ein durch sozial generierte Symbole getragener, psychischer Prozeß beschrieben.

2.2. Doppelte Kontingenz

In der Systemtheorie ist das Problem der Sozialität an das Problem der doppelten Kontingenz gebunden. Für Parsons ist doppelte Kontingenz einer jeden Interaktion inhärent. Kontingenz- und Interdependenzproblem greifen bei Parsons zunächst ineinander.

"There is a *double contingency* inherent in interaction. On the one hand, ego's gratifications are contingent on his selection among available alternatives. But in turn, alter's reaction and will be contingent on ego's selection will result from a complementary selection on alter's part. Because of this double contingency, communication, which is the precondition of cultural patterns, could not exist without both generalization from the particularity of the specific situations (which are never identical for ego and alter) and *stability* of meaning which can only be assured by "conventions" observed by both parties".[36] Das Handlungssystem orientiert sich nach

---

[35] Zuletzt Hans Joas, 1992, Die Kreativität des Handelns, Frankfurt/ M:Suhrkamp, S. 271ff, bes. S.279; vgl. auch Hans Braun/Alois Hahn, 1973, Wissenschaft von der Gesellschaft, a.a.O., S. 98ff.

[36] Talcott Parsons/ Edward Shils (Hrsg.), 1951, Toward a General Theory of Action, Cambridge (Mass.) , S.16.

Parsons an der Polarität von Gratifikation und Deprivation. Mit dem Theorem der doppelten Kontingenz stellt er die Frage nach den Bedingungen der Möglichkeit von Handlung und Interaktion schlechthin. Damit eine Handlung sich vollziehen kann, gilt es zunächst, so Parsons, das Problem der Auswahl aus den verfügbaren Alternativen zu lösen. Als Kriterium könnte ihr Gratifikationswert in bezug auf die eigene Bedürfnisbefriedigung dienen. Insofern sich jede einzelne Handlung als Wahlakt realisiert, ist sie bereits kontingent. Denn jede einzelne Handlung stellt die Realisierung einer Möglichkeit auf Kosten einer Vielzahl anderer Möglichkeiten dar. Die Abschätzung des Gratifikationswertes einer Handlung setzt eine Generalisierungsleistung voraus, die von den Besonderheiten einer gegebenen Situation abstrahiert. Soziale Interaktion führt eine weitere Komplikation ein. Die erforderliche Abstraktion von den Besonderheiten einer Situation stellt sich nicht mehr nur als das sachliche Problem, Verschiedenes identisch zu behandeln, sondern auch als soziales Problem dar; denn die über soziale Typik etablierte Identität des Verschiedenen sollte auch für die Anderen gegeben sein. Die Handlung selbst aber läßt sich nur interaktiv bestimmen. Im Falle der Interaktion, so Parsons, "the expectations of ego are oriented both to the range of alternatives for alter's actions (i.e., the alternatives open to alter in the situation) and to alter's selection, which is intentionally contingent on what ego himself does, within the range of alternatives. The obverse is true for alter."[37] Egos Erwartungen sind jetzt auf die Handlungsalternativen alters und dessen Selektionen aus den Alternativen gerichtet, die kontingent auf die Handlungen egos bezogen sind. Die eigene Gratifikation ist damit auch von den Reaktionen oder Sanktionen, wie Parsons sagt, alters abhängig. Alter aber trifft seine Handlungswahl unter Berücksichtigung von egos Entscheidung. Dieser "Zirkel selbstreferentieller Bestimmung", wie Niklas Luhmann ihn bezeichnet hat,

---

[37] Ebenda, S. 15.

kreiert nach Parsons die Situation doppelter Kontingenz.[38] Die Handlung
alters erfährt ihre Bestimmung erst in der Reaktion egos. Wenn alter sein
Handeln aber daran orientiert, wie ego handelt und ego sein Handeln an
dem von alter anschließen will, entsteht ein unauflösbarer Zirkel. Ohne die
Lösung des Problems der doppelten Kontingenz fehlt daher die Möglichkeit
der Bestimmung jeden Handelns. Es käme also kein Handeln zustande.

Die Lösung des Problems der doppelten Kontingenz hatte Parsons in
einer normativen Orientierung gesehen, die als realer Konsens in der Gesellschaft auffindbar sei. Normative Integration wird Element einer jeden
Handlung.[39] Für die Interaktion nimmt Parsons als bestimmendes Moment
die Komplementarität von Erwartungen an: "This fundamental phenomenon
may be called the *complementarity of expectations,* not in the sense that the
expectation of the two actors with regard to each other's action are identical,
but in the sense that the action of each is oriented to the expectations of the
other. Hence the system of interaction may be analyzed in terms of the ex-
tent of *conformity* of ego's action with alter's expectations and vice
versa."[40] Während es Mead um die Möglichkeit der identischen Reaktionen
alters und egos ging, die ihm an die vokale Geste gebunden schien, führt
Parsons als strukturierendes Prinzip der Interaktion komplementäre Erwartungen ein. Es geht also nicht um die Identität von Handlungen, sondern um
die Konformität von egos Handlung mit alters Erwartung. Parsons setzt zur
Auflösung des Problems der doppelten Kontingenz auf die Struktur als
Erwartungsstruktur. Erwartungen sind aber bei Parsons noch einmal
differenziert. Die Überwindung der doppelten Kontingenz findet daher auf

---

[38] Vgl. Niklas Luhmann, 1984, Soziale Systeme, a.a.O, S.149. Obgleich in der Annahme von
Selbstreferentialität eine entscheidende Differenzen zwischen Luhmanns und Parsons Systemtheorie
liegt; vgl.. Niklas Luhmann, 1988a, Warum AGIL?, in: KZfSS, Jg. 40, Heft 2, S. 127-139.

[39] Der Parsonsche unit act umfaßt immer die vier Elemente: Akteur, Ziel, Situation und normative
Integration, vgl. Talcott Parsons 1937, The Structure of Social Action, Bd.1, New York: Free Press,
S. 43ff. Man könnte darin eine Vorbereitung des Vierfelderschemas sehen.

verschiedenen Stufen statt. Neben die konsensuellen normativen Orientierungen des "shared value systems" tritt das geteilte Symbolsystem (shared symbolic system).[41] Dem geteilten Symbolsystem ist die Stabilisierung des Sinns zugedacht, die alter und ego bekannten Konventionen, aber auch Sprache und Schrift, die von den Kommunikationspartnern gleichsinnig erkannt und verwendet werden müssen. Auf dieser kognitiven Orientierung ruht eine normative Handlungspräferenz auf, die sich als komplementäre Erwartung im Sinne eines normativ einforderbaren Konsenses in der Interaktion wiederfindet. Nun ist unbestreitbar, daß zwischen dem Beitrag eines gemeinsamen Mediums wie Sprache und Schrift und der Übereinstimmung in moralischen Dingen unterschieden werden kann. Die dramatisierte Zuspitzung der Abarbeitung der doppelten Kontingenz auf den erwartbaren Wertkonsens bei Parsons aber ist Ansatzpunkt für Niklas Luhmanns Kritik an jener Lösung des Problems. Er teilt die Beschreibung des Problems bei Parsons, nicht aber dessen Vorstellungen über die Lösung des Problems.

In der Theorie Niklas Luhmanns ist die doppelte Kontingenz sozialer Situationen dasjenige Problem, das die Entstehung sozialer Systeme autokatalysiert. In einer Situation mit doppelter Kontingenz, die eine instabile Lage darstellt, besteht, so Luhmann, ein dringendes Bedürfnis nach Einschränkung des Spielraums der Möglichkeiten. Luhmann wendet allerdings gegen Parsons' Theorievorschlag ein, nichts zwinge dazu "die Lösung des Problems der doppelten Kontingenz ausschließlich im schon vorhandenem Konsens, also ausschließlich in der Sozialdimension zu suchen. Es gibt funktionale Äquivalente, zum Beispiel solche der Zeitdimension. Alter

---

[40] Talcott Parsons/ Edward Shils (Hrsg.), 1951, Toward a General Theory of Action, a.a.O., S. 15.

[41] In einigen Schriften Parsons' tauchen weitere Differenzierungen auf: neben der kognitiven und evaluativen bzw. moralischen Orientierung etwa die "Cathectic" bzw. "Appreciative" Orientation. Vgl. in einer Übersicht z.B. Talcott Parsons, 1951, The Social System, New York: Free Press, S.57f.

bestimmt in einer noch unklaren Situation sein Verhalten versuchsweise zuerst. Er beginnt mit einem freundlichen Blick, einer Geste, einem Geschenk - und wartet ab, ob und wie ego die vorgeschlagene Situationsdefinition annimmt. Jeder darauf folgende Schritt ist dann im Lichte dieses Anfangs eine Handlung mit kontingenzreduzierendem, bestimmendem Effekt - sei es nun positiv oder negativ."[42] Den Vorteil dieser Erweiterung des Problemlöserahmens sieht Luhmann vor allem darin, daß die Theorie auf diese Weise stärker für Zufälle geöffnet wird. Während Parsons Sozialität durch Enkulturation gewährleistet sieht, der Bezug auf alter immer schon durch konsensuelle, normativ einforderbare Erwartungen gesichert ist, stellt Luhmann Kontinuität und Systemgeschichte ins Zentrum der Theorie. Soziale Ordnung wird dann nicht mehr über Wertinternalisierung hergestellt, sondern über die kommunikative Abarbeitung doppelter Kontingenz, die Gewohnheiten hervorbringt, soziale Typiken, Personen.[43] Alter und ego sind jetzt nicht mehr Gratifikationsinstanzen für die eigene Bedürfnis-befriedigung, sondern Zurechnungspunkte kontingenter Selektion in der Kommunikation, das Bezugsproblem ist die Einschränkung von Kontingenz im Sinnsystem Kommunikation. Allerdings reduziert sich das Ausmaß des Unterschieds zwischen den Positionenen von Parsons und Luhmann, wenn man bedenkt, daß auch für Parsons Erwartungen sich erst im Zeitablauf herausbilden. Sowohl "symbolic systems" als auch Wertorien-

---

[42] Niklas Luhmann, 1984, Soziale Systeme, a.a.O., S.150. Luhmanns Sozialitätstheorie läßt sich gleichermaßen in der Tradition Parsons' wie in die phänomenologische Tradition einschreiben. Zu den phänomenologischen Motiven bei Luhmann vgl. auch Lutz Ellrich, 1992, Die Konstitution des Sozialen, in: Zeitschrift für philosophische Forschung, Jg.46, Heft 1, S. 24-43. Allerdings kann ich den Eindruck, Luhmann bliebe in der phänomenologischen Tradition befangen, den Ellrich nahelegt, nicht teilen.

[43] Die Konstitution von Personen ist demnach selbst Resultat doppelt kontingenter Situationen. "Es ist diese instabile, zirkuläre Notlage der doppelten Kontingenz, die die Entstehung von Personen provoziert. Oder genauer: die die Beteiligten, was immer psychisch in ihnen abläuft, dazu bringt, sich im Sozialsystem also kommunikativ, als Person zu geben und die Überraschungsqualitäten ihres Verhaltens entsprechend vorsichtig zu dosieren-..." Niklas Luhmann,1995c, Die Form "Person", in: ders., 1995, Soziologische Aufklärung 6, Opladen: WDV, S. 142-155 (149).

tierungen und Situationsdefinitionen sind Resultate von Erfahrungen ("experience"). Diese sind aber auch für Parsons Ergebnis einer Systemgeschichte: "This organization of action elements is, for purposes of the theory of action, above all a function of the relation of the actor to his situation and the history of that relation, in this sense of experience."[44]

2.2.1 Dissenstoleranz und Schriftlichkeit

Wir sehen in der Abkehr von dem immer schon vorhandenen Konsens zugunsten einer Betonung der Zeitdimension als Sozialitätsgaranten weitere Theoriemöglichkeiten eingeschlossen. Sie bedeutet eine Öffnung für den Zufall als konstitutives Element von Systemgeschichte und Kommunikationsevolution, darauf hat Niklas Luhmann hingewiesen.[45] Sie ist aber auch eine Öffnung für die Schriftlichkeit, d.h. für die schriftliche Kommunikation als sozialitätsstiftende Operation. Übereinstimmung, so könnte man etwas überpointiert formulieren, ist ein Interaktionsprinzip. Der Konsens als Ordnungsgarant ist eine interaktionslastige Vorstellung. Belege für diese These bieten empirische Kommunikationsforschungen.

Beispiele finden sich in konversationsanalytischen Forschungen und in Untersuchungen über *kommunikative Gattungen*. Gattungen sind typische Muster, an denen sich Handelnde orientieren können. Sie stellen gesellschaftlich verfestigte, zum Teil formalisierte Lösungen für wiederkehrende kommunikativer Probleme dar und können daher als Kristallisationskerne der Relevanzstruktur gesellschaftlicher Kommunikation fungieren.[46] Im

---

[44] Talcott Parsons, 1951, The Social System, a.a.O., S.5. Vgl. zur Problematik der Doppelkontingenz auch Alois Hahn., 1998, Kontingenz und Kommunikation, in: Gerhard von Graevenitz/ Odo Marquard (Hrsg.), Poetik und Hermeneutik XVII: Kontingenz, München: Fink, S.493-523.

[45] Niklas Luhmann, 1984, Soziale Systeme, a.a.O., S.150f.

[46] Zur sozialwissenschaftlichen Gattungsforschung vgl. Thomas Luckmann,. 1986, Grundformen der gesellschaftlichen Vermittlung des Wissens: Kommunikative Gattungen, KZfSS, Sonderheft 27,

Unterschied zu ihren literaturwissenschaftlichen Vorläufern beschäftigt sich die sozialwissenschaftliche Gattungsforschung vorrangig mit der Klassifikation mündlicher Genres. Sie betreibt Interaktionsforschung und betrachtet kommunikative Gattungen vor allem im Unterschied zu spontanen kommunikativen Äußerungen. Kommunikative Gattungen erlegen den Interagierenden eine voraussagbare Typik an vorgefertigten Mustern auf. Wir können auch sagen: Es sind in der Abarbeitung doppelt kontingenter Situationen durch Routinisierung gewonnene und erkennbare Kommunikationstypen. Die Forschung über kommunikative Gattungen geht davon aus, daß in den jeweiligen Gattungen Präferenzstrukturen als interaktive Organisationsstrategien auffindbar sind, die verwendet werden, um bestimmte kommunikative Kontexte herzustellen. Ein Ergebnis dieser Mündlichkeitsforschung ist, daß Interaktionen üblicherweise eine Präferenz für Übereinstimmung aufweisen. Interaktionen vermeiden offen geäußerte Ablehnungen einer sonst allgemein akzeptierten Auffassung oder werden durch solche Äußerungen jedenfalls gestört. Zumindest zeigt die gesamte gruppenpsychologische Forschung, daß Kleingruppen zur Reduzierung, Minimierung und Isolierung von Abweichungen tendieren. Nur besondere Typen wie das argumentative Gespräch kehren dieses Prinzip um, indem die Polarität zur vorherigen Aussage geradezu hervorgehoben und fokussiert wird.[47] Dieser Typ von Interaktion ist in der Regel auf einen bestimmten

---

S. 191-211.; Dell Hymes, 1979, Soziolinguistik. Zur Ethnographie der Kommunikation, Frankfurt/ M:Suhrkamp; für die Konversationsanalyse vgl. Harvey Sacks, 1987, On the preferences for agreement and contingity in sequences in conversation, in Button/ Lee, Talk and Social Organisation, Clevedon, S. 55-69.

[47] Ich beziehe mich auf Susanne Günthner/Hubert Knoblauch, 1994, "Forms are the Food of Faith". Gattungen als Muster kommunikativen Handelns, in: KZfSS, 46.Jg., Heft 4, S.693-723, bes. S. 709. Dissens kann freilich auch in informellen Diskussionen zum gesprächsgenerierenden Prinzip werden, die Gattung des kultivierten Streitgesprächs kann zum Bestandteil eines familiären Gesprächshabitus werden. Vgl. dazu Hubert Knoblauch, 1995, Kommunikationskultur, Berlin: de Gruyter, bes. S. 113ff. Immer geht es um Modi der Rahmung und Begrenzung von Streitsequenzen. Die besonderen Bedingungen, unter denen Streit eine vergemeinschaftende Wirkung haben kann, erörtert Georg Simmel, 1992, Der Streit, in: ders., Soziologie, Frankfurt/M: Suhrkamp, S. 284-382.

Zeitraum begrenzt und darauf angewiesen, daß beim small talk oder shop talk die Härte der Kontroverse vorübergehend in den Hintergrund tritt zugunsten der üblichen Regeln der Konversation.[48] Interaktionen, die nicht mit einem Vorzeichen wie "argumentatives Gespräch" versehen sind, verfügen über eine sehr geringe Verarbeitungskapazität von Dissens.

Eine empirische Studie über *Konsensfiktionen* bei jungen Ehepaaren ist ein weiterer Beleg für die Konsensfundiertheit und die Dissensaversion von Interaktionssystemen.[49] Die geringe Verarbeitungskapazität von Dissens ist in denjenigen Interaktionssystemen besonders prekär, die qua Definition immer wieder zusammentreten und sich nicht nur punktuell konstituieren, um wieder auseinanderzugehen. Anders als bei Podiumsdiskussionen, wissenschaftlichen Tagungen, Veranstaltungen zu politischen Fragen oder gar der zufälligen Begegnung Unbekannter, die sich auf ein Gespräch einlassen, ist die Interaktion von Paaren auf Fortsetzbarkeit ange wiesen. Paare, die sich ständig streiten, ständig ihre Nichtüber-einstimmung interaktiv manifestieren, haben wenig Aussicht auf Stabilität. Die Forschung über Konsens bei jungen Ehepaaren hat gezeigt, daß die getrennte Befragung eines Paares zur Übereinstimmung in bestimmten Sachfragen auf jeweils unterschiedliche Auffassungen stieß. Dennoch gingen die Befragten überwiegend davon aus, daß ihr jeweiliger Partner die gleiche Auffassung verträte. Die Unterstellung von Konsens ist offenbar für die Fortsetzung des Interaktionssystems Paar unerläßlich. Dabei reicht die Fiktion der Übereinstimmung aus, um das Auflösepotential von ständig abzuarbeitender

---

[48] Vgl. hierzu auch Alois Hahn, 1991a, Rede- und Schweigeverbote, Kölner Zeitschrift für Soziologie und Sozialpsychologie 43, H.1, S.86-105; und die dort angeführte Literatur zur Konversationslehre, wie sie sich seit dem 17.Jahrhundert herausgebildet hat. Diese schreiben das Verschweigen oder Übergehen konfliktträchtiger Thesen und Themen vor, und zwar vor allem aus Gründen des Taktes oder der Höflichkeit. In der Interaktiontheorie ist dieser Sachverhalt als Vermeidung des Gesichtsverlustes beschrieben worden. Immer geht es darum, daß die Selbstdarstellungen des Interaktionspartner nicht desavouiert werden. Darauf kommen wir zurück.

Nichtübereinstimmung zu neutralisieren. Anders als die Annahme Parsons',
die societal community sei durch ständig abrufbare Übereinstimmung in
Wertfragen zusammengehalten, zeigt sich hier, daß es nicht um reale
Übereinstimmung geht. Vielmehr reicht die bloße Konsensfiktion als "Kitt"
für die Fortsetzbarkeit des Interaktionssystems Paar.

Nun könnte man die anhand von Ehepaaren analysierte Konsens-
bedürftigkeit von Interaktionssystemen für ein Spezifikum von Intimität
halten und einwenden, für andere Systeme treffe dies nicht zu. Unser Argument, daß Konsens - sei es als Fiktion, sei es als reale Übereinstimmung –
in der Interaktion präferiert wird, diese Voraussetzung aber nicht auf die
Gesellschaft als Kommunikationszusammenhang übertragbar sei, hätte
dann durch dieses Beispiel wenig Gewicht erhalten. Die These, daß die auf
Konsens gegründeten Sozialtheorien ihre Evidenz an Interaktionssystemen
gewonnen haben, daß sie Schriftlichkeit daher allenfalls als Katalysator für
die Evolution von Gesellschaftsformationen oder als abgeleiteten Modus der
Interaktion analysieren können, wäre dann nicht generalisierbar.

Für das Wissenschaftssystem etwa gilt die Permanenz von Kritik und
Dissens ja geradezu als Antrieb und Fortsetzungsvoraussetzung. Die von
den üblichen Konversationsregeln abweichende kommunikative Gattung des
"argumentativen Gesprächs" dürfte am häufigsten im Wissenschaftssystem
anzutreffen sein. Jedoch, wie wir erwähnt hatten, abgefedert durch und
eingebettet in kollegiale Anerkennungsverhältnisse, durch höfliche Formen
des Attackierens und durch zeitliche Begrenzung. Nun besteht die moderne
Wissenschaft aber gerade nicht, wie die Theorie der kommunikativen Gattungen vielleicht behaupten würde, aus einer Vielzahl von Interaktionen,
die sich durch einen vielgestaltigen Textbezug von anderen typischen Interaktionen unterscheiden. Denn die Interaktionen im Wissenschaftssystem

---

[49] Vgl. Alois Hahn, 1983, Konsensfiktionen in Kleingruppen. Dargestellt am Beispiel von jungen
Ehen, in: Friedhelm Neidhardt (Hrsg.), Gruppensoziologie. Perspektiven und Materialien,
Sonderband 26 der KZfSS, S.210-232.

sind in der Regel schriftlich vor- und nachbereitet. Vorlesungen gehen auf Manuskripte zurück und münden in Klausuren. Wissenschaftliche Tagungen beruhen auf vorbereiteten Manuskripten und bereiten Publikationen vor. Die auf Schriftlichkeit beruhende sozialstrukturelle Differenzierung von Interaktionssystem und Gesellschaftssystem erhält in der modernen Wissenschaft eine besondere Gestalt.

Wenn wir das Wissenschaftssystem im oben erläuterten Sinne eines operativ geschlossenen selbstreferentiellen Systems mit temporalisierten Letztelementen begreifen, so gilt es zunächst, das spezifische Element der wissenschaftlichen Kommunikation zu bestimmen. Wir folgen einem Vorschlag von Rudolf Stichweh, der anhand der Analyse des Übergangs von der frühneuzeitlichen Wissenschaft zur modernen Wissenschaft zu einer solchen Bestimmung kommt. Die frühmoderne Wissenschaft kann als ein Wissenszusammenhang beschrieben werden, der sich aus übernommenen, sehr heterogenen Bestandteilen zusammensetzt, daher als allopoietisches System zu beschreiben ist. Der vorrangige Schriftbezug ist hier die charakteristische Quellenorientierung, das schriftlich aufbewahrte Wissen in Bibliotheken oder Enzyklopädien.[50] Erst die moderne Wissenschaft reagiert auf neue Erkenntnisse und bringt solche selbst hervor. An die Stelle der Bewahrung, Tradierung und Kommentierung überlieferten Wissens tritt jetzt ein selbst hervorgebrachtes Wissen. "Die Wissenschaft des frühen 19. Jahrhunderts weist alle wissenschaftsexternen Formen der Wissenserzeugung und alles Wissen, das ihr aus einer vorwissen-schaftlichen Vergangenheit überkommen ist und nicht die wissenschaft-lichen Prüfinstanzen durchlaufen hat, der Tendenz nach ab. In diesem Sinne ist sie erstmals autopoietische Wissenschaft, weil sie nicht mehr die Elemente des Wissens aus der Umwelt und aus einer vorwissenschaftlichen Vergangenheit übernimmt, um diesem dann lediglich eine wissenschaftseigene Struktur aufzuerlegen. An die Stelle der Übernahme von Elementen aus der Umwelt tritt das Phänomen, daß die Wissenschaft - und damit die Disziplin als die neue Einheit ihrer Primärdifferenzierung - alle Elemente, aus denen sie besteht, selbst *produziert.*"[51] Dies erklärt erst die Umorientierung auf Selbstkonstitution der Elemente wissenschaftlicher Forschung. Auf jener Grundlage aber läßt sich eine Antwort auf die Frage nach den temporalisierten Elementen der wissenschaftlichen Kommuni-kation finden. Nach dem Vorschlag Stichwehs ist demnach die systemeigene Spezifikation von Kommunikation in der Wissenschaft die *Publikation.* Während in der vormodernen Wissenschaft der Schriftbezug vorrangig auf schriftlich aufbewahrtem Wissen bestand, ist die Basisoperation der modernen Wissenschaft selbst verschriftlicht.[52] Als elementare Operation erfüllt die Publikation zum einen die Bedingung, daß sie als Kommunikation die Ordnungsvorgaben des Gesellschaftssystems nutzen kann. Zum anderen läßt sich alles, was sich im Funktionssystem Wissenschaft ereignet, unter diesen Formzwang bringen.[53] Nur die publizierte Erkenntnis ist ein temporalisiertes Ereignis, das andere Ereignisse des gleichen Typs hervorbringt. Wahre, aber nicht-publizierte Erkenntnisse gehören erst gar nicht zur Wissenschaft. Publikationen regen andere Publikationen an, die an sie anschließen. Die Publikation ist gleichzeitig Element, das auf anderen Elementen des gleichen Typs beruht; denn Publikationen beziehen sich durch Zitation auf andere Publikationen. Diese neuartige Konstitution moderner Wissenschaft mit der elementaren Operation der Publikation ist, so Stichweh, nicht mehr voll-

---

[50] Vgl. Rudolf Stichweh, 1987, Die Autopoiesis der Wissenschaft, in: Dirk Baecker, et al. (Hrsg.), Theorie als Passion, S. 447-482, (450 ff.).

[51] Ebenda, S. 453.

[52] Zu dem Problem, welcher Prozeß die Anerkennung des geschriebenen Wissens als wissenschaftlich evidentes Wissen begleitet hat, vgl. Charles Bazerman, 1988, Shaping written Knowledge, The genre and activity of the experimental article in science, Madison: University of Wisconsin Press.

[53] Vgl. Rudolf Stichweh, 1987, Die Autopoiesis der Wissenschaft, a.a.O., S.459.

ständig mit einer Theorie der wissenschaftlichen Gemeinschaft zu erfassen. "Wissenschaftliche Gemeinschaften lassen sich beschreiben mit Bezug auf eine angebbare Zahl von Personen, denen man im Prinzip ein Motiv unterstellen kann, unter geeigneten Umständen in einem Interaktionssystem oder in einer Organisation aufeinanderzutreffen. Kommunikation mittels Publikationen und den in sie integrierten Referenzen hingegen impliziert typischerweise auch kommunikative Bezüge auf Beiträge von Personen, für die eine solche Unterstellung nicht sinnvoll gemacht werden kann, und dies zusätzlich deshalb nicht, weil einige von diesen Personen in der Gegenwart der jeweiligen Publikation nicht mehr leben."[54]

Die sozialstrukturelle Differenzierung von Interaktion und Gesellschaft hat also im Wissenschaftssystem die besondere Form der Unterscheidung angenommen von wissenschaftlicher Gemeinschaft, die potentiell Interaktionssysteme bildet, und der Kommunikation mittels Publikationen, die ohne jedes Anwesenheitsversprechen auskommt. Am Beispiel des Wissenschaftssystems läßt sich daher der Umgang mit Konsens und Dissens entlang der Differenz schriftlich/mündlich besonders gut zeigen.[55] Interak-

---

[54] Ebenda, S. 462.

[55] In diesem Sinne weist auch Steve Fuller darauf hin, daß für wissenschaftliche Kommunikation eine völlig andere Situation gegeben ist, wenn sie sich unter Anwesenden abspielt oder aber über Publikationen vermittelt wird. Wäre der Autor eines Textes ständig auf die Zustimmung derer angewiesen, die ihm beim Schreiben über die Schulter schauen, wäre seine Bereitschaft zu Kühnheiten höchst eingeschränkt. Fuller sieht den Unterschied zwischen gesprochener Sprache (speech) und geschriebenen Texten gerade darin, daß die Leser nicht unmittelbar dabei sind, wenn der Schreiber seine Texte formuliert. In der immer wiederkehrenden face-to-face-Beziehung gibt es, so Fuller, strenge normative Bindungen zwischen dem, was gesagt wird, und dem, was daraus an Handlungen folgt. Solche Situationen gibt es zwischen Mitgliedern einer wissenschaftlichen Gemeinschaft oder einer Schule, während dieses Prinzip in der Schriftlichkeit dort, wo mit wenig Begegnungen zu rechnen ist, außer Kraft gesetzt ist: "This is one feature of speech as a linguistic medium that distinguishes it from writing, whose communicativeness does not lie with the author constantly attending his text. However, there is little actual face-to-face contact among the people relevant to either the making or the recording of the history of science. Admittedly, there is much face-to-face contact among members of a school of thought or a scientific community confined to, say, one academic institution. Indeed, this constant, and largely speech-based interaction ensures the formation of strong normative bounds on what can be said and done. But such bounds do not normally extend to other institutions, the work of whose members is encountered almost exclusively through written media of journals and books. In that case, members of one community

tionssysteme und Organisationen im Wissenschaftssystem wie Laboratorien, Lehrstühle oder Forschungsinstitute präferieren den Konsens. Das wird offensichtlich bei der Rekrutierung von Mitarbeitern, bei der Verlängerung oder eben Nicht-Verlängerung von Arbeitsverhältnissen, bei der Einladung von Tagungsteilnehmern, Berufungen von Kollegen, Schulenbildung etc. Der unvermeidliche Dissens in der Wissenschaft wird weitgehend in die Publikation verlagert, sei es in Form von Kritik, dem Nachweis eines Irrtums oder der Nichtübereinstimmung in theoretischen Grundannahmen. Dissens kann dort unausgetragen abgelagert oder als solcher artikuliert werden. Nun ist die Publikation nicht konsensaversiv. Auch hier finden Konsenslinien im Zitierverhalten ihren Ausdruck. Die Übereinstimmung in der Wahl von Zitationen, das wiederholte Zitieren von zusammengehörigen Referenzen in "Clustern", ist eine Demonstration kognitiver Nähe in der Publikation.[56]

Der Dissens in der Interaktion und der schriftlichen Kommunikation bedarf besonderer organisatorischer und sozialisatorischer Vorkehrungen. Tagungen und Kongresse, bei denen kontroverse Schulmeinungen aufeinandertreffen, sind zeitlich begrenzt, weitere Interaktion zwischen Konfliktpartnern wird nicht erwartet. Disziplin und zivilisiertes Benehmen sind

---

regularly take the ability to incorporate the work of another community in their own research as evidence for their having understood the nature of the other community's activities." Steve Fuller, 1991, Social Epistemology, Bloomington: Indiana UP, S.134. D.h. auch, daß bei schriftlicher Kommunikation im Kontext von Wissenschaft nicht nur die Unterscheidung Konsens/ Dissens als zentraler Orientierungsrahmen wirkt. Die Verstehensbemühung spielt hier eine ganz eigenständige Rolle. Gerade weil man nicht sofort reagieren muß, kann man sich mehr Zeit lassen beim Verstehen. Weil dies vorausgesetzt wird, ist die Kritik an evidenten Mißverständnissen härter: Der Rezensent hätte sorgfältiger lesen können. Die zeitweilige Abkopplung von Mitteilung und Verstehen erweitert also einerseits die Chance, "besser" zu verstehen, erhöht aber andererseits den Erwartungsdruck in dieser Hinsicht. Man könnte für die Schriftlichkeit formulieren: Der Konsensdruck sinkt, der Verstehensdruck steigt.

[56] Vgl. Rudolf Stichweh, 1987, Die Autopoiesis der Wissenschaft, a.a.O., S. 462.

daher mit geringerem Aufwand an Selbstdisziplin und Affektbeherrschung verbunden. Vor allem die Immunisierung gegen persönliche Verletzungen ist evolutionär voraussetzungsvoll, wie Niklas Luhmann für die Wahrheitskommunikation unterstrichen hat. "Für die Kommunikation wissenschaftlicher Wahrheiten/Unwahrheiten ist es vor allem wichtig, daß die persönliche Empfindsamkeit des Autors reduziert wird. Das gilt für schriftliche Polemik ebenso wie für mündliche Diskussion. Zunächst liegt es auf der Hand, daß man eine Bestätigung der eigenen Meinung lieber sieht als deren Widerlegung. Die Aufdeckung eines Irrtums verletzt. Die Bezeichnung als Unwahrheit macht zwar den Irrtum unschädlich, nicht aber die Verletzung. Ganz üblich ist es daher, daß eine Meinungsäußerung auch Bereitschaft zur Erläuterung, zur Verteidigung, ja zum Streit anzeigt und so wahrgenommen wird. Der Nachweis eines Irrtums wird als Nachweis einer Leichtfertigkeit angenommen. Und da das Medium Wahrheit in hohem Maße auf Kredit und Vertrauen basiert sein muß, sind Fehlernachweise für den, der davon betroffen ist, schwer zu verkraften. Sie können auf eine Ausschaltung der Glaubwürdigkeit für weitere Äußerungen hinauslaufen. Für die Entwicklung von wissen-schaftlicher Wahrheitskommunikation ist es deshalb wichtig, das, was normal ist, außer Kraft zu setzen und eine zunächst paradoxe Entwicklung einzuleiten, nämlich: die Konfliktbereitschaft zu erhöhen und die Diskreditierungseffekte des Konflikts abzuschwächen. Dies geschieht einerseits durch Disziplinierung der Interaktion, wovon der Gründungs-bericht der Royal Society ein klassisches Zeugnis ablegt, und andererseits durch weitgehende Verschriftlichung der Kommunikation. In beiden Fällen müssen Auswirkungen auf andere Interaktionskontexte der Beteiligten unterbunden werden, so daß wissenschaftliche Kritik sich nicht unmittelbar auf das Einkommen oder die Ehe, auf das öffentliche Ansehen oder die Freundschaft des Betroffenen auswirkt."[57]

Am Beispiel des Wissenschaftssystems zeigt sich also eine doppelte Bewegung, die als Reaktion auf die Verschriftlichung der Kommunikation angesehen werden kann und gleichzeitig Aufschluß über den Umgang mit Dissens gibt. In der Evolution der Kommunikation führt die Verschriftlichung zu einer Erhöhung der Ablehnungswahrscheinlichkeit, zu einer Steigerung der Kritikbereitschaft. Zum einen können die rhetorischen Überzeugungsstrategien der mündlichen Rede der gründlicheren, dem Zeitdruck der Mündlichkeit enthobenen Prüfung nicht standhalten. Zum anderen entfällt in der Lesesituation die in der Interaktion permanent notwendige Achtungsbekundung für den Redner. Der aufgedeckte Fehler hat in der Interaktion eine andere - bis hin zur Auflösungsgefahr der Situation steigerbare - Sprengkraft als in der Schriftlichkeit. Eine Reaktion auf die erhöhte Ablehnungswahrscheinlichkeit durch Verschriftlichung in der Kommunikationsevolution ist die auf der Entwicklung von Sondercodes beruhende Herausbildung symbolisch generalisierter Kommunikationsmedien wie Wahrheit, Geld, Macht.[58] Sie routinisieren die Unwahrscheinlichkeit des Erfolgs der Kommunikation, indem sie Anschlußhandlungen sichern, ohne jeweils auf Konsens oder Überzeugung der Beteiligten zu rekurrieren. Nun ist, um bei unserem Beispiel zu bleiben, die Wahrheitskommunikation zwar immer an der "Distinction directrice": Wahrheit/Unwahrheit orientiert. Bis aber eine neue Erkenntnis als vorläufig verbindliche Wahrheit etabliert ist, die weitere Forschungen anleitet, bedarf es einer vorbereitenden und immer wieder in Frage stellenden Kommunikation, die zwischen Konsens und Dissens oszilliert. Auch vorläufig verbindliche Erkenntnisse werden immer

---

[57] Niklas Luhmann, 1990, Die Wissenschaft der Gesellschaft, a.a.O., S.242 f.

[58] Vgl. Niklas Luhmann, 1981d, Die Unwahrscheinlichkeit der Kommunikation, in: ders., Soziologische Aufklärung 3, Opladen:WDV, S.25-35; ders., 1990, Die Wissenschaft der Gesellschaft, a.a.O., S. 178 ff. und passim.

wieder der Kritik unterzogen. Eine Form des Umgangs mit permanenter Kritik, die in der Paradoxie der Steigerung der Konfliktbereitschaft bei gleichzeitiger Abschwächung des Diskreditierungseffekts beschrieben ist, ist in der funktionalen Differenzierung der Gesellschaft enthalten. Wird die wissenschaftliche Reputation in Frage gestellt, ist die Glaubwürdigkeit in anderen Funktionssystemen nicht selbstverständlich mitbetroffen.[59] Dies bertifft die horizontale Differenzierung der Gesellschaft, die die Möglichkeit der Abgeschlossenheit kommunikativer Kontexte in sich birgt. Die kommunikativen Kontexte oder Funktionssysteme finden aber intern ebenfalls Formen des Umgangs mit Dissens und Konsens und den darin enthaltenen Achtungs- und Diskreditierungseffekten. Schriftlichkeit, so könnte man sagen, ermöglicht gleichzeitig mehr Konsens und mehr Dissens, indem sie Differenzierungen erlaubt, die in der Interaktion schwer durchzuhalten sind. Kein Funktionssystem aber kommt ohne Interaktionen aus. Sie fordern eine Lösung des Problems, daß der Widerspruch in der Sache nur allzuleicht in eine Animosität zwischen Personen umschlägt. Die auf Schriftlichkeit beruhende Differenzierung von Sach- und Sozial-dimension gerät in der Interaktion allzu leicht in Vergessenheit.[60] Die Lösung bestand in den zivilisatorischen und sozialisatorischen Voraussetzungen für den Umgang mit Dissens in der Interaktion. Ein Beispiel sind die dafür ausgebildeten Rituale in der "zivilisierten" wissenschaftlichen Debatte: Der Kritik oder Ergänzung im einzelnen geht immer Lob, Dank, Anerkennung für einen Beitrag insgesamt voraus. Diese Zivilisierung dient zum einen der Stilisierung der Situation, zum anderen der Sozialisation von Personen. Trotzdem bleibt die Interaktion für den Fortgang von Kommunikationen riskant, wenn sie hohe

---

[59] In der vormodernen Gesellschaft hätte selbstverständlich die Ehre der ganzen Person oder gar der gesamten Familie auf dem Spiel gestanden.

[60] Zur Differenzierug von Sinndimensionen vgl. Kap.1.

Dissenskosten zu tragen haben.[61] Das dissenstolerantere Medium ist die Schriftlichkeit. Sie ist es gerade deshalb, weil sie im Gegensatz zur Mündlichkeit wahrnehmungsenthoben ist. Damit sind einerseits die beteiligten Personen von dem Aufwand der Affektkontrolle entlastet. Andererseits ist die Kommunikation durch die Entkopplung von der Wahrnehmung von all den Irritationen befreit, die sich aus situativen, nicht übersehbaren Störungen und aus den Restunkontrollierbarkeiten der beteiligten Personen ergeben.

2.3 Kopräsenz

2.3.1 Reziprozität der Perspektiven

Das grundlegende Sozialitätstheorem der Phänomenologie und ihrer Nachfolgetheorien ist die Annahme der räumlich-zeitlichen Kopräsenz von alter und ego. Husserl hatte den Bezug auf Alterität bewußtseinsphilosophisch behandelt und die Frage gestellt, wie sich alter ego im Bewußtsein des einsamen Ich konstituiert. In seiner appräsentationstheoretischen Lösung des Problems bleibt die Transzendenz von alter ego unangetastet. Die Frage war, wie ein Bewußtsein dazu kommen könne, unter den verschiedenen Gegebenheiten eine besondere Klasse von noemata, das alter ego, von anderen Wahrnehmungs-gegenständen zu unterscheiden. In Husserls transzentalphilosophischen Überlegungen ist alter ego eine Gegebenheit des

---

[61] Habermas hat den Konsens zum Wesen der Kommunikation an sich stilisiert, ja sogar dem Kommunikationsmedium Sprache implizit eine immanente Herstellung von Konsens zugeschrieben. Dabei verwechselt er zunächst, daß nicht die Sprache auf Konsens zielt, sondern, daß Interaktionen wegen der mit Dissens verbundenen Konflikte und Verletzungen abgebrochen oder reduziert zu werden pflegen, wenn sie zu konfliktreich werden. Er übersieht, daß für die Fortsetzung der Interaktion Konsensfiktionen häufig ausreichend sind. Indem er die mit Schrift gegebene Möglichkeit der Bewahrung von Dissens unberücksichtigt läßt, geht auch Habermas davon aus, daß Sozialität als Interaktion beschrieben werden kann.

Bewußtseins von ego selbst. Dieses findet zwar in seinen Wahrnehmungen nicht andere Bewußtseine vor, wohl aber dem eigenen Leib analoge Körper. Der eigene Leib gilt Husserl als Nullpunkt der Orientierung, als "Nullsystem" aller Wahrnehmung. Alles was wir, so Husserl, überhaupt wahrnehmen können, nehmen wir relativ zu dieser Nullstelle wahr.[62] So wie der eigene Leib als der einzige Körper in der Wahrnehmung gegeben ist, dem ein "Inneres" korrespondiert, so wird dem dem eigenen Leib ähnlichen Körper des anderen ein "Inneres" appräsentiert. Da ego von dem eigenen Leib eine Innenseite kennt, die ihm unmittelbar mit seiner äußeren Wahrnehmung mitgegeben ist, Husserl spricht von einer Innenaffektion, appräsentiert ego zu der Wahrnehmung eines fremden Körpers ein Bewußtsein. "Nehmen wir nun an, es tritt ein anderer Mensch in unseren Wahrnehmungsbereich, so heißt das, primordial reduziert: Es tritt im Wahrnehmungsbereich meiner primordialen Natur ein Körper auf, der als primordialer natürlich bloß Bestimmungsstück meiner selbst ("immanente Transzendenz") ist. Da in dieser Natur und Welt mein Leib der einzige Körper ist, der als Leib (fungierendes Organ) ursprüglich konstituiert ist und konstituiert sein kann, so muß der Körper dort, der als Leib doch aufgefaßt ist, diesen Sinn von einer apperzeptiven Übertragung von meinem Leib her haben, und dann in einer Weise, die eine wirklich direkte und somit primordiale Ausweisung der Prädikate der spezifischen Leiblichkeit, eine Ausweisung durch eigentliche Wahrnehmung, ausschließt. Es ist von vornherein klar, daß nur eine innerhalb meiner Primordialsphäre jenen Körper dort mit meinem Körper verbindende Ähnlichkeit das Motivationsfundament für die "analogisierende" Auffassung des ersteren als anderer Leib abgeben kann."[63] Mit Analogie war hier kein Analogieschluß in einem logischen Sinne gemeint, vielmehr ein automatisches Mitmeinen, das

---

[62] Der Leib als "Nullpunkt der Orientierung" bleibt eine phänomenologische Grundeinsicht.

[63] Edmund Husserl, 1950/1987, Cartesianische Meditationen, Hamburg:Meiner, S. 113.

gleichzeitige Mitgegebensein etwa einer Rückseite, obgleich der Wahrnehmung im strengen Sinne nur die Vorderseite gegeben ist. Appräsentiert werden Potentialitäten.

Husserls Interesse galt dem internen Prozessieren des Bewußtseins. Er versuchte nachzuweisen, daß das Bewußtsein in seinen internen Operationen nicht auf Zeichengebrauch angewiesen sei, da es sich in seinen eigenen Operationen unmittelbar präsent sei. So unterscheidet er zwischen Ausdruck und Anzeichen. Internes Prozessieren des Bewußtseins kann sich demnach als Ausdruck ohne Zeichenverwendung - das wäre die Selbstaffektion, der bloße Vollzug des "einsamen Seelenlebens" - aber auch als Ausdruck mit Zeichenverwendung vollziehen. Ein Zeichen wiederum ist denkbar als Anzeichen mit und ohne Ausdruckswert.

Für eine Sozialitätstheorie, die hier als Theorie der Intersubjektivität behandelt wird, steht bei Husserl nicht die Frage im Vordergrund, wie ein Anzeichen als Kundgabe oder Mitteilung interpretiert wird. Nicht die Kommunikation, die als Rede oder Kundgabe aufgefaßt wird, ist Garant für Sozialität; vielmehr ergänzt er die Appräsentationsthese durch die idealisierende Annahme einer Reziprozität der Perspektiven: "Mein körperlicher Leib hat in meiner primordialen Sphäre, als auf sich selbst zurückbezogen, seine Gegebenheitsweise des zentralen "Hier". Jeder andere Körper und so der Körper des "Anderen" hat den Modus "Dort". Diese Orientierung des Dort unterliegt vermöge meiner Kinästhesen dem freien Wechsel. (...) Ich kann meine Stellung durch freie Abwandlung meiner Kinästhesen und im Besonderen des Herumgehens so ändern, daß sich jedes Dort in ein Hier verwandeln, d.i. jeden räumlichen Ort leiblich einnehmen könnte. Darin liegt, daß ich von dort aus wahrnehmend dieselben Dinge, nur in entsprechend anderen Erscheinungsweisen, wie sie zum Selbst-dort-Sein gehören, sehen würde, oder daß zu jedem Ding konstitutiv nicht bloß die Erscheinungssysteme meines momentanen "Von hier aus" gehören, sondern ganz bestimmt entsprechende jenes Stellungswechsels, der mich ins Dort versetzt. Und so für jedes Dort."[64] Vorausgesetzt wird die Erfahrung, daß ich aufgrund räumlicher Bewegung je nach eingenommener Position andere Wahrnehmungen habe. Ich kann mich in eine andere Lage versetzen und kann mich wieder zurückversetzten. Die Idee des Hineinversetzens als Grundlage des Fremdverstehens wird bei Husserl räumlich und zeitlich gedacht. Zeitlich kann ich mich etwa in mich selbst zu einem früheren Zeitpunkt hineinversetzen. Die Fähigkeit des räumlichen Sich-Versetzen-Könnens wird bei Husserl nur vermittelnd für die Konstitution des Erlebnisses von alter Ego in Anspruch genommen. Es geht dabei nicht um ein bloßes Vertauschen der Raumpositionen zwischen mir selbst und beliebigen Gegenständen. Entscheidend ist zusätzlich die Leibanalogie.

Grundlage eines jeden Fremdverstehens ist also bei Husserl die auf der räumlichen Präsenz beruhende Möglichkeit, das Wahrnehmungsfeld des Anderen in das eigene zu überführen. Schließlich wird die Fremdappräsentation über das "Verstehen der Leiblichkeit des Anderen" hin zu einer "'Einfühlung' von bestimmten Gehalten der 'höheren psychischen Sphäre'" vorgeführt.[65] Konstitutiv für dieses Vertständnis von Sozialität bleibt die Wahrnehmung von alter ego und die Verfügbarkeit seines Wahrnehmungskontextes. Die mit Sprache und Schrift gegebene Entkopplung von Wahrnehmungskontext und Kommunikation ist in diese Sozialitätstheorie nicht zu integrieren.

In der Husserlschen Theorie sind Intersubjektivität, Kultur als Vergemeinschaftung der Monaden, Kommunikation als Kundgabe und andere soziale Tatbestände durchaus vorgesehen. Sie sind aber Tatsachen des individuellen Bewußtseins. Es werden zwar Schritte angegeben, wie sich Sozialität konstituiert, aber der für die Soziologie entscheidende Aspekt von Sozialität, daß es sich um Kommunikation handelt, wird übersprungen.

---

[64] Ebenda, S. 119 f.
[65] Ebenda, S. 122 f.

Sozialität wird monologisch vorgeführt. Sie erscheint ausschließlich als die
Leistung des monadischen Bewußtseins. Systemtheoretisch können wir auch
sagen, die Husserlsche Theorie verwendet ausschließlich die Systemreferenz
des psychischen Systems. Der Sozialität wird eine Realität jenseits der sie
konstituierenden Bewußtseine nicht zugesprochen. Das heißt freilich nicht,
daß sie ihr abgesprochen wird. In der phänomenologischen Analyse wird
diese Frage "eingeklammert". Das ist ja der Sinn der Epoché. Es wird also
weder zugesprochen noch abgesprochen. Gleichzeitig ist aber klar, daß das
Bewußtsein selbst, das sich der phänomenologischen Analyse präsentiert,
dem alter ego eine schlechthin unhintergehbare Realität zuspricht. Das von
der Phänomenologie beobachtete Bewußtsein geht von der Realität alter
egos aus. Die Beobachtung der Beobachtungen des Bewußtseins sieht im
Sinne des Einklammerns davon ab. Wir können die phänomenologische
Reduktion daher als Beobachtung zweiter Ordnung bezeichnen: Alltäglich
gehen wir natürlich davon aus, daß alter ego Realität zukommt. Sinn der
Epoché ist es, zu erklären, wie das jeweilige Bewußtsein zu dieser Art von
Selbstverständlichkeitsannahmen kommt.

Die Differenz unserer Analysen zu dem Husserlschen Vorgehen liegt
aber vor allem darin, daß wir für ein Verständnis des Sozialen Kommunikation als ein eigenständiges System begreifen und gerade nicht als bloße
Bewußtseinstatsache. Intersubjektivität wird demgegenüber bei Husserl
letztlich als subjektive Bewußtseinsrealität vorgeführt.

2.3.2 Gleichzeitigkeit als Garant für Sozialität

In der phänomenologischen Sozialtheorie von Alfred Schütz findet sich die
Husserlsche Einsicht der Kopräsenz von alter und ego in modifizierter Form
wieder. Schütz schließt an Husserls Interubjektivitätstheorie an, kehrt
jedoch - wie alle Phänomenologen der zweiten Generation - die Beweislage

um. War in der Bewußtseinsphilosophie der Andere ein transzendenter Tatbestand, so geht Schütz statt dessen, indem er sich die "relativ natürliche Einstellung" im Sinne Max Schelers zu eigen macht, von einer "mundanen Sozialität" aus. Indem er die lebensweltliche Gewißheit zum Ausgangspunkt der Analyse macht, versucht er also, die Beobachtung zweiter Ordnung zugunsten der Beobachtung erster Ordnung zu kassieren: "Wir nehmen also zum Gegenstand der Analyse den Menschen *in seiner naiv natürlichen Einstellung*, welcher, in eine Sozialwelt hineingeboren, ebenso die Existenz von Nebenmenschen als fraglos gegeben vorfindet, wie die Existenz aller anderen Gegenstände der natürlichen Welt. Für unsere Zwecke genügt uns die Einsicht, *daß auch das Du Bewußtsein überhaupt habe, daß es dauert, daß sein Erlebnisstrom diegleiche Urform aufweise wie die meine.* " [66] War Intersubjektivität bei Husserl an ein leibliches Gegenüber in räumlich-zeitlicher Kopräsenz gebunden, setzt Schütz auf die Seite der Gleichzeitigkeit als Garanten für Sozialität über. In der Parallelität zweier Dauern verankert Schütz den intersubjektiven Bezug. Die Generalthesis des alter ego wird bei Schütz gerade von der leiblichen Koexistenz abgelöst und immer wieder in ihrer zeitlichen Struktur vorgeführt:"Das *alter ego* ist der subjektive Gedankenstrom, der in seiner lebendigen Gegenwart erlebt werden kann. Um das *alter ego* erfassen zu können, müssen wir nicht etwa so tun, als ob wir den Gedankenstrom des Anderen unterbrächen, noch müssen wir sein "Jetzt" in ein "Soeben" verwandeln. Das *alter ego* existiert gleichzeitig mit unserem eigenen Bewußtseinsstrom, wir teilen gemeinsam dieselbe lebendige Gegenwart - mit anderen Worten, wir altern zusammen. Das *alter ego* ist daher der Bewußtseinsstrom, dessen Leistungen ich in ihrer Gegenwart durch meine eigenen gleichzeitigen Leistungen fassen kann. Diese Erfahrung des Bewußtseinsstroms des Anderen in lebendiger Gleichzeitig-

---

[66] Alfred Schütz, 1932/1981, Der sinnhafte Aufbau der sozialen Welt. Eine Einleitung in die verstehende Soziologie, Frankfurt/M: Suhrkamp, S. 138.

keit nenne ich die *Generalthesis der Existenz* des *alter ego*. Hiermit wird angenommen, daß der Gedankenstrom des anderen die gleiche Grundstruktur wie mein Bewußtein aufweist. Der Andere ist also wie ich des Handelns und Denkens fähig; sein Gedankenstrom weist den gleichen durchgängigen inneren Zusammenhang auf wie meiner; sein Bewußtseinsleben weist in Analogie zu meinem die gleichen zeitlichen Strukturen einschließlich der damit verbundenen spezifischen Erfahrungen der Retention und Reflexion, Protention und Erwartung auf. Ferner weist es Erinnerung und Aufmerksamkeit, Kern und Horizont des Gedachten und all seine Modifikationen auf. Die These sagt weiter, daß der Andere wie ich entweder in seinen Handlungen und seinen Gedanken leben kann, auf ihre Gegenstände ausgerichtet, oder sich seinem eigenen Handeln und Denken zuwenden kann. Dabei erfährt er sein eigenes Selbst nur *modo praeterito*, aber er kann meinen Bewußtseinsstrom in lebendiger Gegenwärtigkeit erleben. Folglich erlebt er in ursprünglicher Unmittelbarkeit, daß ich mit ihm älter werde, ebenso wie ich um unser gemeinsames Altern weiß."[67] Die Idee der ursprünglichen oder primordialen Sozialität hängt bei Schütz dann auch an der Differenz der zeitlichen Struktur von Selbst- und Fremdverstehen. Während das Selbstverstehen einen Akt der reflexiven Zuwendung erfordert, der es gerade nicht erlaubt, unseren gegenwärtigen Gedankenstrom zu erfassen, nehmen wir, so Schütz, an der lebendigen Gleichzeitigkeit des Wir ohne jeden Akt der Reflexion teil. So gilt die Sphäre des "Wir" als der "Sphäre" des Ich vorausgesetzt.

In seiner Handlungstheorie unterscheidet Schütz die Welt in aktueller Reichweite von der Welt in potentieller Reichweite. Kriterien für die erstere sind Seh- und Hörweite sowie Dinge und Gebiete, die ego "handhaben" kann. Der Körper ist somit Nullpunkt der Orientierung und der "Wirk-

---

[67] Alfred Schütz, 1971, Gesammelte Aufsätze, Bd 1: Das Problem der sozialen Wirklichkeit, Den Haag: Nijhoff, S. 201.

beziehungen". Mit Mead geht Schütz davon aus, daß dieser leibgebundene Handhabungsbereich den Kern der Wirklichkeit konsti-tuiert.[68] Er gilt als der Bereich, der sich den unmittelbaren Eingriffen darbietet. Die potentielle Handlungssphäre hingegen gliedert sich in die wiederherstellbare und erlangbare Reichweite, in die sich ego der Möglichkeit nach hineinbegeben kann. Schütz übernimmt auf dieser Grundlage das Axiom der Reziprozität der Perspektiven. Die Idealisierung der Austauschbarkeit der Standpunkte hängt an der Differenz von aktueller und potentieller Reichweite. Sie wird ergänzt durch die Idealisierung der Übereinstimmung der Relevanzsysteme.

Wenn wir nun aber fragen, was bei Schütz Sozialität ausmacht, was das Soziale konstituiert, so ist die Kopräsenz von alter und ego und die daraus folgende Reziprozität der Perspektiven nur eine Möglichkeitsbedingung des Fremdverstehens. Die genaue Analyse der Konstitutionsvorgänge des Fremdverstehens erfordert darüber hinaus die Einführung eines Zeichenbegriffs und eine Strukturanalyse der Sozialwelt, die Schütz analog zu sozialen Beziehungen in Umwelt, Mitwelt, Vorwelt bzw. Nachwelt untergliedert.

Schütz geht mit Husserl davon aus, daß unser Wissen vom fremden Bewußtsein auf appräsentativen Verweisungen beruht. Der Zeichenbegriff reagiert bei Schütz auf das Problem der Intransparenz zwischen alter und ego. Seine These ist, daß die appräsentativen Verweisungen - die anders als bei Husserl alle Formen von Zeichen und Anzeichen umfassen[69] - Mittel zur Bewältigung von Transzendenzerfahrungen seien. Denn die Gedanken des Anderen können nach Schütz mittelbar über "Bedeutungsträger" wie

---

[68] Ebenda, S. 353f.

[69] Er erweitert damit den Husserlschen Appräsentationsbegriff, der ja reserviert war für die gleichzeitige Gegebenheit von dem, was direkt im Gesichtsfeld ist, und dem was mitgemeint ist, während das Zeichen oder Anzeichen bei Husserl etwas anderes ist, als das, wofür es steht. Anzeichen und Zeichen werden bei Schütz nicht mehr unterschieden.

Zeichen oder Anzeichen verstanden werden: "Nur durch das Erfassen von Gegenständen, Gegebenheiten oder Geschehnissen in der Außenwelt, die allerdings nicht als ein Selbst in einem bloßen Apperzeptionsschema erfaßt werden, sondern appräsentativ, nämlich als Ausdruck der *cogitationes* eines Mitmenschen, wird uns dessen Bewußtseinsleben zugänglich."[70] Zeichen steht bei Schütz also für Gegenstände, Gegebenheiten oder Geschehnisse in der Außenwelt, d.h. in der Außenwelt des Bewußtseins; in früheren Schriften ist von Handlungsgegenständlichkeiten oder Artefakten die Rede, deren Erfassung einem Deuter die *cogitationes* eines Mitmenschen appräsentiert. Hier ist sowohl an Abläufe am Körper des Anderen, an Bewegungen oder an Tätigkeiten gedacht, die auch das Sprechen umfassen. Zeichen müssen sich, so Schütz, dann immer unmittelbar oder mittelbar auf das leibliche Dasein eines Anderen beziehen. Ein Zeichensystem steht für einen Zusammenhang von Deutungsschemata: "*Unter einem Zeichensystem verstehen wir einen Sinnzusammenhang zwischen Deutungsschemata, in den das betreffende Zeichen, für denjenigen, der es deutend oder setzend gebraucht, eingestellt ist.*."[71] Nun wird der Zusammenhang, in den ein Zeichen eingestellt ist, von Schütz vieldeutig interpretiert. Vor allem in späteren Schriften werden Zeichensysteme, besonders die Sprache, immer wieder mit Anonymität, Idealität und Historizität in Verbindung gebracht. Die soziale Funktion von Zeichensystemen besteht dann in ihrem überindividuellen Charakter, der aber gleichzeitig Objektivierung individuellen Erlebens ist. Jene "zeichenhafte Wirklichkeitsschicht" ist ebenso Träger intersubjektiver Typisierungen.[72] Die Funktion von Zeichensystemen besteht also gerade darin, objektivierte Sinnzusammenhänge aufzubewahren und sie analytisch von ihrer Konstitution in Kopräsenz mit alter ego abzu-

---

[70] Alfred Schütz, 1971, Gesammelte Aufsätze, Bd 1, a.a.O., S.368.

[71] Alfred Schütz, 1981, Der sinnhafte Aufbau der sozialen Welt, a.a.O., S.168.

[72] Vgl. dazu Ilja Srubar, 1988, Die Genese der pragmatischen Lebenswelttheorie von Alfred Schütz und ihr anthropologischer Hintergrund, Frankfurt/M: Suhrkamp, S. 85f.

koppeln. Schütz geht es aber auch darum zu zeigen, daß es keinen objektiven Zusammenhang zwischen Zeichen geben könne, der unabhängig von jeder Sinndeutung oder Sinnsetzung bestehe. Seine Schlußfolgerung ist, daß nicht das Zeichensystem einen Sinnzusammenhang bilde, sondern daß der Sinnzusammenhang zwischen den Bedeutungen der Zeichen, "dem 'wofür die Zeichen Zeichen sind', also den Erlebnissen des Ego cogitans, welches die Zeichen setzt, oder des Ego cogitans, welches die Zeichen deutet", bestehe. "Weil aber diese 'Bedeutungen' nur vermittels der Zeichen und in den Zeichen erfaßt werden, besteht auch zwischen diesen ein Zusammenhang, den wir eben Zeichensystem nennen wollen."[73] Es wird hier u. E. richtig gesehen, daß Zeichen immer nur wirksam sind in Verbindung mit einer Operation. Wenn das Zeichensystem als solches bereits einen Sinnzusammenhang bildete, dann wäre es nicht möglich verschiedene von Moment zu Moment wechselnde Sinnzusammenhänge zu aktualisieren. Das Zeichensystem ist also der Möglichkeitsraum, in dem alle konkreten Sinnaktualisierungen liegen. Die Aktualisierung ergibt sich eben durch eine bestimmte Denk- oder Sprechoperation. Man könnte auch sagen, daß sich die Zeichensysteme zu dem mit ihrer Hilfe formulierten Sinn - etwa Texten oder einzelnen Sätzen - wie Medium und Form verhalten. Daß das Medium selbst nicht amorph ist, spielt dabei keine Rolle. Der Sinnzusammenhang, der im Zeichensystem als solchem liegt, besteht also lediglich darin, daß es bestimmte Formen nicht einmal als Möglichkeit zuläßt.

Die Operation, die Schütz im Auge hat, ist primär das aktualisierende Erleben des Bewußtseins. Aber schon die Operation des Sprechens kann sich ja vom gleichzeitig Gedachten unterscheiden. Ja sie muß es sogar, insofern alles Gesprochene stets eine Auswahl aus dem gleichzeitig im sprechenden Bewußtsein aktualisierten Sinn darstellt. Das Verstehen des Gesprochenen kann nicht nur nicht, sondern darf geradezu nicht eine

---

[73] Alfred Schütz, 1981, Der sinnhafte Aufbau der sozialen Welt, a.a.O., S.168.

Erfassung des gleichzeitig im Bewußtsein des Sprechers ablaufenden
Gesamttextes sein. Der kommunikative Sinn des Gesprochenen besteht eben
in den daran anknüpfenden Sinnunterstellungen, nicht in der virtuell
riesigen Menge der gleichzeitig im beteiligten Bewußtsein wahrgenommenen, gedachten, gefühlten, etc. "cogitationes". Operationen des
Sinnprozessierens - für Schütz: des Sinnsetzens und Sinndeutens - sind hier
also immer, wie bereits bei Husserl, Operationen des Bewußtseins. Es
besteht zwar in der Schützschen Sozialtheorie ein objektives, anonymes
Sinngefüge in Form von Zeichensystemen, Typisierungen und Schemata,
die eine soziale "Wirklichkeitsschicht" bezeichnen. Im oben eingeführten
Sinne könnten wir sie auch als Strukturen im Sinne von Erwartbarkeiten
bezeichnen. Wir befragen Sozialitätstheorien aber nach den beiden aufeinander bezogenen Ebenen der Struktur und der Operation. Die Operationen,
die Schütz im Blick hat, bleiben Operationen des Bewußtseins. So führt
auch die Kommunikation, die für Schütz aus Verstehen, Kundgabe und
Kundnahme besteht, zu nichts anderem, als zum Erkennen der cogitationes
eines Mitmenschen. "Das Kommunikationssystem ermöglicht es mir", so
Schütz, "in bestimmten Grenzen, durch den Gebrauch von Zeichen die
cogitationes des Anderen zu erfassen und, unter bestimmten Umständen,
sogar den Strom meiner inneren Zeit mit dem seinen in vollständigen
Einklang zu bringen."[74] Unter Kommunikation wird hier also nichts anderes verstanden als die Parallelführung zweier Bewußtseinsströme, die sich
gelegentlich zu Kundgaben, Kundnahmen und dem Verstehen fremder
cogitationes anhand mittelbarer oder unmittelbarer Zeichen motivieren.
Dem liegt die Annahme zugrunde, daß sich das Soziale unter Rekurs auf die
Bewußtseinsströme Handelnder erklären läßt. Selbst wenn Schütz die
Emergenz des Sozialen in Form von Strukturen sieht, so sieht er keine
genuin soziale Operation, die hinlänglich vom Bewußtsein abgehoben wäre.

---

[74] Alfred Schütz, 1971, Gesammelte Aufsätze, Bd 1, a.a.O., S. 367.

Folgen wir dem oben eingeführten Begriff von Kommunikation, wonach Kommunikation in der Einheit der dreifachen Selektion von Information, Mitteilung und Verstehen besteht, so ist die Kommunikation eine eigene Konstruktion, die vor allem eigene Selektionen hervorbringt. Die Selektionen des Kommunikationssystems sind gerade nicht identisch mit den gleichzeitig ablaufenden Selektionen der beteiligten Bewußtseinssysteme. Die Polythetie, die Schütz für die Zeitstruktur der Bewußtseinsabläufe herausarbeitet, gilt in eigenständigem Nebeneinander auch für den Prozeß der Kommunikation.

Schütz' Kritik an dem räumlich-zeitlichen Kopräsenztheorem Husserls und seine Verwandlung in ein Ko-Präsenstheorem ist vor allem damit begründet, daß eine Sozialitätstheorie, die sich als Theorie des Fremdverstehens begreift, auch Abwesende berücksichtigen müsse. "Das Wesentliche dieser Gleichzeitigkeit besteht nun aber nicht in einer leiblichen Koexistenz, als könnte ich etwa nur Mitmenschen meiner Umwelt "aktuell" verstehen, nämlich auf ihre Erlebnisse in ihrem Ablauf hinblicken. Auch alle jene Erzeugnisse von Menschen der Vorwelt, welche mir überliefert sind, die Artefakte und Kulturobjekte also, seien diese Schriftdenkmäler, Musik, Bilder, Wissenschaft oder was immer, kann ich in einer *Quasi-Gleichzeitigkeit* meines Dauerablaufs mit der Dauer des alter Ego, welches diese Artefakte setzte, verstehen."[75] Schütz unterscheidet zwischen echter Gleichzeitigkeit und Quasi-Gleichzeitigkeit. Wir interessieren uns für diese Unterscheidung als einen Versuch, die Besonderheit der Differenz von schriftlicher und mündlicher Kommunikation zu begreifen. Die Schützsche Lösung des Problems enthält allerdings, wie zu zeigen sein wird, eine deutliche Privilegierung der Mündlichkeit, also der Interaktion, gegenüber der Schriftlichkeit. Die Kommunikation mit Abwesenden - eine Form ist die Schriftlichkeit - gilt ihr gegenüber als abgeleiteter und defizitärer Modus.

---

[75] Alfred Schütz, 1981, Der sinnhafte Aufbau der sozialen Welt, a.a.O., S. 145.

Der Unterscheidung von Gleichzeitigkeit und Quasi-Gleichzeitigkeit
liegt die bereits angeführte Differenzierung der Sozialwelt in Umwelt, Mitwelt und Vorwelt zugrunde. Nur in der sozialen Umwelt ist die Kopräsenz
im räumlich-zeitlichen Sinne gegeben. Die soziale Umwelt ist für Schütz
die Welt der unmittelbaren sozialen Beziehungen, nur hier ist der Andere in
seiner "vollen Symptomfülle" zugänglich. Die soziale Umwelt ist die Welt,
die ego jeweils aktuell wahrnimmt. Sie ist der face-to-face-Situation, einem
Auge-in-Auge geführten Gespräch nachempfunden, das - so die Schützsche
Vorstellung - sukzessiv ersetzt wird durch ein Telefongespräch, einen
Briefwechsel oder durch eine durch Dritte vermittelte Botschaft. So sei der
schrittweise Übergang von der rein umweltlichen zur mitweltlichen Sozialwelt nachzuzeichnen. Mitwelt und Vorwelt werden dann auch als Varia-
tionen und Abwandlungen dieser als ursprünglich angenommenen Umwelt
vorgeführt. Von der Umwelt unterscheiden sich nach Schütz Mitwelt und
Vorwelt nun dadurch, daß in jenen der Andere nur in typischen
Verhaltensweisen und in zunehmender Anonymität zugänglich ist.
Beispiele, die den zunehmenden Anonymi-sierungsgrad oder, wie Schütz es
nennt, die Übergänge von der relativen Erlebnisnähe zur absoluten Er-
lebnisfremdheit wiedergeben, sind für die Mitwelt der abwesende Freund,
der Autor eines Buches, den ich möglicherweise kennenlernen kann, der
Postbeamte, der einen von mir aufgegebenen Brief befördert, anonyme
soziale Kollektive wie Nationen, Staaten oder Sinngebilde wie die
Grammatik einer Sprache.[76] Die mitweltliche Situation ist wesentlich
dadurch bestimmt, daß ego und alter koexistieren, obgleich sie nicht in
Leibhaftigkeit, also in räumlich und zeitlicher Unmittelbarkeit gegeben
sind, daß sie aber dennoch, so Schütz, von dem gleichzeitigen Ablauf der
jeweiligen Bewußtseinserlebnisse wissen. Nur die soziale Vorwelt kann
ausschließlich betrachtet werden. Da sie sich weder in unmittelbarer noch in

---

[76] Vgl. Ebenda, S. 251 ff.

potentieller Reichweite befindet, ist eine Wirkbeziehung, ein handelndes Eingreifen nach Schütz undenkbar. Mitwelt und soziale Vorwelt sind aber vor allem dadurch gekennzeichnet, daß das Fremdverstehen nicht auf echte Gleichzeitigkeit der Bewußtseinsströme rekurrieren kann, sondern Quasi-Gleichzeitigkeit simuliert.

Schütz privilegiert nun die soziale Umwelt gegenüber Mitwelt und Vorwelt, wenn es um Fragen des Fremdverstehens und der Konstitution der Sozialwelt geht. Nur hier sei die echte Gleichzeitigkeit der Bewußtseinsströme und alter ego in voller Symptomfülle gegeben. Fremdverstehen über räumliche und zeitliche Distanzen hinweg wird deshalb zum Problem. Er versucht, dieses Problem mit der Simulation von Quasi-Gleichzeitigkeit zu lösen. Unsere Einwände konzentrieren sich auf zwei Punkte: Zum einen erscheint der zugrunde liegende Verstehensbegriff unzureichend für eine Sozialtheorie und ist allemal nicht geeignet, eine Theorie der schriftlichen Kommunikation zu fundieren. Zum anderen wird die These der Quasi-Gleichzeitigkeit den zeittheoretischen Herausforderungen einer Theorie der schriftlichen Kommunikation nicht gerecht. Anhand der Einwände gegen die Schützsche Lösung des Problems werden wir zugleich zwei wesentliche Bestandteile einer Theorie der schriftlichen Kommunikation gewinnen.

2.3.3 Verstehen

Das Beispiel des Lesens als Typ des Fremdverstehens taucht bei Schütz immer wieder auf. So soll der Leser "nicht nur verstehen, was die einzelnen Wörter im Zusammenhang meines Schreibens bedeuten, er soll auch verstehen, in welchem Sinnzusammenhang der betreffende Satz für mich und mein Bewußtsein steht, (...)"[77] Wieder fallen der Sinnzusammenhang der

---

[77] Ebenda, S. 179.

Kommunikation und der der beteiligten Bewußtseine bei Schütz zusammen, ihre jeweils eigenständigen Selektionsleistungen werden negiert. Die darin beschlossenen Probleme haben wir bereits diskutiert. Am Beispiel der Lektüre, die die schriftliche Kommunikation zum Abschluß bringt und damit erst konstituiert, zeigt sich aber, daß der aus dieser unmittelbaren Übersetzung von Bewußtseins- in Kommunikationsprozesse resultierende Verstehensbegriff das Phänomen nicht erhellen kann. An anderer Stelle heißt es: "Andererseits kann der Leser das Ausdrucksschema des Schreibers dadurch in den Blick bekommen, daß er *phantasiert*, (Hervorhebung cb) er selbst hätte den Satz niedergeschrieben, hätte den Ablauf seiner Bewußtseinserlebnisse während der Niederschrift intentional fixiert und blicke nun auf den dieser aufbauenden Setzung von Akten vorangegangenen Entwurf zurück. Indem er den phantasierten aufbauenden Ablauf von Bewußtseinserlebnissen und den darin erschlossenen Entwurf mit der konstituierten Urteilsgegenständlichkeit des Satzes selbst vergleicht, kann er zwischen beiden Kongruenz oder Inkongruenz feststellen."[78]

Verstehen heißt bei Schütz also immer Verstehen eines fremden Bewußtseins. Dies geschieht idealerweise in Kopräsenz also in der sozialen Umweltlichkeit. Ist diese nicht gegeben, muß der Verstehende sich in die Position des zu Verstehenden hineinphantasieren, gleichsam imaginativ an seine Stelle begeben, ganz im Sinne des Axioms der Reziprozität der Perspektiven. "Wir sagten schon, daß die Erfassung der sich phasenweise konstituierenden Bewußtseinsabläufe des das Erzeugnis setzenden durch den Deutenden in Gleichzeitigkeit oder Quasi-Gleichzeitigkeit erfolgt. Die echte Gleichzeitigkeit ist hierbei ein wenn auch häufiger Spezialfall. Sie ist an die soziale Umwelt gebunden und setzt voraus, daß der Deutende vor seinen Augen das Erzeugen des Erzeugnisses miterlebt, so etwa im Gespräch, wobei der die Rede Anhörende dem stufenweisen Setzungsakt des

---

[78] Ebenda, S. 180.

Redenden mit- und nachvollziehend beiwohnt. Ein Fall von Quasi-Gleichzeitigkeit würde etwa bei der Lektüre eines Buches vorliegen, bei welcher der Leser die Setzungsakte des Autors nachvollzieht, als ob sie vor seinen Augen gesetzt werden würden."[79] Nun sind zwar die Situationen des Sprechens und Hörens potentiell ineinander überführbar. Schreibsituation und Lesesituation aber sind nicht ineinander überführbar. Wir können weder Einblick in das Bewußtsein vergangener Autoren nehmen, noch können wir uns an ihre Stelle versetzen.

Obgleich Schütz - wie wir oben gezeigt haben - die bewußtseinsphilosophischen Prämissen Verstehen als Einfühlen und an die Stelle versetzen als "Hineinversetzen, Nachbilden, Nacherleben" - so der späte Dilthey - durch die Einführung einer Zeichentheorie aufbricht, mißtraut er doch den Konsequenzen des Gebrauchs von Sprache und Schrift. Sprache schafft nicht nur eine anonyme Sinnstruktur, wie Schütz und Luckmann immer wieder betonen, auf die sich jedermann beziehen kann und deren Gebrauch nicht die Kenntnis desjenigen voraussetzt, der sie "erfunden" hat. Wir können Worte, Begriffe, Schriftzeichen verwenden, ohne den Kontext ihrer Entstehung zu berücksichtigen. Ja die Chance, davon Kenntnis zu erhalten, ist äußerst gering. Sprache und Schrift als Mitteilungsmedien schaffen aber auch die Möglichkeit, daß sich Bewußtsein und Kommunikation als deutlich voneinander geschiedene Sinnsysteme formieren. Das Bewußtsein kann sich zwar informieren, es kann auch verstehen, aber es kann nicht mitteilen. Jede Mitteilung einer Information ist immer schon eine Kommunikation, an die weitere Mitteilungen anschließen. Bewußtsein und Kommunikation konstituieren je verschiedene, sich nicht überschneidende rekursive Netzwerke, mit deren Hilfe die Operationen, aus denen diese Systeme bestehen, reproduziert und identifiziert werden. Das Verstehen eines Bewußt-

---

[79] Ebenda, S. 188 f.

seinsereignisses ist daher nicht das Verstehen eines kommunikativen Ereignisses.[80]

Unser Einwand ist, daß Schütz nur eine Form des Verstehens unterstellt, das immer auf das Verstehen fremder Bewußtseine ausgerichtet ist, das aber nur eine Form selbstreferentiellen Verstehens ist. An der schriftlichen Kommunikation wird evident, daß das kommunikative Verstehen nicht auf die beteiligten Bewußtseine zurückführbar ist; noch kann die schriftliche Kommunikation so wie die Interaktion den Wahrnehmungskontext als Verstehenshilfe beanspruchen. Wir unterscheiden daher drei Formen des Verstehens:

1. Das Verstehen von Sachverhalten, das wir auch Sinnerfassen nennen können. Es kann sich auf Ereignisse in der Welt beziehen, auf das Verstehen einer mathematischen Gleichung oder den Satz von Pythagoras. Es kann ein Bewußtseinsereignis oder ein kommunikatives Ereignis sein. Ich kann etwas verstehen, ohne je darüber gelesen oder je mit jemandem darüber gesprochen zu haben. Ich kann Sachverhalte verstehen, die mir nicht mitgeteilt wurden. Die Erklärung des Satzes von Pythagoras kann aber auch eine mitgeteilte Information sein, deren Verständnis für die weitere Kommunikation etwa einer Schulklasse bestimmend ist.

---

[80] Auch Garfinkel hält die Frage, was während des Verstehens in den Köpfen der Leute vor sich geht, für unbeantwortbar und empfiehlt deshalb, sie zu ignorieren. "I shall exercise a theorist's preference and say that meaningful events are entirely and exclusively events in a person's behavioral environment (...). Hence there is no reason to look under the skull since nothing of interest is to be found but brains./ The 'skin' of the person will be left intact. Instead questions will be confined to the operations that can be performed upon events that are 'scenic' to the person." Harold Garfinkel, 1963, A conception of and experiments with 'trust' as a condition of stabel concerted actions, in: O.J. Harvey, (ed.), Motivation and Social Interaction, New York: Ronald Press, S. 187-238 (190). Jörg Bergmann, 1993, Alarmiertes Verstehen: Kommunikation in Feuerwehrnotrufen, in: Thomas Jung/Stefan Müller-Doohm, Wirklichkeit im Deutungsprozeß, Frankfurt/ M:Suhrkamp. S.283-329(286) überprüft diese Einicht anhand des Verstehens eines Feuerwehrnotrufes empirisch. Er kommt mit Garfinkel zu dem Schluß, daß die primäre Aufgabe von Verstehensleistungen im Alltag darin besteht, "rasch verläßliche Möglichkeiten des Anschlußhandelns aufzuzeigen, also Antworten zu generieren für 'the practical question *par excellence* : What do next?(Garfinkel)." Auch die Attributionstheorie nimmt die Intransparenz der Bewußtseine füreinander zum Ausgangspunkt ihrer Schlußfolgerung: Wir können nur die Effekte beobachten.

2. Das selbstreferentielle Verstehen. Daß alles Verstehen mit zirkulären Sachverhalten und innerer Unendlichkeit zu tun hat, ist eine Einsicht klassischer Verstehenstheorien und - methodologien. Ich erinnere an Schleiermacher. Zirkularität ist eine besondere Form von Selbstreferenz. Folgt man den systemtheoretischen Überlegungen Luhmanns, so ist Verstehen die Beobachtung der Handhabung von Selbstreferenz. Es ist eine Beobachtungsweise, die sich etwa von der bloßen Wahrnehmung eines Sachverhaltes oder dem Wissen generierenden Beobachten im allgemeinen dadurch unterscheidet, daß mindestens zwei sinnhaft operierende, selbstreferentielle Systeme beteiligt sind. D.h.: Verstehendes und verstandenes System beziehen sich in allen ihren Operationen immer auch auf sich selbst - seien es Personen, Werke, Bewußtseine, psychische oder soziale Systeme. Verstehen ist immer auf andere (man kann es für die Operation des Verstehens auch selbst sein) bezogen und ist als Beobachtungsweise der Sozialdimension des Sinns zugeordnet.

"Erst bei sozialer Reflexivität," so Luhmann, "erst wenn es um das Erleben des Erlebens und Handelns anderer Systeme geht, kommt die besondere Form der Sinnverarbeitung in Betracht, die man 'Verstehen' nennt. Sinnerfassen selbst ist noch kein Verstehen in diesem anspruchsvollen Sinne. Vielmehr kommt Verstehen nur zum Zuge, wenn man Sinnerleben bzw. sinnhaftes Handeln auf andere Systeme mit einer eigenen System-Umwelt-Differenz projiziert. Erst mit Hilfe der System/Umwelt-Differenz transformiert man Erleben in Verstehen, und auch dies nur dann, wenn man mitberücksichtigt, daß die anderen Systeme sich selbst und ihre Umwelt ebenfalls sinnhaft unterscheiden. Der gleiche Sachverhalt läßt sich auch vom Begriff des Beobachtens aus formulieren. Beobachten ist jedes Operieren mit einer Unterscheidung, Beobachten ist also auch die Basisoperation von Verstehen. Verstehen kommt jedoch nur zustande, wenn man eine bestimmte Unterscheidung, nämlich die von System und Umwelt (und nicht nur: Form/Hintergrund, Text/Kontext) verwendet und in diese

Unterscheidung geschlossen-selbstreferentiell reproduzierten Sinn hinein-
projiziert."[81]

Für eine allgemeine Form des Verstehens heißt dies, daß alles Verstehen unabdingbar systemrelativ bleibt, daß Verstehen, so eine weitrei-
chende Konsequenz, Welt konstituiert und nicht auf bereits vorgängig
vorhandene Subjekte, Objekte oder Kontexte Bezug nimmt.[82] Wenn wir ein
anderes sinnhaft operierendes System, ein Selbst, oder welche Materialität
auch immer wir ihm geben, verstehen wollen, beobachten wir zunächst, wie
es sich von seiner Umwelt unterscheidet. Wir wollen wissen, wie das
beobachtete System für sich selbst die Differenz von System und Umwelt
handhabt. Um das zu tun, darf sich das verstehende System nicht mit dem
verstandenen verwechseln, es legt also immer seine eigene Systemreferenz
zugrunde. Ich, nicht eine andere Person an meiner Stelle, verstehe den
langjährigen Freund, indem ich beobachte, wie er sich in bestimmten Situationen verhält und mir eine Beschreibung davon anfertigt. Diese ist weder
identisch mit der Selbstbeobachtung und -beschreibung des Freundes selbst
noch mit den Beschreibungen anderer verstehender Beobachter. Denn als
Verstehen kommt nur in Betracht, was das verstehende System für Verstehen hält. Es handelt sich also um ein Verstehen und Mißverstehen ein-
schließendes Verstehen. Jedes verstehende System orientiert somit die eigene Operation an der Differenz des eigenen Systems zu seiner Umwelt.
Darüber hinaus ist es aber, wie wir gesehen haben, mit der System/Umwelt-
Differenz des anderen Systems beschäftigt. Es versteht also "in seiner Umwelt ein anderes System aus dessen Umweltbezügen heraus."[83] Verstehen

---

[81] Vgl. Niklas Luhmann, 1984, Soziale Systeme, a.a.O., S. 110.

[82] Zu einer konstruktivistischen Epistemologie des Beobachtens, die Beobachter und Beobachtetes
untrennbar verknüpft und der Frage nachgeht, wie läßt sich Verstehen verstehen?, vgl. Heinz v.
Foerster 1985, Entdecken oder Erfinden: Wie läßt sich Verstehen verstehen? in: Heinz Gumin/
Armin Mohler (Hrsg.), Einführung in den Konstruktivismus, München, S. 27-68.

[83] Niklas Luhmann, 1986, Systeme verstehen Systeme, in: Niklas Luhmann/ Karl Eberhard Schorr
(Hrsg.), Zwischen Intransparenz und Verstehen, Frankfurt/M: Suhrkamp, S. 72-118 (80).

im hier skizzierten Sinne ist ein Oszillieren zwischen der eigenen und der fremden Selbstreferenz und nur möglich, wenn die jeweils andere mit im Blick bleibt. Die selbstreferentiellen Einheiten, auf die sich die skizzierte Form des Verstehens bezieht, können psychische oder soziale Systeme sein.

3. Das kommunikationsimmanente Verstehen. Auf die selbstreferentielle Einheit eines Systems bezogenes Verstehen ist nur eine Form des Verstehens. Darüber hinaus wollen wir Verstehen schwächer, aber sozial nicht weniger folgenreich - als Möglichkeitsbedingung für Kommunikation und kommunikationsimmanente Operation auffassen.

"Kommunikation nimmt mithin Verstehen laufend in Anspruch, aber nur in stark vereinfachter Form. Sie beobachtet im Hinblick auf Selbstreferenz nur, um die Differenz von Information und Mitteilung ansetzen zu können. Man kann eine Kommunikation verstehen (einschließlich der Absicht der Mitteilung), ohne auch nur im geringsten die Person zu verstehen, die als Mitteilender beteiligt ist. Ja, die ständige Bemühung um das Verstehen der laufenden Kommunikation hebt von der psychischen Realität mehr oder weniger ab."[84] Kommunikation erschwert, ja verunmöglicht somit das Verstehen beteiligter Personen, der fremden und der eigenen Psyche. Was in der mündlichen Rede durch Tempo, Themenzentriertheit und Dringlichkeiten der Situation gegeben ist, ist im Fall der schriftlichen Kommunikation durch Abwesenheit oder Unbekanntheit des Autors radikalisiert, d.h: wir verstehen das Werk, nicht aber den Autor.

Kommunikationsimmanentes Verstehen kann ja gerade nur so vorgehen, daß Verstehen nicht einem sich in der Umwelt der Kommunikation befindlichen Bewußtsein überlassen wird. Ebenso ist nicht bereits der Gedanke eines Bewußtseins, der etwa sprachlich artikuliert werden mag, Kommunikation. Erst eine Rekonstruktion dieses Gedankens anhand der

---

[84] Ebenda, S. 96.

Differenz von Information und Mitteilung, d.h. erst wenn sich das Verstehen dieser Differenz bedient, kann als Kommunikation auf-gegriffen und als Element der Reproduktion von Kommunikation durch Kommunikation anschlußfähig verwendet werden.

2.3.4 Zeit

Der zweite Einwand zielt auf das Kernproblem einer Theorie der schriftlichen Kommunikation und betrifft deren spezifische Zeitverhältnisse. Tatsächlich ist es eine Besonderheit für die theoretische Rekonstruktion schriftlicher Kommunikationen, daß sie in bezug auf ihre Zeitstruktur anders gebaut sind als mündliche Kommunikationen. Schütz' Vorschlag war ja, daß die echte Gleichzeitigkeit der umweltlichen Sozialbeziehung vorbehalten bleibt, während sich die mitweltliche und vorweltliche Sozialbeziehung nur mittels einer imaginativen Vorstellung von Präsenz in einem Quasi-Gleichzeitigkeitsverhältnis befinden. In eine andere Sprache übersetzt heißt das: Schriftliche Kommunikation simuliert Interaktion. Die Lektüre eines Buches vollzieht sich nach Schütz im Modus des "als ob": als ob die Setzungsakte des Autors gleichzeitig mit der Lektüre stattfänden. Hinter den Begriffen Gleichzeitigkeit und Quasi-Gleichzeitigkeit verbirgt sich aber bei Schütz u. E. eine inadäquate Theorie der Zeit, die uns nicht zu einer tiefenscharfen Erfassung des Sachverhaltes schriftliche Kommunikation verhilft. Wir werden deshalb die Schützschen Überlegungen mit der Luhmannschen Theorie der Gleichzeitigkeit und den daran anschließenden zeittheoretischen Überlegungen konfrontieren.

Gleichzeitigkeit heißt bei Schütz "koextensive Dauer" zweier Bewußtseinsströme. Bei genauerem Hinsehen zeigt sich, daß diese Vorstellung der Parallelführung einer Pluralität von Dauern schon rein phänomenologisch die Operation der schriftlichen Kommunikation nicht zu erhellen vermag. Während in der Interaktion Sprechen und Hören auch in diesem Sinne gleichzeitig stattfinden, ist die Dauer des Schreibens niemals identisch mit der Dauer des Lesens. Jeder weiß, daß die Zeit des Schreibens, wenn wir sie in ihrer Extension betrachten, doch erheblich von der des Lesens divergiert. Die schriftliche Kommunikation stellt uns daher nicht nur vor ein kommunikationstheoretisches, sondern auch vor ein zeittheoretisches Problem. Die Metapher der Quasi-Gleichzeitigkeit vermag das kommunikationstheoretische Problem nicht zu lösen. Und Dauer ist keine adäquate Konstruktion der Zeit, da sie die Auffassung befördert, Zeit sei prozeßförmig gegeben. Wir gehen statt dessen davon aus, daß Zeit die Konstruktion eines Beobachters ist. Wie jede Beobachtung stützt sich auch die Beobachtung der Zeit auf eine Unterscheidung, sei es im Sinne der zeitlichen Extensionen Vergangenheit/Zukunft, sei es im Sinne einer die Zeitlichkeit konstituierenden Unterscheidung vorher/nachher oder Aktualität/Inaktualität.[85] Wir müssen zunächst die Frage der Gleichzeitigkeit und die der Zeitlichkeit sorgfältig auseinanderhalten. Wie sieht die Alternative aus? Wie sehen Gleichzeitigkeitsverhältnisse auf systemtheoretischer Grundlage aus?

Für Luhmann ist Gleichzeitigkeit - wenn man so will: das Schützsche gemeinsame Altern - "eine aller Zeitlichkeit vorgegebene Elementartatsache. Von welchem Geschehen - und wir können auch sagen: von welchem System - auch immer man ausgeht: etwas anderes kann nicht in der Vergangenheit und nicht in der Zukunft des Referenzgeschehens geschehen, sondern nur gleichzeitig. Mit anderen Worten, nichts kann in

---

[85] Einen instruktiven Durchgang durch die Zeittheorien von Aristoteles bis Luhmann hat Armin Nassehi, 1993, Die Zeit der Gesellschaft, Opladen, vorgelegt. Als durchgängigen Ausgangspunkt der Reflexion über Zeit beschreibt er das Problem, wie sich Zeit als einheitsstiftende Perspektive trotz Wechsels der Gegenwarten erhalten kann. Die Differenz Aktualität/Inaktualität ist m.E. eine Unterscheidung, die auf dieses Problem reagiert. Nassehi kommt zu dem Schluß, bei der Zeit handle es sich um eine differenzlose Differenz. Der Zeitbegriff sei ein unterscheidungsloser Begriff, da Zeit nur in der Zeit vorkomme, so wie die Welt nur in der Welt oder Sinn nur im Sinn vorkomme. Vgl. ebenda, S. 237.

der Weise schneller geschehen, daß anderes in seiner Vergangenheit
zurückbleibt. Nichts kann in die Zukunft anderer Geschehnisse vorauseilen,
mit der Folge, daß das was für es Gegenwart ist für anderes noch Zukunft
ist."[86] Gleichzeitigkeit wird hier von der Operation eines Systems in einer
Umwelt aus gedacht. Gleichzeitigkeit bezieht sich daher zu allererst auf
System/Umweltverhältnisse. Über Zeit wie über Gleichzeitigkeit läßt sich
nur unter Angabe einer Systemreferenz sprechen. Gleichzeitigkeit kann von
einem System aus behauptet werden, sie kann von dem System in der Umwelt aus behauptet werden, und sie kann von einem dritten nicht involvier-
ten Beobachter behauptet werden. Die auf eine Formel gebrachte Einsicht,
daß "alles, was geschieht, gleichzeitig geschieht" bzw.: Alles was jetzt
geschieht, geschieht gleichzeitig mit allem, was jetzt geschieht, besagt, daß
stets nur *eine* System und Umwelt übergreifende Aktualität möglich ist.
Systeme müssen Umwelt als gleichzeitig existierend behandeln, d.h. aber
auch als unbeeinflußbar und unkontrollierbar.

Kommunikation aber, so unsere These, basiert auf einem *doppelten*
Gleichzeitigkeitsverhältnis. Es geht zum einen um die Gleichzeitigkeit von
System und Umwelt, d.h. insbesondere von Kommunikation und Bewußtsein: "Es liegt auf der Hand, daß Kommunikation in einer routinemäßig
sich selbst reproduzierenden Weise nur stattfinden kann, wenn Bewußtsein
kooperiert; und zwar nicht als eine notwendige *Ursache* vorher zu wirken
beginnt, sondern gleichzeitig kooperiert. Gleichzeitigkeit heißt aber immer:
wechselseitige Unkontrollierbarkeit ."[87] Es geht also um die Gleichzeitigkeit mindestens zweier Operationen. Für die Interaktion ist die Gleichzeitigkeit einer Pluralität von Bewußtseinen erforderlich, während die schriftliche Kommunikation mit der gleichzeitigen Kooperation nur eines Bewußt-

---

[86] Niklas Luhmann, 1990b, Gleichzeitigkeit und Synchronisation, in: ders., Soziologische Aufklärung 5, Opladen: WDV, S.95-131(98f.).

[87] Niklas Luhmann, 1994, Soziale Systeme, a.a.O., S. 54.

seins operationsfähig ist; dies hatten wir als eine systematische Differenz zwischen mündlicher und schriftlicher Kommunikation heraus-gearbeitet.

Zum anderen geht es um die Gleichzeitigkeit des selbstreferentiellen Operierens der Kommunikation. Ein doppeltes Gleichzeitigkeitsverhältns ergibt sich bei Systemen, deren Elemente selbst aus Komponenten zusammengesetzt sind. Während etwa Bewußtseinsoperationen wie Denken oder Wahrnehmen sich durch eine einfache Selektion konstituieren, hatten wir Kommunikation als die Einheit der drei Selektionen von Information, Mitteilung und Verstehen eingeführt. Für die Interaktion ist das gleichzeitige Kooperieren von Bewußtseinen und Kommunikation ebenso evident wie die Gleichzeitigkeit von Information, Mitteilung und Verstehen für alter und ego. Für alle Interaktion gilt daher: ego unterstellt, daß sein Verstehen gleichzeitig mit der Mitteilung von alter erfolgt. Ebenso gilt, daß alter mit gleichzeitigem Verstehen rechnet, während er ego etwas mitteilt. Jener Gleichzeitigkeit entspricht eine Nicht-Isolierbarkeit von Mitteilung und Verstehen. Verstehen wird durch die Anschlußmitteilung selbst wieder kommuniziert. Dies geschieht in den seltensten Fällen explizit. Nur für die Reparatur von Mißverständnissen existiert ein Explikationszwang, der aber - wie die Konversationsanalytiker herausgefunden haben - einer sequentiellen Limitierung unterworfen ist.[88] Die kommunikativen Ereignisse, die in der Synthese der drei Selektionen von Information, Mitteilung und Verstehen bestehen und ihre Identität erst im Verschwinden finden, befinden sich in *permanenter Oszillation*. Was aus der Perspektive egos Mitteilung ist, wird aus der Perspektive Alters gleichzeitig Verstehen - und umgekehrt. Die Positionen befinden sich in ständigem Wechsel. Daß in der Interaktion die Gleichzeitigkeit von Mitteilung und Verstehen gegeben ist, hängt an jener

---

[88] Konversationsanalytiker haben gezeigt, daß Mißverständnisse spätestens nach drei Zügen aufgeklärt werden müssen. Später haben sie keine Chance mehr. Vgl. Emanuel A. Schegloff, 1992, Repair after next turn: The last structurally defense of intersubjectivity in conversation, in: American Journal of Sociology, Vol. 97, (5), S. 1295-1345.

permanenten Oszillation. Ein interaktives Ereignis ist insofern sowohl für ego als auch für alter durch die Gleichzeitigkeit von Verstehen und Mitteilung charakterisiert. Das Geräusch der Sprache garantiert die Zeitgleichheit von Mitteilung und Verstehen. Während alter spricht, hört ego zu. Die Einheit der Kommunikation manifestiert sich in der Mündlichkeit durch die Gleichzeitigkeit von Mitteilung und Verstehen.

Anders verhält es sich in der Schriftlichkeit. Wenn wir weiterhin davon ausgehen, daß die Einheit des systemfundierenden Ereignisses in der dreifachen Selektion von Information, Mitteilung und Verstehen besteht, so ist die Gleichzeitigkeitsgarantie dieser Trinität in der Schriftlichkeit auf den ersten Blick aufgehoben. Eine schriftliche Mitteilung alters wird von ego nur in Ausnahmefällen gleichzeitig verstanden. Noch ist das Verstehen egos im Sinne der der Interaktion eigenen permanenten Oszillation gleichzeitig Mitteilung für alter. Eine Besonderheit der Schriftlichkeit besteht ja gerade im Transzendieren von Raum und Zeit.[89] Wir können jetzt überlieferte Texte lesen. Aber auch in der Schriftlichkeit trifft die Gebundenheit jeder Systemoperation an ihre eigene Aktualität und an die gleichzeitige Aktualität ihrer Umwelt zu. Auch die schriftliche Kommunikation kann nicht in ihre eigene Zukunft oder ihre Vergangenheit hineinoperieren. Informationen und Mitteilungen werden nicht für den zukünftigen Gebrauch als solche aufbewahrt. Vielmehr wird die Unterscheidung von Information und Mitteilung erst im Akt des Verstehens getroffen. Man kann also sagen, daß die Autopoiesis der Kommunikation, die die Elemente der Kommunikation aus den Elementen der Kommunikation erzeugt, deren operative

---

[89] Besonders avancierte E-Mail - Techniken gehen ganz und gar zur Überwindung von Raum über und schaffen auch in der Schriftlichkeit Gleichzeitigkeitsbedingungen. Damit wird aber die mit Schrift und anderen Aufzeichnungsmedien geschaffene Möglichkeit der Ungleichzeitigkeit nicht kassiert. Die Mail-box im Computer kann auch erst am nächsten Tag geöffnet werden, deren zeitverschobene Verwendung dürfte die Normalgebrauchsweise bleiben. Vgl. dazu Serres, Michel, 1995, Les messages à distance, Montréal et Québec, Fides et Musée de la civilisation, coll.: Les grandes conférences; Melancon, Benoît, 1996, Sevigne @ Internet. Remarques sur le courrier électronique et la lettre, Montréal.

Gleichzeitigkeit immer wieder herstellt. Schließlich beruht die operative Gleichzeitigkeit darauf, daß alters Mitteilung erst dann zur Mitteilung wird, wenn ego sie als Mitteilung versteht und die Information in der Kommunikation erst als mitgeteilte Information zur Information wird. Für die Kommunikation heißt das: Alles Verstehen stellt Gleichzeitigkeit her. Insofern der Gehalt einer Mitteilung ja durch die Operation des Verstehens aktualisiert wird, ist er gleichzeitig mit dieser Operation kommunikativ präsent. Ohne das Verstehen ließe sich eine Mitteilung als Mitteilung - natürlich auch eine Information als Information - nicht aktualisieren. Zur Beschreibung dieses Tatbestandes wählen wir den Begriff ratifizieren bzw. *Ratifikation.* Damit ist gemeint, daß eine Kommunikation sich jeweils aktuell dadurch vollzieht, daß sie etwas, z.B einen Satz, eine Geste, einen Text oder ein Buch, als Mitteilung behandelt. Eine operative Gleichzeitigkeit trifft insofern für Schriftlichkeit wie für Mündlichkeit zu. Dort,wo Schütz also Quasi-Gleichzeitigkeit setzt, finden wir Gleichzeitigkeit, wenn wir die Kommunikation als eigenständige, genuin soziale Operation analysieren.

Ein Problem aller Kommunikation ist aber, wie sie Information, Mitteilung und Verstehen, obgleich sie operativ aktuell sind, als vergangene behandeln kann.[90] Unsere Frage ist: Wie kann Kommunikation zeitverschoben operieren? Und die zugrunde liegende Annahme lautet, daß schriftliche Kommunikation in einem anderen und umfassenderen Sinne zeitversetzt operiert als die mündliche. Um dies zu erläutern, müssen wir weitere Annahmen über die Kommunikation als sinnhaftes System einführen. Wir gehen davon aus, daß die Kommunikation als genuin soziale Operation mit der Fähigkeit der Selbstbeobachtung ausgestattet ist. Das ergibt sich bereits aus der Schlüsselstellung des Mißverstehen einschließenden Verstehens für den Ablauf der Kommunikation. Wie jede Beobachtung beruht auch die Selbstbeobachtung auf einer Unterscheidung. Die Kommunikation bedient sich der Unterscheidung von Information und Mitteilung, um den Vollzug der Operation zu beobachten. Unter Selbstbeobachtung soll hier im Sinne des Begriffs operativ geschlossener Systeme immer nur eine im System auf das System gerichtete Operation verstanden werden. Sinnhaft operierende Systeme sind für den Aufbau und die Modifikation ihrer Strukturen auf Selbstbeobachtung angewiesen.[91] Für die Selbstbeobachtung der Kommunikation ergeben sich entsprechend der Differenz von Information und Mitteilung zwei Ansatzpunkte. Die Fremdreferenz: was wird kommuniziert; und die Selbstreferenz: wer kommuniziert, wer teilt mit, wer versteht. Die der Selbstbeobachtung der Kommunikation zugrunde liegende Differenz von Information und Mitteilung nimmt also die Unterscheidung von Selbstreferenz und Fremdreferenz wieder auf.

Ereignisbasierte Systeme haben immer wieder aufs Neue das Problem der Anschlußsicherung zu lösen. Während für Schütz bereits die Gleichzeitigkeit ein Garant für Sozialität ist, hängt Sozialität in der Systemtheorie an der Sicherung der Anschlüsse an die Kommunikation. Für die Ereignisfolge, den Anschluß von Ereignis an Ereignis ist dann die für die Kommunikation charakteristische doppelte Gleichzeitigkeit eine konstitutive Voraussetzung. Wir folgen den Überlegungen Luhmanns, es sei eine Mindestbedingung für die Organisation von Anschlußfähigkeit, daß Ereignisse als andere Ereignisse erkennbar sind, "daß sie sich also sachlich und zeitlich von dem im Moment aktuellen Sinn unterscheiden lassen."[92] Es ist, so Luhmann weiter, erst die Zeitdifferenz, "erst die rekursive Organisation von Andersheiten in der Zeit", die ein System dazu bringt, "intern zwischen Selbstreferenz und Fremdreferenz zu unterscheiden; denn der dafür nötige Zugriff auf andere eigene (frühere oder spätere) Operationen unterscheidet

---

[90] Das Problem stellt sich selbstverständlich für alle Sinnsysteme, also auch für Bewußtsein. Wir konzentrieren uns aber auf die Kommunikation.

[91] Vgl. Kap 1: Selbstreferenz.

[92] Niklas Luhmann, 1990b, Gleichzeitigkeit und Synchronisation, a.a.O., S.115.

sich von der Bezugnahme auf Daten, die das System nicht sich selbst zurechnet (obwohl es selbst Zugriff, Referenz, Informationswert etc. selbst organisieren muß). Umgekehrt ermöglicht es die Unterscheidung von Selbstreferenz und Fremdreferenz, zeitversetzt zu operieren, das heißt mit gegenwärtigen (weltgleichzeitigen) Operationen vergangene, bzw. künftige Zeiten zu thematisieren und dabei wiederum Eigenzustände und Fremdzustände zu jenen Zeiten zu unterscheiden."[93] Das zeitversetzte Operieren auf der Ebene der Fremdreferenz ist der Mündlichkeit und der Schriftlichkeit gemeinsam. In der Rede wie im Brief kann sich die Information auf vergangene oder künftige Ereignisse beziehen. Auch können frühere verstandene Mitteilungen als Thema der Interaktion oder der schriftlichen Kommunikation aktualisiert werden. Die reflexive Selbst-beobachtung der Kommunikation kann frühere Eigen-zustände in Form einer Erinnerung jetzt thematisieren. Anders ist es mit der Selbstreferenz der Kommunikation.

Der Begriff der Ratifikation zielte auf den Sachverhalt: Im Verstehen ist die Mitteilung als solche zeitlich kopräsent zum Verstehen. Diesem für die Zeitdimension reservierten Begriff entspricht in der Sachdimension das Daß-Verstehen.[94] Aber so wie das Daß-Verstehen als bloße "Eingangsbe-stätigung" der Mitteilung sachlich noch nicht impliziert, daß der mitgeteilte Inhalt einer Mitteilung verstanden wird, so ergibt sich aus der Gleichzei-tigkeit von Mitteilung und Verstehen im "Daß" noch nicht eine Gleichzei-tigkeit im "Was". Anders formuliert: Der Zeitpunkt, auf den das Verstehen die Abgabe der Mitteilung datiert, ergeben sich aus der oben erwähnten Ratifikation der operativen Gleichzeitigkeit noch nicht. Vielmehr muß nun

---

[93] Ebenda, S.115.

[94] Ich beziehe mich auf die von Alois Hahn, 1992, Verstehen bei Dilthey und Luhmann, in: Annali di Sociologia, Jg.8, Heft1, S.421-443 (424) eingeführte Unterscheidung zwischen Daß-Verstehen und Was-Verstehen. Danach ist die bloße Eingangsbestätigung einer Mitteilung (Daß-Verstehen) noch nicht identisch mit dem Erfassen des Sinnes der Mitteilung (Was -Verstehen) .

hier die zeitliche Funktion der "Diskrimination" einsetzen. Diese besteht darin, daß sie etwa von mehreren gleichzeitig kopräsenten Mitteilungen der einen einen früheren, der anderen einen späteren Zeitpunkt der Abgabe *zuweist*. Ohne solche Vergangenheitsattribution wäre zumindest schriftliche Kommunikation operationsunfähig.[95] Sie müßte alles gleichzeitig Gelesene als gleichzeitig Gechriebenes behandeln, was zum sofortigen Kollaps des Systems führen würde. Die Möglichkeit aber, Gleichzeitiges zu datieren, schafft der Kommunikation neue Alternativen: Sie kann nun diskriminieren z.B. daraufhin, ob Antworten erforderlich sind oder nicht, ob Antworten überhaupt möglich sind oder nicht. Auf eine Buchlektüre etwa muß nicht unmittelbar eine Antwort folgen. Hier nun liegt ein zentraler Unterschied zwischen schriftlicher und mündlicher Kommunikation. In der mündlichen Kommunikation ist jede Mitteilung als gleichzeitig zum Verstehen zu behandeln, d.h. es gibt hier für ego keine Möglichkeit der zeitlichen Diskrimination. Ego muß antworten. Auch wenn ego schweigt oder sich entzieht, kann dies als egos Mitteilung verstanden werden, d.h. ego verwandelt sich unmittelbar von einem verstehenden Ego in ein mitteilendes Alter. In der schriftlichen Kommunikation hingegen vollzieht sich diese Oszillation nicht in jedem Falle zwingend und jedenfalls mit selbst als solchen verstehbaren Verzögerungen. Daher liegt das Prinzip des Verstehens schriftlicher Kommunikationen gerade nicht im Simulieren von Quasi-Gleichzeitigkeit. Damit ist gerade eine ihrer zusätzlichen Möglichkeiten gegenüber der Mündlichkeiten verspielt. Entscheidend ist u.E. vielmehr die

---

[95] Zu einer ähnlichen Einsicht kommt Olson. Wie andere weist auch er auf die Mehrstufigkeit des Verstehens hin, die sich durch Schrift ergibt. Vergleichbar der 'reading-interpretation' Unterscheidung von Havelock schlägt er dafür die given-interpretation Unterscheidung vor. Vgl. Olson, David R./Torrance Nancy (Hrsg.), 1991, Literacy and Orality, Cambridge:UP, S. 153. Mehrstufigkeit des Verstehens bedeutet, daß der gleiche Text zu unterschiedlichen Zeiten unterschiedlichen Sinn ergeben kann; vgl. auch Olson, David R.,1980, Some social aspects of meaning in oral and written language, in: ders., 1980, The social foundation of language and thought. Essays in honor of Jerom S. Bruner, a.a.O., S. 90-111; ders., Mind and Media: The Epistemic Function of Literacy, in: Journal of Communication 38 (3), S.27-36

skizzierte Möglichkeit der zeitlichen Diskriminierung. Diese bedeutet, daß in der Schriftlichkeit die Mitteilung selbst mit einem Zeitindex versehen ist. Ein Text über die Inquisition im Mittelalter, der 1750 verfaßt wurde, ist anders zu lesen als die Behandlung des gleichen Gegenstandes in einem Text von 1990. Die Datierung der Mitteilung und deren zeitliche Diskriminierung ist daher konstitutiv für das Verstehen schriftlicher Kommunikationen.

Diese Diskrimination zwischen vorher/nachher in bezug auf gleichzeitig im Bewußtsein oder in der Kommunikation vorhandene Bestände kann sich in der Interaktion nur auf die Informationskomponente, nicht aber auf die Mitteilungskomponente beziehen. Schriftliche Kommunikation, um dies noch einmal zu unterstreichen, vermag demgegenüber - und muß dies typischerweise tun - die gleiche Art von Diskrimination auch auf Mitteilungen anzuwenden. Zeitversetztes Operieren kann also für schriftliche Kommunikation in bezug auf ihre Ratifikationskomponente auch nicht stattfinden. Wohl aber ist sie in der Lage, die Herstellung von Ungleichzeitigkeit in der Gleichzeitigkeit diskriminativ für die Informationskomponente und für die Mitteilungskomponente vorzunehmen. Daß dies für schriftliche Kommunikation prinzipiell möglich und manchmal notwendig ist, für Interaktionen - jedenfalls im typischen Fall - unmöglich ist, gründet darin, daß die für jede Kommunikation konstitutive Differenz von ego- und alter - Funktion in beiden Formen von Kommunikation je unterschiedlichen Oszillationsbedingungen und Zwängen unterworfen ist.

3. Schriftliche Kommunikation: eine Skizze

Ausgangspunkt dieses Kapitels war die Überlegung, daß Schriftlichkeit als Sozialitätsmodus in eine Sozialitätstheorie der modernen Gesellschaft eintragbar sein müsse. Ein Durchgang durch Theorien, die von einer ursprünglichen Sozialität ausgehen - und nur für diese interessieren wir uns - zeigt, daß Sozialitätstheorien offen oder verdeckt die Interaktion gegenüber der Kommunikation mit Abwesenden privilegieren. So ist Schriftlichkeit zwar der Möglichkeit nach vorgesehen, wird aber in der Regel als abgeleiteter Modus der Mündlichkeit behandelt. Sozialitätsstiftend scheinen immer die Kopräsenz von alter und ego, face-to-face-Situationen, die Wirkbeziehungen in der "sozialen Umwelt" zu sein. Oder Sozialität wird so charakterisiert, daß für Eigenheiten von Sozialität schlechthin gehalten wird, was aus der Eigentümlichkeit von Interaktion abgeleitet ist. Ein Beispiel ist ihre an die Anwesenheitsprämisse geknüpfte Konsensgebundenheit.

Wir hatten Sozialität gleichermaßen als Operation und Struktur behandelt. Als Strukturen hatten wir die Sinnform Erwartungen angenommen, als sozialitätsstiftende Operation Kommunikation, deren Anschlüsse sich an Erwartungen und Erwartungserwartungen orientieren. Strukturbildung selbst ist daher ein zirkulärer Prozeß, da Strukturen nur durch Operationen aufgebaut werden können, Strukturen aber die Operationen determinieren. Eine Frage ist nun, ob Sozialitätstheorien, die Sprache und Schrift als Objektivierungen im Sinne eines Zeichensystems begreifen, auch den Prozeß der Strukturbildung an der Schriftlichkeit vorbei führen. Zeichentheorien wie auch Kommunikationstheorien sind fundierte Modi. Man kann beide als Sinntheorien entwickeln, aber eine Sinntheorie läßt sich nicht ausschließlich als Kommunikationstheorie oder Zeichentheorie entwickeln.[96] Der Zeichenbegriff im Peirceschen Sinne zum Beispiel läßt sich

---

[96] So kommt es denn auch, daß im zeichenvermittelten Sinnverstehen das Zeichen nicht als Zeichen in Erscheinung tritt. Denn wenn nach der Bedeutung des Zeichens gefragt wird, ist das Verstehen bereits gestört und das unendliche Verweisungsspiel eröffnet, man erhält auf die Frage der Bedeutung doch wieder nur ein anderes Zeichen. Sinnverstehen ist in der bloß selbstreferentiellen Verweisung innerhalb von Zeichensystemen nicht zu organisieren. Kommunikatives Verstehen orientiert sich immer, wie wir gezeigt haben, an der Differenz von Selbstreferenz und Fremdreferenz.

durchaus mit Luhmanns Kommunikationsbegriff parallelführen. Die
dreifache Relation eines Zeichens: zum Objekt, zu sich selbst und zum Interpretanten, wäre durchaus in die dreifache Selektion von Information,
Mitteilung und Verstehen übersetzbar. Nun hatte Peirce zwar im Unterschied zu Saussures und anderen Zeichentheorien einen logischen Platz für
den Interpretanten vorgesehen.[97] Fragt man aber nach einem modus
operandi, einer Operation also, die für den zirkulären Prozeß des Strukturaufbaus nötig ist, so bleibt diese Stelle in einer Zeichentheorie unbesetzt.
Verstehen ist in Zeichentheorien nicht als Operation vorgesehen. Daraus
ergibt sich ein fundamental verschiedener Typus von Verweisungen und
Sinnaktualisierung in der Zeichentheorie und in der Kommunikationstheorie. Die Aktualisierung von Zeichen geschieht im Horizont der gleichzeitigen Präsenz aller anderen das Zeichensystem konstituierenden Zeichen.[98]
In der differentiellen Abweichung von allen anderen Zeichen bestimmt das
Zeichen erst seinen Wert.[99] Die für Sinnprozesse konstitutive Unterscheidung von Aktualität und Virtualität wird nicht von einer
Verstehensleistung und deren Gegenwart her differenziert. Während der
Horizont für die Aktualisierung des Zeichens der Zeichenvorrat ist, verweist
der Kommunikationsprozeß auf einen jeweiligen von der Operation her

---

[97] Diese kommuniktiontheoretische Öffnung hat Peirce in der Semiotik Kritik eingetragen.
Greimas beispielsweise besteht in seinem "carré semiotique" auf den zeichensysteminternen
logischen Operationen wie: Einschluß, Ausschluß, Implikationen, Gegensätze. Es geht also gerade
nicht um die Position eines Interpretanten oder gar um eine Verstehensoperation, vielmehr um: la
distribution de relation entre les signes.

[98] Aus konventionellen Gründen sprechen wir von Zeichensystemen. Der Systembegriff wird hier
nicht im sytemtheoretischen Sinne verwendet, wonach sich Systeme immer in der Differenz zur
Umwelt als Einheit konstituieren.

[99] Diese Einsicht ist aus der strukturalistischen Zeichentheorie Saussures hervorgegangen. Erst
wenn Zeichentheorien durch Texttheorien ergänzt werden, läßt sich der Kontext als weiteres
Bestimmungsmoment für die Aktualisierung von Zeichen einführen. Für die parole als Rede
allerdings hatte Saussure durchaus den Grundsatz formuliert: "Das Bezeichnende als etwas
Hörbares verläuft ausschließlich in der Zeit und hat Eigenschaften, die von der Zeit bestimmt sind."
Ferdinand de Saussure, 1967, Grundfragen der allgemeinen Sprachwissenschaft, hrg. v. Ch. Bally
et al., Berlin, S. 82.

zentrierten Horizont. Der Unterschied zwischen dem Sinnerfassen, das einer
Zeichentheorie zugrunde liegt, und dem Sinnverstehen, das der hier verwendeten Kommunikationstheorie zugrunde liegt, läßt sich auch so fassen:
Im einen Fall geht es um das Erfassen einer Sinneinheit, im anderen um das
Verstehen anhand der Differenz von Information und Mitteilung. Das Verstehen anhand jener Differenz konstituiert die Kommunikation als Opera-
tion, und für diese gibt es in der Zeichentheorie keine Analogie. Deshalb
wird auf der Ebene der Zeichentheorie der Unterschied von Denken und
Kommunizieren nicht faßbar. Zeichen können ja, wie die Erfindung der
Schrift zeigt, völlig unabhängig von kommunikativen Kontexten verwendet
und erfunden werden.[100] Zwar kann Kommunikation nicht gut ohne
Zeichengebrauch in Gang gebracht und gehalten werden. Auch sie muß die
von den Zeichentheorien behandelte Differenz von Zeichen mitverarbeiten.
Sie fügt aber dieser Differenz eine weitere hinzu, nämlich die von Information und Mitteilung. Man könnte auch sagen: Sie führt eine zu jener ersten
Differenz orthogonal gerichtete Differenz ein. An dieser neuen Differenz
lassen sich dann weitere Differenzierungen verankern, vor allem die von
Aktualisierung und Virtualisierung, die dem Verstehen der Differenz von
Information und Mitteilung als Operation inhärent ist. Die Verweisungsstruktur der kommunikativen Operation ist nicht durch einen Zeichenvorrat
gegeben, sondern durch andere mögliche Operationen. So verweist die
aktuelle Operation auf vorherige Aktualisierungen, die in die Virtualität
verschwunden sind, und auf alternative, aber erwartbare zukünftige Operationen. Mit Hilfe von Zeichentheorien läßt sich darüber hinaus wenig über
die uns interessierende Differenz von Mündlichkeit und Schriftlichkeit
herausarbeiten. Grapheme oder Phoneme sind hinsichtlich ihrer logischen

---

[100] Soweit diese erforscht ist, hatte die ursprüngliche Verwendung von Schrift eine mnemotechnische Funktion. Vgl. Jean Bottéro,1982, De l'aide - mémoire à l'écriture, in: Actes du colloque
international de l'Université Paris VII: Ecriture. Systèmes idéographiques et pratiques expressives,
Paris: Le Sycomore, S.13-39; ders.,1987, Mésopotamie. L'écriture, la raison et les dieux, Paris:
Gallimard, bes. S.75-133.

Funktionen im Rahmen des Zeichensystems, in dem sie als Elemente fungieren, äquivalent. Ihre Relationierungen entsprechen den Gleichzeitigkeit des Sukzessiven voraussetzenden logischen Operationen.[101] Der Eintrag der Schriftlichkeit unter dem Titel: 'Zeichen' kann uns für eine Sozialitätstheorie, die Operation und Struktur gleichermaßen berücksichtigt, daher nicht weiterhelfen. Den der Kommunikation zugrunde liegenden Zeichenvorrat wollen wir daher nicht schon als eine sozialitätsstiftende Struktur ansehen. Vielmehr begreifen wir den Zeichenvorrat, auf den Bewußtsein und Kommunikation in je eigener Weise zugreifen, als lose gekoppeltes Medium, in dem sich kommunikative Formen aktualisieren. Diese Aktualisierung erscheint als jeweils feste Kopplung, sei es in Form von Sagbarem oder Schreibbarem, sei es in Form von kommunikativ erzeugten Erwartungen. Wir gründen daher unsere Argumentation nicht auf den Erwartungstyp, der durch die Existenz eines Zeichenvorrats, einschließlich der Verknüpfungsregeln seiner Elemente, entsteht. Von diesem Erwartungstyp zu unterscheiden und für unseren Zusammenhang bedeutsam sind Erwartungen, die kommunikativ relevant sind. Wir gehen also von Erwartungen aus, die als Sinnsedimentierungen durch bereits aktualisierte Zeichenverknüpfungen entstanden sind und kommunikativen Anschlüssen Orientierung geben.[102]

---

[101] Jack Goody und im Anschluß an ihn Pierre Bourdieu hatten diese totalisierende, das Sukzessive synchronisierende Perspektive von Logik und anderen Aufzeichnungssystemen selbst als Schriftfolge analysiert: "Die Analyse des Effekts, den die Aufzeichnung und Protokollierung bewirkt, führt zum Prinzip der Effekte, die im Gefolge der Erfindung von Techniken zur *Aufbewahrung des Wortes* (Schrift) eingetreten sind. (..). Die Polythetie, die Widersprüche zu vermeiden gestattet, hat selbst zur Vorbedingung das Fehlen jeder Aufzeichnung der Vergangenheit, d.h. das Fehlen von Gelehrtheit, das, indem es das individuelle wie kollektive Gedächtnis von jeder fixen Spur freihält, die fortwährenden Berichtigungen ermöglicht, die unabdingbar sind, um nicht der allseitigen Inkohärenz anheimzufallen. Die Synchronisierung von Vergangenheit und Gegenwart (z.B. aufeinanderfolgende Versionen einen Mythos oder Rituals), deren Möglichkeit die Schrift bereitstellt, erlaubt nun die synoptische Wahrnehmung und zugleich das Erfassen der Widersprüche, von denen aus die gebildete Reflexion ihren Anfang nimmt." Pierre Bourdieu, 1979, Entwurf einer Theorie der Praxis, a.a.O., S.461f

[102] Dies ist eine Fassung des Gedankens, den Niklas Luhmann ganz allgemein für Operationen dynamischer, operativ geschlossener Systeme formuliert hat: "Die Operationen, und zwar alle Operationen eines autopoietischen Systems haben also einen Doppeleffekt: Sie dienen einerseits

Entscheidender als all diese Einwände ist aber, daß nach unserer Analyse Kommunikation erst in der Schriftlichkeit zu sich selbst kommt. Denn die eigentliche Emergenz von Kommunikation erfüllt sich erst in ihrer radikalen Abkopplung von alter und ego gemeinsamen Wahrnehmungskontexten. Erst Schriftlichkeit ermöglicht diese Ausdifferenzierung der Kommunikation als Kommunikation, die sich von interpersonalen Wahrnehmungen abkoppelt. Auch wenn es schon vorschriftliche Kommunikation gibt, läßt sich diese doch erst retrospektiv als Kommunikation beobachten. Die Kommunikation konstituierende und mit Sprache stabilisierte Differenz von Information und Mitteilung [103] ist in der Interaktion noch unaufhebbar mit dem gemeinsamen Wahrnehmungs-kontext verknüpft. Die Interaktion gestattet nicht Information/Mitteilung und andere Wahrnehmungen bzw. Wahrnehmungswahrnehmungen sicher zu unterscheiden. Wir unterscheiden also Interaktion und schriftliche Kommunikation strikt unter dem Gesichtspunkt, daß erst Schriftlichkeit Kommunikation als Kommunikation beobachtbar macht. Dies zeigt sich zum einen

---

dazu, die Bedingungen für Anschlußoperationen festzulegen, also das System von Moment zu Moment in neue historische Zustände zu versetzen; und andererseits dazu, die für den Anschluß notwendigen übergreifenden Strukturen anzubieten." Niklas Luhmann, 1995a, Probleme mit operativer Schließung, in: ders., 1995, Soziologische Aufklärung 6, S. 12-25 (12).

[103] In evolutiontheoretischer Perspektive beschreibt Niklas Luhmann diesen Sachverhalt: "Wie kommt man dann dazu, ins wahrgenommene Verhalten anderer den weder sichtbaren noch hörbaren, ja überhaupt positionslosen Unterschied von Mitteilung und Information hineinzulesen, ja hineinzukonstruieren? Wie kommt man dazu, zu unterstellen, daß der andere, der nur tut, was er tut, etwas Bestimmtes mitteilen will? Und vor allem wie kommt der so Beobachtete dazu, anzunehmen, daß er mit Hilfe einer solchen Unterscheidung beobachtet wird und sich besser darauf einstellt, daß er so verstanden wird, als ob er etwas mitteilen wollte? Die Lösung dieses Problems liegt in der Evolution von Sprache. In unserem Theoriekontext heißt dies: hätte es nicht ein derart spezifisches Problem gegeben, wäre auch die Evolution von Sprache nicht möglich gewesen, und ebensowenig die Evolution eines sinnhaft (nicht nur wahrnehmungsförmig) operierenden Bewußtseins. Wie immer Sprache - vermutlich aus einem immer komplexer werdenen Zeichengebrauch - entstanden ist: das Resultat leistet eben das, was über jeden Engpaß des Unwahrscheinlichen hinweghilft: die Normalisierung der Unterscheidung von Mitteilung und Information." Niklas Luhmann, 1992, Schranken der Komunikation als Bedingung von Evolution, Ms., S.4. Der in der Sprache angelegte Engpaß liegt darin, daß es sich um ein akustisches Medium handelt, das auf Anwesenheit beruht. Darauf reagiert freilich auf Umwegen über mnemotechnische Funktionen die Schrift. Schrift war, so Luhmann, auf ein typisches Evolutionsmuster angewiesen: auf Auswechseln der Funktion nach ihrer Entstehung, ebenda, S.6.

darin, daß die Sequentialität der Interaktion noch eingebunden ist in die Simultaneität der Wahrnehmung. Erst in der Schriftlichkeit ist eine reine Sukzessivität des Kommunikationsprozesses möglich, die freilich selbst - darauf kommen wir zurück - über spezifische Rekursions-möglichkeiten verfügt. Interaktionssysteme sind nicht differenzierungsfähig wie das über Schriftlichkeit und darauf aufbauende Kommunikationsmedien verfügende Gesellschaftssystem. Es lassen sich zwar im Sinne Goffmans Beteiligungs-status und "splitted audiences" innerhalb eines Interaktionssystems unter-scheiden, nicht aber operativ geschlossene Subsysteme. Das Interak-tionssystem bleibt an die Kopräsenz von alter und ego in einem gemein-samen Wahrnehmungskontext gebunden, es bleibt der Gleichzeitigkeit und Gleichräumlichkeit verhaftet.

Die Einführung von Schrift in die gesellschaftliche Kommunikation und damit verbundene Wahrnehmungsenthobenheit schafft nicht nur die Differenz von Interaktion und Kommunikation, sie verändert auch die Struktur der Kommunikation selbst. Eine Folge der Auflösung eines ge-meinsamen Wahrnehmungskontextes und der Anwesenheitsprämisse in der schriftlichen Kommunikation ist die Veränderung der reflexiven Struktur des Kommunikationsprozesses. So kann die bloße wechselseitige Wahrnehmung durch die zirkuläre Struktur der Wahrnehmungs-wahrnehmung zwar Interaktion anstoßen. Da Wahrnehmungen aber kom-munikativ schwer zu vereindeutigende Ereignisse sind und sich einer zeit-festen Fixierung widersetzen, kann die Interaktion nur schwer darauf zurückkommen. Die Schwierigkeit besteht in der kommunikativen Identifi-kation des Ereignisses. Selbst wenn alter gesehen hat, daß ego gesehen hat, und durch den Austausch von Blicken, vielleicht noch die Andeutung eines Kopfschüttelns die Wahrnehmungswahrnehmung ratifiziert wurde, ist nicht sicher, ob alter durch die Tischsitten des Kindes oder das aufdringliche Erziehungsverhalten der Eltern irritiert ist. Eine approximative Verein-deutigung kommunikativer Ereignisse läßt sich erst mit Sprache erreichen,

die freilich die Wahrnehmung expliziter Mitteilung von bloßer Wahrnehmung zu unterscheiden vermag. Sprache ermöglicht das Reflexivwerden der
Kommunikation, indem sie gestattet, auf eine vergangene Aussage
zurückzugehen. Den Rückbezügen in der Interaktion sind allerdings enge
zeitliche und sachliche Grenzen gesetzt. Interaktionsanalysen, wie sie von
der Konversationsanalyse vorgelegt werden, zeigen, daß die zeitlichen und
sachlichen direkten Anschlüsse und Bezugnahmen ein fundamentales Ordnungsprinzip der Konversation sind, und zwar in dem Sinne, daß ein
"second turn" in der Regel auf den "prior turn" Bezug nimmt. Die
"agencency-pair structure" wird geradezu als generalisierbares Handlungs-
und Interpretationsschema gedeutet. "Linked actions, in short, are the basic
building - blocks of intersubjectivity."[104] Die Chance, den eigenen Beitrag
in das Gespräch so einzufädeln, daß auch auf ihn Bezug genommen wird,
scheint deutlich größer, wenn er sozusagen in der Spur bleibt. Ausnahmen
sind anmeldebedürftig. Es bedarf einer entschuldigenden Geste oder ein-
leitender Formeln, will man sich auf weit zurückliegende Themen oder
Beiträge beziehen oder im Sinne eines Themenwechsels auf Zukünftiges
vorgreifen. Auf der Verstehensseite läßt sich die Regelmäßigkeit beobachten, daß Reparaturleistungen und Auflösung von Mißverständnissen offenbar nur bis zum dritten Sprecherwechsel eine Chance haben: "after any
'second action' the producer of the first has a systematically given opportunity to repair any misunderstanding of the first action that may have been
displayed in the second. Given the generic availability of the procedure any
second speaker may look to a third action to see whether this opportunity
was taken, and if it was not conclude that the analysis and treatment of the
first action that was displayed in his or second was adequate. Any 'third'
action therefore, which implements some 'normal' onward development or

---

[104] John Heritage, 1984, Garfinkel and Ethnomethodology, Cambridge, S.256; daß sich die
Formen der "linkages" aber in der Interaktion und in der Schriftlichkeit deutlich unterscheiden,
kann mit den Mitteln der Konversationsanalyse nicht erläutert werden.

trajectory for a sequence, tacitly confirms the displayed understandings in the sequence so far. By means of this framework, speakers are released from what would otherwise be an endless task of confirming and reconfirming their understandings of each other's actions."[105] Mit weiter zurückgehenden Rückgriffen als der Sequenz von drei Sprecherwechseln ist das Gedächtnis der Interaktion offenbar überfordert, schon deshalb, weil es über eine zu geringe Binnendifferenzierung verfügt.

Die Reflexivität der Mündlichkeit ist auf die Gedächtnisse der beteiligten Bewußtseine angewiesen. Erinnert sich alter nicht mehr an die frühere Verabredung und orientiert seine Anschlußkommunikation unabhängig von dieser, läuft reflexives Operieren ins Leere und Kommunikation muß wieder neu einsetzten. Anders in der Schriftlichkeit. Erst die reflexive Struktur der Schriftlichkeit wird unabhängig von den Gedächtnissen der beteiligten Bewußtseine. Schrift schafft der Kommunikation ein eigenes Gedächtnis. Der Gedächtnisbegriff, den wir üblicherweise auf Bewußtseine beziehen, wird damit als Sonderfall erkennbar. Die reflexive Struktur, das Zurückgehen auf frühere Texte, Briefe, Publikationen, Dokumente steht freilich immer in dem Verweisungszusammenhang der jetzigen Kommunikation. Sie ermöglicht aber den Bezug auf Texte, deren Geschriebensein selbst einer Ratifikation durch die Gedächtnisse der beteiligten Bewußtseine nicht bedarf. Für die beteiligten Bewußtseine kann die mitgeteilte Information vollkommen neu und unbekannt sein, während sie in der Kommunikation als tradierter Sinnbestand behandelt wird. Eine Aktualisierung der im kommunikativen Gedächtnis als vergangen datierten Texte hält gleichzeitig die je aktualisierte Gegenwärtigkeit des Textes und die in der Datierung mitgeteilte Vergangenheit der Bestände präsent.

---

[105] Ebenda, S.258; vgl. auch die zugrunde liegende Studie von Emanuel A. Schegloff, 1992, Repair after next turn: The last structurally defense of intersubjectivity in conversation, in: American Journal of Sociology, Vol. 97, (5), S. 1295-1345.

Schriftlichkeit und Mündlichkeit sind nicht Abfolgen gesellschaftlicher Kommunikationsformen. Die eine löst nicht die andere ab - wie wir eingangs schon erwähnt hatten, sie substituiert nicht, sondern verändert. Die mit der Verschriftlichung der gesellschaftlichen Kommunikation veränderte reflexive Struktur erweitert freilich auch den Verweisungsspielraum und die reflexiven Bezüge der Mündlichkeit. Die schriftgestützte Mündlichkeit kann sich auch in der Interaktion auf Texte beziehen.[106] Sie muß einerseits mit einem lesenden, daher informierten Publikum rechnen und kann sich andererseits weitgehend von den Zufälligkeiten der beteiligten psychischen Gedächnisse unabhängig machen. In der modernen Gesellschaft ist dies Normalität geworden und zeigt sich sowohl in der Aktenmäßigkeit der Bürokratie, der wissenschaftlichen Kommunikation mittels Publikationen oder der die Zahlung begleitenden Buchführung in der Wirtschaft. Die schriftlichen Dokumente sind unübergehbare Anhaltspunkte für die Interaktion in den Funktionssystemen der modernen Gesellschaft.

3.1 Schriftliche Dokumente als Glaubwürdigkeitsgaranten

Die mit der Verschriftlichung der Kommunikation einhergehende Entkopplung vom gemeinsamen Wahrnehmungskontext - darin eingeschlossen ist immer die wechselseitige Wahrnehmbarkeit von alter und ego - hat eine doppelte Konsequenz. Zum einen zeigt diese Ablösung eine Veränderung der Glaubwürdigkeitsgarantien in der Kommunikation. Zum anderen entsteht mit der Unabhängigkeit von der Wahrnehmung, mit der eben auch die Möglichkeit der direkten Nachfrage und des interaktiven Nachbesserns entfällt, ein gesteigerter Anspruch auf Mitteilungs- und Verstehenspräzisierung.

---

[106] Auf eine andere Form der schriftgestützten Mündlichkeit im Zuge der Einführung der Schrift in

Die Ablösung der Glaubwürdigkeitsgarantien von der gemeinsamen Wahrnehmung zum Vertrauen in den schriftlichen Bericht läßt sich besonders gut anhand der Entwicklung der Wahrheitskommunikation nachzeichnen. Ein Beispiel für die Wahrnehmungsentkopplung der verschriftlichten Kommunikation ist die Entwicklung des naturwissenschaftlichen Publikationswesens.[107] Sie zeigt sehr eindringlich, wie sich die Kommunikation über Experimente schrittweise unabhängig macht von gemeinsamer Wahrnehmung der einschlägigen Untersuchungen und Schrift zum Wahrnehmungsäquivalent wird. Folgt man der Analyse der "Transactions of the Royal Society", wie sie Bazerman für den Zeitraum von 1665-1800 vorgelegt hat, so wurden die Experimente, über die in den Transactions berichtet wird, zu Beginn vor der Gesamtheit der Mitglieder bei den regulären Sitzungen öffentlich durchgeführt.[108] Gerade weil die Experimente durch gemeinsame Wahrnehmung bezeugt waren, konnte der geschriebene Bericht darüber eher summarisch ausfallen. Die Wahrheitsgarantie für die Experimente war die Öffentlichkeit ihrer Wahrnehmbarkeit. Die schriftliche Mitteilung setzte gleichsam die Erinnerung der Zeugen voraus, die alles mitangesehen hatten. In einer zweiten Phase spielen Zeugen zwar immer noch eine große Rolle. Nun aber reisen die Zeugen ins

---

die gesellschaftliche Kommunikation kommen wir weiter unten am Beispiel der Rhetorik zurück.

[107] Ein anderes Beispiel ist die Chronologie der Urkundenanfertigung. M.T. Clanchy, 1979, From Memory to Written Record, England 1066 -1307, London, bes. S. 36ff. , situiert die Durchsetzung der schriftlichen Bezeugung von Glaubwürdigkeit und Vertrauenswürdigkeit in England um 1300. Im 12. und 13. Jahrhundert verschob sich die Balance bei der Übergabe von Eigentumstiteln vom Gedächtnis der Beteiligten zur geschriebenen Aufzeichnung. Erst im späten 13.Jahrhundert wurde die Übergabe von Eigentum abhängig von dokumentarischen Evidenzen.

[108] Vgl. Charles Bazerman, 1988, Shaping Written Knowledge, Bazerman, Charles, 1988, Shaping Written Knowledge. The Genre and Activity of the Experimental Article in Science, Madison. Bazerman unterscheidet zwischen fiktiven Texten und accounts, die über etwas berichten, das prinzipiell nachprüfbar und wahrnehmbar sei. Wissenschaftliches Schreiben bezeichnet er im Sinne der Ethnomethodologen als "accomplishment". Vgl. zu diesem Verständnis der Wissenschaft als "local accomplishment" auch Karin Knorr-Cetina, 1984, Die Fabrikation von Erkenntnis, Frankfurt/M. Sie unterscheidet allerdings zwischen Laborpraktiken und literarischer Produktion und geht daher von einer "doppelten Produktionsweise" wissenschaftlicher Erkenntnisse aus, ebenda, S. 175ff, bes.239.

Labor: Die Experimente sind nicht mehr öffentlich, sondern spielen sich vor einem kleinen Kreis von renommierten Zeugen ab: "Experiments stay in the laboratory, remote from the lecture hall. Designated competent witnesses travel to the experiment to represent the general membership and a prestigious list of witnesses becomes an important feature of the report."[109] So verweist etwa Desaguliers in seinem Bericht auf die Tatsache, daß der König und die Königin bei den Experimenten im Labor zugegen waren. Aber trotz der immer noch notwendigen Präsenz von Zeugen zwingt der Verzicht auf öffentliche Gemeinsamkeit von Wahrnehmung bereits zu einer verstärkten Präzision der Beschreibung der Experimente: Die Darstellung muß so klar werden, daß sie Abwesenden gestattet, sich ein Bild vom Hergang der Experimente zu machen. Man könnte auch sagen, der Anspruch an die Genauigkeit der Mitteilung wächst in dem Maße, wie ihr Verständnis nicht mehr auf Abstützung durch Wahrnehmung bauen kann. Kontroversen in bezug auf die Inhalte sind durchaus erwünscht. Man zieht sich nicht schon Verachtung dadurch zu, daß man andere Meinungen vertritt. Was aber verlangt wird, ist Mitteilungsgenauigkeit. Schließlich kann man sich ja vorher überlegen, was man schreibt (im Gegensatz zu einer Diskussion, in der man prompt reagieren muß). Die dritte Phase schließlich wird erreicht, wenn das Experiment selbst ohne Zeugen abläuft. Der schriftliche Bericht ist dann das einzige Dokument für einen Vorgang, der nicht unter Bedingungen von Interaktion abläuft. Die Kommunikation ersetzt die gemeinsame Wahrnehmung. Die Mitteilung erhält damit ein besonderes Gewicht, da im Normalfall nicht einmal von der tatsächlichen Wiederholung des Experiments ausgegangen wird. Es muß nur so dargestellt werden, daß Wiederholung prinzipiell als möglich und wahrscheinlich, als plausibel angesehen werden kann, und zwar von Lesern. Damit steigert sich aber erneut das Niveau der Präzisionserwartung. Mit der Entkoppelung von

---

[109] Bazerman, 1988, Shaping Written Knowledge, a.a.O., S. 74.

Kommunikation und Wahrnehmung durch schriftliche Dokumentation wächst der Bedarf an formaler Präzision der Mitteilung, die nun so abgefaßt werden muß, daß der Leser davon überzeugt wird, er sei zumindest prinzipiell in der Lage, die Mitteilung durch eigene Wahrnehmung zu überprüfen. Gelingt es, dies glaubhaft zu machen, findet die Aktualisierung dieser Möglichkeit in der Regel nicht statt. Virtuelle Überprüfbarkeit durch Wahrnehmung ersetzt die reale Überprüfung. Damit wird diese selbst zu einer bloßen Krisenreserve, die wir mit Niklas Luhmann als *symbiotischen Mechanismus* bezeichnen wollen, der als letzte Sicherung gegen allzu massive "Überziehung" des kommunikativen Kredits dient. Die Glaubwürdigkeit der Mitteilung reicht im Normalfall aus, um auf die Aktivierung des Mechanismus selbst zu verzichten. Auf diese Weise wird der entscheidende Tempogewinn erreicht, der hier zählt: Neue Experimente können sich direkt an den Bericht über frühere Experimente anschließen, ohne diese selbst wiederholen zu müssen. Die Voraussetzung ist allerdings das erwähnte "Upgrading" des Mitteilungsniveaus: "Since neither the reader nor any surrogates or representatives, except for the author himself, has witnessed the series of experiments, the account must stand in place of the witness. The reader in order to understand the experimental argument must vicariously witness the experiment through the account. In order to earn the trust of the reader, the story of the experiments must be told plausibly if not persuasively, and the events reported on must provide sufficient good cause for the investigator to come to the conclusion he reports."[110]

---

[110] Ebenda.

3.2. Präzisionsgestalten im Produktions- und Erwartungsformat: Rekursion und doppelte Schließung

Mit der Entkopplung der schriftlichen Kommunikation vom gemeinsamen Wahrnehmungskontext ist erst die Möglichkeitsbedingung der gesteigerten Präzisionserwartung an die Schriftlichkeit gegeben. Theoretisch rekonstruieren läßt sich das Zustandekommen dieses Präzisionsgewinns so noch nicht. Die Steigerung der Präzisionsanforderungen in der Schriftlichkeit betrifft sowohl das Produktionsformat als auch das Erwar-tungsformat. Es geht also um die Präzisierung der Mitteilung und des Verstehens gleichermaßen. Diesen Vorgang wollen wir mit dem Begriff der doppelten Schließung und den damit einhergehenden unterschiedlichen Rekursionsverhältnissen in der Schriftlichkeit und in der Mündlichkeit erläutern.

Daß alle Kommunikation rekursiv ist, setzen wir in dem Sinne voraus, daß es sich in der Kommunikation um Anschlußoperationen auf der Basis der Beobachtung von Operationen handelt. Es gibt eine "Doppelbedingung" für das Weiterlaufen von Kommunikation: Kommunikation kann sich nur fortsetzten unter der Bedingung von Selektivität und Rekursivität.[111] Anschlüsse können nur selektiv erfolgen, da aus den Verweisungsüberschüssen ausgewählt werden muß, und sie können nur rekursiv erfolgen, indem die folgende Operation berücksichtigt und voraussetzt, was vorher war. Rekursion ist nicht Iteration, vielmehr wird das Resultat einer Operation zum Ausgangspunkt der sich anschließenden nächsten Operation. Die für Rekursion in der Mathematik gegebene Anweisung: "Das Ergebnis einer Operation wird zum Input der nächsten", wird in Sinnsystemen somit durch die Beobachtung der Operation im System und die beschriebene Möglichkeit des zeitversetzten Operierens ergänzt. Die Grundidee der Rekursivität der Kommunikation wird etwa bei Klaus Krippendorff sinngemäß

---

[111] Vgl. Niklas Luhmann, 1990, Die Wissenschaft der Gesellschaft, a.a.O., bes. S. 272.

folgendermaßen formuliert.[112] Ob etwas Kommunikation ist, so heißt es dort, hängt davon ab, ob es als Kommunikation verstanden wird. Jemand, der etwas verstanden hat, vollzieht einen nächsten Schritt. Damit dieser als Kommunikation aufgefaßt wird, bedarf es einer erneuten Mitteilung. D. h. Verstehen ist eine Kon-struktion des Verstehensaktes, nicht der Nachvollzug des gemeinten Sinnes. Der Sinn des Gesagten ist damit in die Autorität des Verstehenden gegeben. Rekursivität der Kommunikation ist für Krippendorff die Mitteilung eines Verstehensvorgangs, d.h. die Umwandlung von Verstehen in Mitteilung. Für die Mündlichkeit heißt das, daß alters Mitteilung von ego verstanden und zum Anlaß einer neuen Mitteilung wird. Verstehen ist nur in Form einer Mitteilung kommunizierbar. Der Output einer Operation wird zum Input der Anschlußoperation. Als typisch für die Interaktion hatten wir oben den oszillatorischen Charakter von Verstehen und Mitteilung beschrieben. Eine Besonderheit der Schriftlichkeit besteht nun, wie wir gezeigt haben, darin, daß die Gleichzeitigkeitsgarantie von Mitteilung - Verstehen - Mitteilung aufgehoben ist. Die für die Interaktion typische Rekursions-sequenz kann in der Schriftlichkeit über längere Zeiträume hinweg unterbrochen werden. Als eine Konsequenz dieses schrifttypischen Mitteilungs- und Verstehensaufschubs hatten wir bereits die zusätzliche Möglichkeit des zeitversetzten Operierens auf der Ebene der Selbstreferenz analysiert. Eine weitere Konsequenz besteht aber darin, daß sich die Rekursionsverhältnisse der Schriftlichkeit gegenüber der Mündlichkeit verändern. Es kommt zu einer zunächst geteilten Mitteilungs- und Verstehensrekursion, die wir als eine Form der doppelten Schließung bezeichnen wollen.

---

[112] Vgl. Klaus Krippendorff, 1994, A Recursive Theory of Communication, in: David Crowley & David Mitchell (Hrsg.), Communication Theory Today, Cambridge: Polity Press, S.78-105; zum Begriff der Rekursion vgl. auch Douglas R. Hofstadter, 1986, Gödel, Escher, Bach, Stuttgart: Klett, bes. S. 137 ff. Rekursion wird hier als "Verschachtelung und Variation der Verschachtelung" begriffen.

Der Begriff der *doppelten Schließung* ist von Heinz von Foerster eingeführt worden. Sein Bezugsproblem sind zwei operativ geschlossene Systeme, a und b, seine Frage ist, wie sie sich zu einem System c integrieren lassen. Von Foersters Überlegung gilt dem Problem der Verknüpfung verschiedener operativ geschlossener Systeme auf dem Wege der doppelten Schließung.[113] Niklas Luhmann verwendet diese Theorie der doppelten Schließung, um die Selbstkonditionierung der Kommunikation innerhalb eines Systems zu rekonstruieren.[114] Ausgangspunkt all dieser Überlegungen sind operativ geschlossene Systeme. Operative Schließung besagt zunächst, daß sich ein System durch die Bestimmung seiner eigenen Operation von der Umwelt abgrenzt. Ein auf diese Weise geschlossenes System, das sich mittels eines bestimmten Typs von Operationen reproduziert, kann nicht außerhalb seiner Grenzen sozusagen in seine Umwelt hinein operieren. Gotthard Günther spricht von "indifference" gegenüber der Umwelt. Ein operativ geschlossenes Systeme operiert also mittels eines bestimmten Operationstyps nur innerhalb seiner eigenen Grenzen und schließt somit alle anderen Operationstypen aus. Von doppelter Schließung sprechen wir, wenn der Vorgang der Schließung im System selbst noch einmal vorkommt. Nun kann sich diese System - Umwelt - Differenz im System nicht vollständig wiederholen. Die einmal bestimmte Operation wird im Falle einer Mehrfachschließung beibehalten, aber genauer spezifiziert oder horizontal nebeneinander geführt. Dies wird am Beispiel der Subsystembildung des Gesellschaftssystems deutlich. Kommunikation ist die Operation des Sozialsystems Gesellschaft, sie existiert nicht außerhalb der Gesellschaft.

---

[113] Vgl. Heinz von Foerster, 1985, Sicht und Einsicht, Versuch zu einer operativen Erkenntnistheorie, Braunschweig/Wiesbaden: Vieweg, bes. S.79; ders., 1993, Für Niklas Luhmann: Wie rekursiv ist Kommunikation? in: Teoria Sociologia, Heft 2 (1), S.61-88.

[114] Vgl. Niklas Luhmann, 1995a, Probleme mit operativer Schließung,a.a.O., bes. S. 19ff.; für eine Anwendung auf Kultur vgl. ders., 1995g, Kultur als historischer Begriff, in: ders., Gesellschaftsstruktur und Semantik, Bd. 4, Studien zur Wissenssoziologie der modernen Gesellschaft, Frankfurt/M: Suhrkamp, S. 53.

Für die Subsysteme Recht, Wirtschaft, Wissenschaft trifft dies nicht zu. Jedes der genannten Subsysteme operiert kommunikativ, spezifiziert jedoch auf unterschiedlichem Präzisionsniveau einen eigenen Kommunikationstyp. Mit Rekurs auf doppelte Schließung lassen sich sowohl hierarchische als auch heterarchische Ordnungen rekonstruieren. Es lassen sich auch Systeme beschreiben, die hierarchisch und heterarchisch operieren können, wenn sie zum Beispiel mit Hilfe der doppelten Schließung den Rückgriff auf Hierarchie einschalten und ausschalten können.[115] Doppelte Schließung erlaubt eine hohe strukturelle Komplexität innerhalb des System, insofern sich das System nicht nur gegenüber seiner Umwelt schließt, sondern die Differenz zwischen dieser und sich selbst sozusagen "intra muros" wiederholt.

Für die Schriftlichkeit besteht der Gewinn an struktureller Komplexität durch doppelte Schließung zunächst in der geteilten Mitteilungs- und Verstehensrekursion. Wenn wir weiter von den oben erläuterten Voraussetzungen ausgehen, wonach alter und ego als multiple Selektionspunkte in der Kommunikation fungieren und die Operation Kommunikation in der dreifachen Selektion von Information, Mitteilung und Verstehen besteht, so wiederholt sich diese Operation in der Schriftlichkeit jeweils auf der Seite von alter und ego. Ego und alter können sowohl Personen als auch soziale Systeme sein. Schriftlichkeit erlaubt nicht nur Mitteilungsaufschub und zeitversetztes Verstehen. Sie erlaubt und erfordert gleichzeitig, daß Mitteilungs- und Verstehensskizzen angefertigt werden, bevor die dreifache Selektion von Information, Mitteilung und Verstehen mit Rekurs auf Alter- und Ego- Positionen geschlossen wird. In der Mündlichkeit gilt das Rekursionsmodell: Alter teilt mit, ego versteht, der Output dieser abgeschlossenen Operation wird zum Ausgangspunkt der nächsten Operation. In der Schriftlichkeit kann ein Mitteilungsentwurf mehrere rekursive

---

[115] Diesen Prozeß hat Niklas Luhmann für die Organisation am Beispiel der Ebene der Entscheidungsprämissen und der Ebene der täglich durchlaufenden Entscheidungen beschrieben, vgl. ders., 1995a, Probleme mit operativer Schließung, a.a.O, bes. S. 20 f.

Schließungen auf der Seite alters durchlaufen, bis ego überhaupt ins Spiel kommt. Ein erster Mitteilungsentwurf (= Mitteilungsskizze 1) durchläuft die Eigenlektüre von alter, sie wird zum Ausgangspunkt für den nächste Mitteilungsentwurf (= Mitteilungsskizze 2); die Relektüre alters von Skizze 2 kann zu einer erneuten Überarbeitung und Präzisierung in einem dritten Entwurf führen (= Mitteilungsskizze 3); bis schließlich eine vierte Skizze als endgültige Fassung eines Manuskripts, einer Publikation von ego als Mitteilung verstanden wird.[116] Der gleiche Prozeß läßt sich auf der Verstehensseite beobachten. Bleiben wir bei unserem Beispiel: Ego fertigt einen ersten Verstehensentwurf (= Verstehensskizze 1) der endgültigen Fassung der Mitteilung alters an (dessen 4. Mitteilungsskizze); sie liegt einem zweiten Verstehensentwurf zugrunde (= Verstehensskizze 2); schließlich wird Verstehensskizze 2 zum Ausgangspunkt einer erneuten Lektüre, und diese führt zu einem weiteren Verstehensentwurf (= Verstehensskizze 3); sie kann immer wieder durch einen Verstehensentwurf überprüft und angereichert werden (= Verstehensskizze 4). Erst nach Abschluß dieses rekursiven Verstehensvorgangs kommt es zu einer Mitteilung an ego. Für die Anschlußoperation besetzt ego selbstverständlich die Alter-Position. Erst jetzt wird die dreifache Selektion von Information, Mitteilung und Verstehen wieder über die beiden Selektionspunkte alter und ego geführt. Wichtig ist, daß der Adressat im nächsten Schließungsvorgang, die neue Ego-Position also, keineswegs der "ursprüngliche" Mitteilende sein muß, um von einer Schließung zu sprechen. Die rekursive Schließung bedarf zwar der Ego- und Alter-Positionen, die aber weder abhängig von bestimmten Personen fun-

---

[116] Der Prozeß der Mitteilungsrekursion wird von der Forschungsgruppe "textes et manuscrits" des CNRS unter dem Titel critique génétique untersucht. Ziel ist die Analyse des Übergangs der Mitteilungsskizzen (avant texte) zum gedruckten Text. Vgl. Genesis, Heft 6, 1994, Enjeux critiques; De la lettre au livre. Sémiotique des manuscrits littéraires, textes et manuscrits, Collection publiée par Luis Hay, Paris: Edition du CNRS. Verdeutlichen läßt sich das Rekursionsprinzip auch anhand der Abbildungen einiger Mitteilungsskizzen bei der Elaboration literarischer und wissenschaftlicher Texte.

gieren noch an die tatsächliche Rückbindung an den "Urheber" oder den Ausgangspunkt der Oszillation von Verstehen und Mitteilung gebunden sind.

Doppelte Schließung im Sinne getrennter Verstehens- und Mitteilungsrekursionen ist typisch an Schriftlichkeit gebunden und markiert eine Differenz zu in dieser Hinsicht einfach geschlossenen Interaktionssystemen. In anderer Hinsicht kann man gewiß auch Interaktionssysteme als doppelt geschlossen bezeichnen. Die bereits erwähnte Situation der *splitted audiences* zum Beispiel ist durchaus als nebeneinander geführte Interaktionen in einem Interaktionssystem zu beschreiben. Eine doppelte Schließung im Sinne der Anfertigung rekursiver Mitteilungs- und Verstehensskizzen erlaubt aber die Überarbeitung eines Manuskripts auf der einen Seite, die Mehrfachlektüre auf der anderen Seite. Sie eröffnet durch das Heranziehen von Quellen, durch Nachschlagen, Vergleichen, die Möglichkeit, Kopien anzufertigen oder Konsistenz-prüfungen vorzunehmen, eine der Schriftlichkeit eigene Präzisionsgestalt. Der Schriftlichkeit nicht vorbehalten, aber an ihr deutlich ablesbar ist allerdings ein generalisierbares Sozialitätsprinzip. Die Schriftlichkeit ist ein weiteres Mal Modell für Sozialität und Kommunikation, wenn sie vorführt, daß die Schließung des Kommunikationssystems - was wir identisch setzen können mit der Reproduktion von Sozialität - nicht notwendig das Nadelöhr der Konfirmierung oder Dekonfirmierung durch alter1 durchläuft, sondern unabhängig von bestimmten Personen operiert. Die Auffassung der notwendigen Dreizügigkeit der Sozialitätsreproduktion, die dann freilich die Gestalt der Intersubjektivität annimmt, wurde zuletzt von Wolfgang Schneider formuliert.[117] Das zugrunde liegende Muster ist: A sagt etwas, B reagiert darauf und weist

---

[117] Vgl. Wolfgang Schneider, 1994, Die Beobachtung von Kommunikation, Opladen. Der Autor legt in synthetischer Zusammenführung von Schütz, Mead und der Konversationsanalyse eine elaborierte Intersubjektivitätstheorie vor, die aber m. E. den Prämissen der interaktionslastigen Sozialtheorien verhaftet bleibt.

A's Äußerung damit eine bestimmte Bedeutung zu. Schließlich konfirmiert oder dekonfirmiert A diese Bedeutung im dritten Zug und zeigt damit an, ob die "intersubjektive Kongruenz der Bedeutungsselektion" erreicht oder verfehlt wurde.[118] Jene Dreizügigkeit, so die These, ist die Voraussetzung für die Reproduktion von Erwartungsstrukturen. Im Falle der Schriftlichkeit oder der massenmedialen Kommunikation entfällt aber der dritte Zug der Konfirmierung oder Dekonfirmierung, da der "Urheber" unbekannt oder unerreichbar sein kann oder gar nichts von den Anschlüssen an seine Kommunikationsofferte erfährt. Deshalb, so Schneider, werde Kommunikation in diesen Fällen freigesetzt von der laufenden Reproduktion von Intersubjektivität. "Schriftlichkeit oder audiovisuelle Kommunikation ermöglicht die *Reduktion mitlaufend erzeugter Intersubjektivität auf den Grenzwert Null.* Am Beispiel wissenschaftlicher Kommunikation ist dies gut ablesbar: Bücher oder Artikel werden zitiert und kommentiert, ohne daß dies ihrem Autor auch nur bekannt werden muß. Gleiches widerfährt den zitierenden und kommentierenden Veröffentlichungen u.s.f.. Die Kommunikation läuft weiter ohne Ratifizierung der in jedem Anschlußereignis rückweisend vorgenommenen Sinnattributionen. Um Intersubjektivität in die Kommunikation einzuführen bedarf es besonderer Initiativen und Einrichtungen, z.B. der "Replik", zu der ein Autor, dessen Werk in einer Zeitschriftenveröffentlichung kritisiert wurde, berechtigt ist, bzw. eingeladen wird oder der Veranstaltung von Tagungen mit Diskussionsmöglichkeit."[119] Die Beschreibung der Möglichkeiten schrift-licher Kommunikation ist durchaus zutreffend, nicht aber die Schluß-folgerung für die Reproduktion von Sozialität. Schriftlichkeit gerät auch hier zu einem defizitären Modus gegenüber der an Gleichzeitigkeit und Gleichräumlichkeit gebundenen In-

---

[118] Ebenda, S.187.
[119] Ebenda, S. 188 f.

teraktion. Die Dyade, selbst ein Sonderfall in der Interaktion, wird zum Modell der Reproduktion von Gesellschaft.

Wenn wir mit Niklas Luhmann von der Emergenz des Sozialen ausgehen, davon also, daß "das Soziale sich selbst als Einheit realisiert"[120], so hilft uns die Vorstellung der Reproduktion von Sozialität als laufende Konfirmierung oder Dekonfirmierung durch alter1 nicht weiter.[121] Zunächst hat die Intersubjektivitätstheorie das Problem einer relationalen Theorie, die ihren Gegenstand nur behaupten kann, indem sie das, was aufeinander bezogen wird, schon voraussetzt. Wir hatten dagegen mit Niklas Luhmann die Einheit des Sozialen in der Autonomie und Geschlossenheit der Operationsweise Kommunikation gesehen, die sich in der dreifachen Selektion von Information, Mitteilung und Verstehen vollzieht. Ist Sinn erst einmal kommunikativ artikuliert, so reproduzieren bereits die Anschlußkommunikationen Sozialität. Stabilisierung und Reproduktion von Sinn ist von dessen rekursiver Vernetzung in der Anschlußkommunikation abhängig, die von personenunabhängigen und gegebenenfalls anonymen Ego- und Alter-positionen übernommen werden. Eine triadische Sequenz, die mit der rückweisend vorgenommenen Sinnattribution abschließt, ist sowohl in der Schriftlichkeit als auch in der Mündlichkeit ein Sonderfall, der nicht zum Reproduktionsmodell generalisiert werden kann. Selbst wenn das Ausbleiben von Einspruch als stillschweigende Konfirmierung gewertet werden könnte, sind diejenigen kommunikativen Gattungen, die jene Position vorgesehen haben, eher rar. Weder die Alltagskommunikation in der Familie noch das wissenschaftliche Zitierverhalten sind primär an Konfirmierungs- und Dekonfirmierungsakten orientiert. Die Eigenwerte - darauf kommen wir zurück - des jeweiligen Kommunikationstypus reproduzieren

---

[120] Niklas Luhmann, 1995e, Intersubjektivität oder Kommunikation: Unterschiedliche Ausgangspunkte soziologischer Theoriebildung, a.a.O., S. 177.

[121] Warum der Autor nicht Äquivalent für alter1 in der Schriftlichkeit sein kann, wird im Abschnitt: der Autor als sammelnder Leser deutlich.

sich weitgehend ohne Zustimmung oder Einspruch eines "Urhebers". Im Falle der Wissenschaft, weil der Autor vielleicht gar nicht mehr lebt und Lesarten angefertigt wurden, die "naives Zitieren" im Sinne einer Sinnkongruenz mit dem Urheber verbieten; im Falle der Familie, weil das Mittagessen ohne Streit überstanden werden soll.

Die Frage nach der Reproduktion von Sozialität ist immer auch eine Frage nach der Stabilität von Sinnsystemen. Sind Kommunikationssysteme erst einmal entstanden, ist die Frage, wie sie eine innere Stabilität erreichen, noch nicht gelöst. Wir hatten erwähnt, daß rekursiv geschlossene Systeme ihre Elemente nur aufgrund einer Vernetzung eben dieser Elemente erzeugen können. Rekursion meint aber auch die Prozedur, daß Operationen immer wieder auf das Resultat von Operationen angewandt werden. Heinz von Foerster hat auf dieser Grundlage den Zusammenhang von Rekursion und Eigenwert herausgearbeitet. Wird die Rekursion hinreichend lange wiederholt, so seine These, kann sich eine Form herausbilden, die unter den gegebenen Bedingungen stabil sein wird. Der Eigenwert reagiert auf das Problem, daß ein System Stabilität erzeugt, obgleich es geschlossen operiert, also vollkommen von der Umwelt entkoppelt und abgeschlossen ist[122]- so, wie wir es für Kommunikationssysteme festgehalten haben und davon ausgehen, daß die Geschlossenheit und Umweltabkopplung in ihrer Radikalität erst an der schriftlichen Kommunikation beobachtbar wird. Realitätsannahmen eines jeden Systems können in diesem Sinne rekursiv kontrolliert

---

[122] Vgl. Heinz von Foerster, 1985, Sicht und Einsicht, a.a.O., bes. S.207-214; ders., 1993, Für Niklas Luhmann: Wie rekursiv ist Kommunikation?, a.a.O. Am Beispiel mathematischer Operationen zeigt Heinz von Foerster, wie die rekursive Anwendung von Operationen auf ihr eigenes Resultat zu einem stabilen Ergebnis führt: Die unendlich häufig gezogene Quadratwurzel ergibt für jeden beliebigen Ausgangswert den Eigenwert 1. Andere mathematische Systeme ergeben vollkommen inputunabhängig zum Beispiel eine Periode. Niklas Luhmann hat als Eigenwert - im Foersterschen Sinne - der modernen Gesellschaft Kontingenz festgehalten. Denn was immer wir in der modernen Gesellschaft beobachten, wir kommen immer wieder zu dem Wert, daß jeder anders beobachtet, daß immer auch *anders* beobachtet werden kann. Ders., 1992c, Kontingenz als Eigenwert der modernen Gesellschaft, in: 1992b, Beobachtungen der Moderne, Opladen: WDV, S.93-129.

werden durch Beobachtungen seiner eigenen Beobachtungen. Die Identität eines Objekts oder eines Prozesses wird nurmehr als der Eigenwert seines selbstreferentiellen Operierens begriffen.

Der Eigenwert des Kommunikationssystems ist nun nicht auf der Strukturebene einzutragen als Selektionshilfen für die Anschlußoperationen wie Typen oder Schemata, die Erwartungen konturieren und präformieren. Eigenwerte sind vielmehr Formen, die sich durch die Selbstanwendung des rückläufigen Verfahrens der Rekursion im System immer wieder herstellen. In der schriftlichen Kommunikation besteht der primäre Eigenwert in einer ihr eigentümlichen *Präzisionsgestalt*. Sie findet sich in mathematischen Notationen ebenso wie in technischen, wissenschaftlichen oder juristischen Gebrauchstexten oder in der modernen Poesie, die nur scheinbar Präzision auflöst und dabei eine neue kreiert. Unter Präzisionsgestalt wollen wir Explizitheit, Konsistenz, Nachprüfbarkeit und Sprachdichte verstehen. Explizitheit reagiert auf den fehlenden Wahrnehmungskontext bei der Anfertigung von schriftlichen Berichten für Nichtanwesende; Konsistenz verhilft den Einzelaussagen eines Textes zu einer Sinneinheit; Nachprüfbarkeit wird in Texten nahegelegt, die mit Zitaten, Quellenangaben oder sonstigen Autoren- oder Wissensverweisen arbeiten; Sprachdichte wird im extremsten Fall in der Poesie praktiziert. Als ein Stilprinzip der modernen Poesie läßt sich formulieren: kein Wort zuviel! So hat jedes verwendete Wort eine Bedeutung für die Rekonstruktion des Sinns und der Mitteilung eines Gedichtes. Interaktionen können jene in doppelt geschlossener Rekursion erzeugte Präzisionen gar nicht anstreben. Der Eigenwert der Interaktion ist vielmehr die *Anschlußfähigkeit*. Interaktionssysteme stehen primär - bei Strafe des Untergangs - unter dem Druck, Anschlüsse zu erzeugen. Schriftliche Kommunikationen gewinnen ihre Präzisionsgestalt auf dem Wege der doppelten Schließung im Sinne geteilter Verstehens- und Mitteilungsrekursionen, während Interaktionen den Gesichtsverlust aller Beteiligter vermeiden und auf Konsens setzen, und sei es auf dessen Simulation - um die für ihre Fortsetzung nötigen Anschlüsse zu sichern. Wenn wir noch einmal die Tradition danach befragen, worauf denn die Stabilität des Gesellschaftssystems beruht, so waren die Antworten Konsens und Einverständnis, ein implizit oder explizit abgeschlossener Sozialvertrag, konsensuell akzeptierte religiöse oder wertmäßige Hintergrundüberzeugungen, die Lebenswelt als Sinn- und Zeichenvorrat, die Bedeutungskongruenz der in Gleichzeitigkeit sich artikulierenden Bewußtseinsströme gewährleistet und selbst auf face-to-face-Kommuni-kationen in der sozialen Umwelt rückführbar ist. Unser Einwand war, daß diese Theorien entweder fundierte und nicht fundierende Theorien der Sozialität sind oder die Reichweite ihrer Gültigkeit nur für Interaktionssysteme zutrifft. Als Modus von Sozialität, der auch die Schriftlichkeit und andere Kommunikationsmedien einschließt, hatten wir Kommunikation und Erwartungsstrukturen angenommen. Wir hatten erwähnt, daß die sozialitätsstiftenden Strukturen und Operationen zirkulär aufeinander bezogen sind, da die Verknüpfung zwischen den Operationen struktur-geleitet ist und die Konstitution und Reproduktion von Struktur nur operativ erfolgen kann. Die Differenz schriftlich/mündlich ist damit noch nicht berührt, da beide Möglichkeiten eingeschlossen sind. Wie sich Sozialität nun in Anwesenheit oder Abwesenheit alters und egos reproduziert, hatten wir anhand der unterschiedlichen Zeitverhältnisse erläutert. Selbst wenn wir also von dem einen Sozialitätsmodus Kommunikation ausgehen, so verfügt die moderne Gesellschaft doch über verschiedene Kommunikationsmedien, die sich nicht wechselseitig substituieren, sondern verändern und differenzieren. Auch das Zustandekommen der Stabilität im Sinne der Reproduktionsfähigkeit der Gesellschaft läßt sich daher u.E. medienspezifisch differenzieren. So ist die Interaktion in der rekursiven Beobachtung ihrer Selbstbeobachtung immer wieder auf die sachlich und zeitlich dichten Anschlüsse verwiesen, die sie mit Konsenspräferenz zu erreichen sucht. Die rekursive Selbstbeobachtung der Schriftlichkeit führt immer wieder zu der ihr eigenen Präzisionsgestalt, die sie als mehrfach geschlossenes System durch getrennte Verstehens- und Mitteilungs-rekursionen erreicht. Das heißt nicht, daß die Interaktion keine Präzision kennt und die Schriftlichkeit ohne Anschlüsse auskäme. Das Spezifikum einer Kommunikationsweise findet sich im jeweils anderen Medium wieder. Es ist aber nicht das immer wieder sich einstellende Resultat der rekursiven Selbstbeobachtung. So hat die schriftliche Kommunikation auch statt-gefunden, wenn nur verstanden wurde und die Notiz im Zettelkasten verschwindet - wobei nicht entscheidend ist, ob sie nie oder erst in zehn Jahren Anlaß für eine Anschlußmitteilung ist. Die Interaktion hat auch stattgefunden, wenn es sich um einen rein phatischen Gesprächsverlauf handelt, der ohne jede Präzision auskommt und ausschließlich die Mitteilung enthält, die Interaktion in Gang zu halten.[123] Wenn wir die audio-visuelle Kommunikation hinzufügen, so ergibt sich ein weiteres Stabilisierungsprinzip des Gesellschaftssystems: die "quasi-objets" im Sinne von Michel Serres.[124] Es sind Objekte, die in der weiteren Kommunikation vorausgesetzt werden können, Objekte, die sich aus dem konsensfreien, rekursiven Fungieren der Kommunikation ergeben. Für Serres stehen quasi-objets für die Symbolisierung sozialer Praktiken, Relationen und Kommunikationen, wir könnten sie daher auch Symbole oder Bilder nennen. Jene symbolischen Objekte sind selbstverständlich in aller gesellschaftlichen

---

[123] Auch dafür gibt es freilich Äquivalente in der Schriftlichkeit: zum Beispiel das Versenden von Postkarten, das eine ausschließlich phatische kommunikative Funktion erfüllt.

[124] Vgl. Michel Serres, 1982, Genèse, Paris: Grasset, S. 146ff. Serres geht davon aus, daß uns eine Philosophie oder Soziologie der Objekte fehlt. Die sozialen Bindungen seien schwebend wie Wolken, wenn es nichts als den Sozialvertrag gäbe. Es gibt nach Serres nicht nur keine Gesellschaft ohne Religion, Krieg oder Austausch, sondern auch keine Gesellschaft ohne die dazugehörigen Objekte. "Nulle part je ne vois de sacré sans objet sacré, de guerre ou d'armée sans arme .... L'objet ici est un quasi-objet en tant qu'il reste un quasi-nous. Il est plus un contract qu'une chose, il est plus de la horde que du monde. Non pas un quasi-sujet mais un lien, non pas un presque ego mais ce que Pascal nommait une corde, Leibniz un *vinculum*. Le lien social ne serait que flou et labile s'il n'était pas objectivé." Niklas Luhmann hat die Serressche Idee der quasi-objets für eine Theorie der Massenmedien und für eine Techniksoziologie fruchbar gemacht. Vgl. ders., 1996a, Die Realität der Massenmedien, Opladen:WDV.

Kommunikation vorausgesetzt. Für die audiovisuelle Kommunikation sind sie jedoch konstitutive und irreduzible Letzteinheiten.[125]

3.3 Lesegeschichte: Der Autor als sammelnder Leser und die Mehrfachlektüre

In der Lesegeschichte finden sich Beispiele für beide bisher beschriebenen, an Schriftlichkeit und Buchdruck gebundenen Schließungsvorgänge der Kommunikation. Die Abkopplung der Kommunikation vom Wahrnehmungskontext, der damit einhergehende Anschluß von Text an Text - ohne Zwischenschaltung der Wahrnehmungsevidenz - wird sehr gut in der "sammelnden Lektüre" sichtbar, wie Michael Cahn sie genannt hat.[126] Die Idee des Sammelns, schließlich der sammelnden Lektüre setzt in der frühen Neuzeit ein. Das Mittelalter kannte keine Lexika. "Sammelstelle" für Wissen waren Autoritäten, die konsultiert wurden und Wissen zuwiesen. Die sammelnde Lektüre überspringt die rhetorische Idee der Erfindung (inventio). Medienhistorisch ist sie angeregt und ermöglicht durch den Buchdruck, der große Mengen von sprachlichem Wissen reproduzieren und zugänglich halten konnte. Der sie begleitende rhetorische Traditionsstrang der Renaissance ist nicht eine um die Vorschrift (praeceptum), sondern um das Beispiel (exemplum) aufgebaute Rhetorik. Es geht hier nicht um ein Regelsystem wie in der klassischen Rhetorik, sondern um copia, um Material in Hülle und Fülle und um Wortreichtum. Das Problem dieser Rhetorik ist nicht ein systematisches Denkgebäude, sondern die Zugänglichkeit und

---

[125] Wir lassen die Frage nach dem Eigenwert der symbolisch generalisierten Kommunikationsmedien: Macht, Liebe, Geld, Wahrheit, hier unberücksichtigt.

[126] Vgl. Michael Cahn, 1994, Hamster: Wissenschafts- und mediengeschichtliche Grundlage der sammelnden Lektüre, in: Paul Goetsch, (Hrsg.), Lesen und Schreiben im 17. und 18. Jahrhundert. Studien zu ihrer Bewertung in Deutschland, England, Frankreich, Script Oralia 65, Tübingen: Narr, S. 63-79.

Verfügbarkeit von Ressourcen. Ziel ist der Aufbau eines Assoziationsfeldes. "Die materiale Rhetorik als Sammlung rhetorischer Elemente ist (...) wie ein Lexikon aufgebaut. Für sie gelten andere Bedingungen der Autorschaft: der Verfasser einer Copia-Rhetorik ist Kompilator, nicht *Auctor*. Er spricht nicht in eigener Stimme von den Bedingungen des überzeugenden Redens, sondern er versammelt anonyme Stimmen, die möglicherweise nachzuschreiben sind. Anders als der Autor einer theoretischen Rhetorik erbringt der Kompilator einer materialen Rhetorik eine Leistung, die von jedem seiner Schüler prinzipiell auch erbracht werden könnte. Der Kompilator ist in erster Linie, wie wir alle, ein Leser. Er ist ein sammelnder Leser."[127] Die Figur des Autors selbst, die Michael Cahn vom Kompilator unterscheidet, wird erst mit dem Buchdruck notwendig. Eine Kopplung von Texten und Namen ist im Zuge der Entwicklung editorischer Techniken nützlich. Der Autor hat sich als Konsistenzprüfungsmechanismus für Texte bewährt. Schriftlichkeit sichert nicht das "Überleben" des Autors. Sie ist eine genuin soziale Form des Sinnprozessierens, die sich nur aus Gründen der Handhabbarkeit Attributionspunkte wie Autoren und Werke zulegt. Die soziale Konstruktion des Autors ist allerdings selbst einer historischen Metamorphose unterworfen.[128] Der sammelnden Lektüre entspricht die

---

[127] Ebenda, S. 70; daher erklärt sich, daß die Opposition auctor/lector selbst erst eine frühneuzeitliche ist. Im modernen Sinne ist auteur zuerst im 13. Jahrhundert, lecteur zuerst im 14. Jahrhundert belegt, vgl. Emile Littré, 1877, Dictionaire de la langue francaise. Cahn spricht in Anlehnung an Heinrich Plett von einer materialen Rhetorik, die er von einer theoretischen Rhetorik unterscheidet.

[128] Vgl. zum Zusammenhang von Autor und Werk als Problem der Bewahrung und des Zerfalls Michel Foucault, 1988, Was ist ein Autor, in: ders., Schriften zur Literatur, Frankfurt/M: Fischer, S. 7-32 (12): "Dieses Thema: Erzählen und Schreiben, um den Tod abzuwenden, hat in unserer Kultur eine Metamorphose erfahren; das Schreiben ist deutlich an das Opfer gebunden, selbst an das Opfer des Lebens; an das freiwillige Auslöschen, das in den Büchern nicht dargestellt werden soll, da es im Leben des Schriftstellers selbst sich vollzieht. Das Werk, das die Aufgabe hatte, unsterblich zu machen, hat das Recht erhalten, zu töten, seinen Autor umzubringen. Denken sie an Flaubert, Proust, Kafka. Aber da ist noch etwas anderes: die Beziehung des Schreibens zum Tod äußert sich auch in der Verwischung der individuellen Züge des schreibenden Subjekts. Mit Hilfe all der Hindernisse, die das schreibende Subjekt zwischen sich und dem errichtet, was es schreibt, lenkt es alle Zeichen von seiner eigenen Individualität ab; das Kennzeichen des Schriftstellers ist nur noch

Textgattung des Commonplace Books, eine Zusammenstellung kultureller Gemeinplätze in der frühen Neuzeit. Die Lesepropädeutiken des 17. Jahrhunderts leisten die entsprechende Organisation des Lesens, in deren Zentrum die Idee des Sammelns steht. Sie enthalten häufig detaillierte Anweisungen, wie ein solches Commonplace Book für den individuellen Gebrauch herzustellen sei. Grundlage dieser Lesetechnik war freilich die durch den Buchdruck stetig steigende Anzahl von verfügbaren Texte. Der sammelnde Umgang mit Texten stand aber auch in rekursiver Absicht unter dem Postulat der Wiederverwendung. In der Hoffnung auf zukünftige Verwendung für die eigenen Schriften legte der sammelnde Leser große Lager von Informationen und Formulierungen an. Empfehlungen dieser Art finden sich etwa bereits bei Erasmus unter dem Titel "Ratio Colligendi Exempla", der davon ausgeht, "daß diese Form der Lektüre die Erinnerung schärft und den Leser daran gewöhnt, die Reichtümer des Lesens in seinem eigenen Schreiben einzusetzen."[129]

---

die Einmaligkeit seiner Abwesenheit; er muß die Rolle des Toten im Schreib-Spiel übernehmen." Die Funktion des Autors ist für Foucault an das Rechts- und Staatssystem gebunden,"das die Gesamtheit der Diskurse einschließt, determiniert, ausdrückt; sie wirkt nicht einheitlich und gleichmäßig auf alle Diskurse zu allen Zeiten" vgl., ebenda, S. 23. Medientheoretische Überlegungen spielen bei Foucault keine Rolle. Vgl. auch Heinrich Bosse, 1981, Autorschaft ist Werkherrschaft - Über die Entstehung des Urheberrechts aus dem Geist der Goethezeit, Paderborn: Schöningh.

[129] Michael Cahn, 1994, Hamster: Wissenschafts- und mediengeschichtliche Grundlage der sammelnden Lektüre, a.a. O., S. 74. Parrallel dazu stellt sich eine Veränderung der Gedächtniskonzeption und eine Umorientierung des Methodenbegriffs ein. Die antike lokalistische Gedächtniskonzeption wird seit der Scholastik und der dort einsetzenden inneren Gliederung der Texte abgelöst. Wolfgang Raible, 1997, Von der Textgestalt zur Texttheorie. Beobachtungen zur Entwicklung des Text-Layouts ihren Folgen, in: Peter Koch/ Sybille Krämer (Hrsg.), Schrift, Medien, Kognition. Über die Exteriorität des Geistes, München: Stauffenberg, S. 29-41, zeigt aus texttheoretischer Perspektive, daß dieser Umorientierungsprozeß im 16. Jh. abgeschlossen ist. Eine Kombination von linearer und ideographischer Textgestalt schafft danach die Voraussetzung für eine moderne Texttheorie, da durch ideographische Elemente im Text die Sinngestalt des Textes vorstellbar wird. Man könnte von einer repräsentationslogischen Selbstbeschreibung in unterschiedener Notation sprechen. Angestoßen sind diese medienhistorischen Überlegungen zum Wandel von Gedächtniskonzeptionen sicher durch Frances A. Yates, 1966, The Art of Memory, London.

Ein Beispiel für doppelte Schließung der schriftlichen Kommunikation ist die empirisch beobachtbare oder präskriptiv in Lesepropädeutiken vor allem des 18. Jahrhunderts empfohlene Mehrfachlektüre. Hier muß historisch differenziert werden. Die weitgehend anerkannte Hypothese geht von den Bedingungen in Deutschland im 18. Jahrhundert und in Neu-England in der ersten Hälfte des 19. Jahrhunderts aus und besagt, daß es zwischen 1750 und 1850 in Deutschland bis Neu-England zu einem neuen Leseverhalten gekommen sei. Rolf Engelsing hat zur Beschreibung dieses Sachverhaltes die Unterscheidung zwischen intensiver und extensiver Lektüre vorgeschlagen.[130] Die intensive Lektüre oder traditional literacy beschreibt einen Lesestil, bei dem sich der Leser einer geringen Anzahl verfügbarer Texte gegenüber sieht (Bibel, Andachtschriften, Almanach). Diese Situation führt zu einer intensiven, im Sinne einer langsamen, repetitiven, wiederer-kennenden Form der Lektüre, die unter dem Einfluß einer wachsenden Zahl von Texten zu einer extensiven, kursorischen, schnellen Lektüre wird. Die traditionelle oder intensive Lektüre verwendet dieselben Texte und perpetuiert die gleichen Formen, die für aufeinanderfolgende Generationen identische Bezugssysteme liefern. Jene Lektüreform findet sich in bestimmte kulturelle Praktiken eingebettet, sei es in der Familie, sei es in der Kirche. Im reformierten Deutschland wie im puritanischen Amerika ist selbstverständlich die Bibel Grundlage dieses Mehrfachumgangs mit dem Geschriebenen. Eine mögliche Übertragung der Analysen auf katholische Gebiete ist daher offen. Roger Chartier sieht unter den gedruckten Texten im alten Frankreich vor allem den Almanach, dessen Verwendung zwar nicht mit der protestantisch-pietistischen Aneignung der Bibel zu vergleichen ist, aber dennoch Denk- und Redeweisen bestimmt. Der neue Lesestil ist zu oberflächlich, um eine solche

---

[130] Vgl. Rolf Engelsing, 1974, Der Bürger als Leser, Lesergeschichte in Deutschland 1500 - 1800; für Neu-England vgl. David Hall, 1983, Introduction: The Use of Literacy in New-England, 1600 - 1850.

Prägekraft zu entfalten. Extensive Lektüre ist die flüchtige Lektüre zahlreicher Texte, die in einem privaten Rahmen leise und individuell gelesen werden. Chartier hat nun zurecht darauf hingewiesen, daß *eine* Geschichte des Lesens all die historisch kontingenten Entwicklungen nicht einfangen kann. Geschichte kann hier nur im Plural geschrieben werden. So sind auch die gemeinhin beschriebenen Oppositionen von oralisierter und stiller Lektüre als koex-tensive Fähigkeiten zu denken. Lektüretypen sind historisch nachzu-zeichnen, so die mystische Lektüre, die ihre Steigerungs-form vom affektivem Einsatz zu absoluter Entrücktheit angibt, oder die sentimentale Lektüre der Vorromantik, die die Ergriffenheit des Lesers als Bedingung der wahrhaften Aufnahme des Textes fordert.[131]

Dennoch läßt sich eine auf Quantität reagierende qualitative Ver-änderung feststellen, die gemeinhin als Folge des Buchdrucks sowie einer Ausweitung des Druck- und Verlagswesens einerseits und einer steigenden Alphabetisierungsrate andererseits interpretiert wird. Analysen beschäftigen sich dann mit den Folgen der Zugänglichkeit einer Vielzahl von Texten und zielen auf die Einbeziehung der "Volkskultur" in die Literalität - ein Prozeß, der weit bis ins 19. Jahrundert hineinreicht. Freilich verändert sich auch das Leseverhalten und die Bedeutung der Lektüre in den Oberschichten. U.E. kulminieren diese Einzelgesichtspunkte in einer Umstellung der Gesell-schaftsstruktur von einem stratifizierten zu einem funktionalen Differen-zierungsprinzip. Die mit der Verschriftlichung und der zunehmenden Bedeutung des Buchdrucks einhergehende veränderte Differenzierungsform setzt eine neue Form der Traditionspflege frei. Denn die Tradierung der Se-

---

[131] Vgl. Roger Chartier, 1985, Ist eine Geschichte des Lesens möglich?, in: Zeitschrift für Lite-raturwissenschaft und Linguistik 57/58, S. 250-273, bes. S. 259; ders., 1986, Les pratiques de l'écriture, in: Histoire de la vie privée, dir. par Philippe Ariès/Georges Duby, Tom 3, De la Renaissance aux Lumières, Paris: Seuil, S. 112-161. Zusammenfassend vgl. ders., 1992, Histoires de la lecture, Un bilan des recherches, sous la direction de Roger Chartier, Paris.: Ed. de la Maison de Science de l'Homme; vgl. auch Michel de Certeau,1982, La lecture absolue, Théorie et pratique de mystiques chrétiens: XVI-XIIe siècles, in: Problèmes actuels de la lecture unter der Leitung von Lucien Dallenbach/Pierre Ricardou, Paris 1982, S.65-80.

mantiken verliert ihren interaktiven Halt in der Oberschichtenkommunikation.[132] Lektüre als Quelle der Ausbildung von Handlungskompetenzen gesellschaftlicher Oberschichten wird marginalisiert gegenüber einer genuin schriftlichen Form der Traditionspflege. Die Veränderung der Tradierung von Semantiken bedeutet eine Veränderung der Bedingungen für Kanonbildung in Kunst, Literatur und Wissenschaft.[133] War die Mehrfachlektüre in der traditional literacy die Wiederholung bereits kanonisierter Texte, so ist die Mehrfachlektüre unter modernen Bedingungen die Selektion eines Kanons aus der Vielzahl von Texten durch Mehrfachlektüre. Eine neue Empfehlung zur intensiven Lektüre findet sich in den Lesepropädeutiken des 18. Jahrhunderts. Sie war zunächst, so Georg Stanitzeck, "vielleicht nicht mehr als die nostalgische Beschwörung intensiver gegen die bedrohlich um sich greifende extensive Lektüre."[134] Das entstandene Selektionsproblem versuchten die Gelehrten mit der Empfehlung für wiederholte Lektüre zu beantworten. Die Forderung nach wiederholter Lektüre in Lesepropädeutiken und bei Literaten wird zu einem Gütekriterium. So bemerkt Jean Paul: "Wenn ein Buch nicht wert ist, 2 mal gelesen zu werden, dann ist es auch nicht wert, 1 mal gelesen zu werden."[135] Kanonbildung als Resultat von selektiver Mehrfachlektüre

---

[132] Vgl. Niklas Luhmann, 1980a, Interaktion in Oberschichten: Zur Transformation ihrer Semantik im 17. und 18. Jahrhundert, in: ders, 1980, Gesellschaftsstruktur und Semantik, Bd 1, Frankfurt/M: Suhrkamp, S.72-162.

[133] Zum Problem der Kanonbildung und seinen historischen Metamorphosen vgl., Alois Hahn, 1987a, Kanonisierungsstile, in: Aleida Assmann /Jan Assmann (Hrsg.), 1987, S.28-38; Hans Ulrich Gumbrecht, 1987, "Phönix aus der Asche" oder Vom Kanon zur Klassik, ebenda, S. S. 284-299; Georg Stanitzeck 1992, "0/1", "einmal/zweimal" - der Kanon in der Kommunikation, in: Bernhard Dotzler, (Hrsg.), Technopathologien, München:Fink, S. 111-135. Vgl. auch Renate von Heydebrandt (Hrsg.), Kanon, Macht, Zensur, Stuttgart: Metzler.

[134] Georg Stanitzeck 1992, "0/1", "einmal/zweimal" - der Kanon in der Kommunikation, a.a.O., S.118.

[135] Jean Paul, 1936, Bemerkungen, S.70; zit. nach Georg Stanitzeck 1992, "0/1", "einmal/ zweimal" - der Kanon in der Kommunikation, a.a.O., S.118; dort finden sich Hinweise auf Besekes Lesepropädeutik von 1786, die zu ähnlichen Ergebnissen kommt. Der Aspekt der Mehrfachlektüre als Veränderung der Form der Traditionspflege wird in den meisten Lesegeschichten übersehen.

vollzieht die Figur der rekursiven doppelten Schließung schriftlicher Kommunikationen in zweifacher Hinsicht. Die Mehrfachlektüre ist die Wiederholung der kommunikativen Operation in der Kommunikation auf der Verstehensseite. Die Lektüre kanonischer Texte setzt Verbindlichkeiten rekursiver Art für die Produktion von Anschlußtexten. Der Output der Lektüre wird zum Ausgangspunkt für die anschließende schriftliche wie mündliche literarische Kommunikation. Kanonische Texte sind implizit oder explizit Referenztexte für Anschlußkommunikationen. Zum anderen ist die Anfertigung von Lesepropädeutiken - das trifft für die sammelnde Lektüre des 17.Jahrhunderts ebenso zu wie für die selegierende Mehrfachlektüre des 18.Jahrhunderts - eine Selbstkonditionierung der Kommunikation durch kommunikativ getroffene Festlegungen.

Kommunikationen hatten wir als Sinnsysteme beschrieben. Sinnsysteme sind in der Lage, strukturelle Komplexität aufzubauen, die sich auch als Reaktion auf medienspezifische Herausforderungen interpretieren läßt. So konnte die doppelte Schließung von Kommunikation im Sinne einer getrennten Mitteilungs- und Verstehensrekursion und einer Selbstkonditionierung der Kommunikation erst in der Schriftlichkeit ihre Wirksamkeit entfalten. Freilich läßt dies die Interaktion nicht unberührt. So können kommunikative Festlegungen im Medium der Schriftlichkeit selbstverständlich auch Interaktionen konditionieren, oder Interaktionen können am Standard des schriftlichen Präzisionsniveaus ausgerichtet werden, wenn sie ausschließlich um schriftliche Vorlagen kreisen, und so fort. Eine andere Eigenschaft von Sinnsystemen ist, daß sie in der Lage sind, sich selbst zu beschreiben. Auch die Selbstbeschreibung der Kommunikation reagiert auf

---

Betont wird hingegen der ebenfalls bedeutsame Übergang von lauter Lektüre zu leiser Lektüre, vom Vorlesen zur einsamen Lektüre, vgl. z.B. Hans Martin Gauger, 1994, Die sechs Kulturen in der Geschichte des Lesens, in: Paul Goetsch (Hrsg.), Lesen und Schreiben im 17. und 18. Jahrhundert, a.a.O., S. 27-49; danach blieb das Schreiben wie das Lesen bis in die frühneuzeitliche Lesekultur eine "murmelnde Tätigkeit".

medienspezifische Herausforderungen. Diesem Zusammenhang ist der nachfolgende Exkurs gewidmet.

Exkurs: Rhetorik und Hermeneutik in der Selbstbeschreibung der Kommunikation

In Gesellschaften, die ausschließlich mündlich kommunizieren, fungieren alle Kommunikationen und aller Sinn in Interaktionen. D.h., nicht interaktiv kommunizierbarer Sinn verschwindet. Erst Schrift stattet Gesellschaft und soziale Systeme mit einem eigenen Gedächtnis aus, das nicht identisch ist mit dem existierender Personen. Sie schafft aber auch allererst die Möglichkeit, Interaktion und Gesellschaft zu unterscheiden. Interaktion soll hier als Kommunikation unter Anwesenden verstanden werden. Das Grenzbildungsprinzip eines Interaktionssystems ist daher Anwesenheit, während wir Gesellschaft als umfassendes Sozialsystem begreifen, das alles kommunikativ Erreichbare einschließt, also auch Kommunikation mit Abwesenden. Wir können davon ausgehen, daß in einfachen archaischen Gesellschaftsformationen Interaktion und Gesellschaft nahezu identisch sind. Gesellschaft findet hier ihre Realität in der Möglichkeit, Interaktionssysteme zu bilden. Schriftlichkeit ermöglicht somit die Differenzierung der Gesamtheit möglicher Kommunikationen: Gesellschaft, und der Kommunikation unter Anwesenden: Interaktion.

Die Existenz von Schrift alleine konnte freilich solche weitreichenden Konsequenzen nicht haben. Schriftlichkeit im hier gebrauchten Sinne soll daher die Verwendung einer phonetischen Schrift und nicht von Zeichenvorräten benennen, die "Einritzen, Zeichnen oder Malen zum Denken oder Fühlen benutzen" (Havelock). Sie soll über die bloß historische Existenz einer phonetischen Schrift hinaus den sozialen Gebrauch schriftlicher Kommunikationen bezeichnen, der auch von der Lesefähigkeit her definiert wird. [136]

In der europäischen Antike, die ich zum Ausgangspunkt meiner Überlegungen machen möchte, gab es immerhin eine einhundertprozentige Alphabetisierungsrate der Oberschicht. [137] Die hellenistische Zeit ist vermutlich die am besten untersuchte Epoche, die beide Optionen: Schriftlichkeit und Mündlichkeit, zur Abwicklung ihrer Kommunikationen zur Verfügung hatte. Ist diese Unterscheidung erst einmal etabliert, stellt sich die Frage, wie sich die Relata aufeinander beziehen, welchen Gebrauch eine Gesellschaft von den beiden zur Verfügung stehenden Kommunikationsweisen macht, schließlich wie sich die Kommunikation der Gesellschaft durch die Einführung der Schriftlichkeit in ihre Kommunikation verändert.

Seitdem die Gesellschaft über Schrift verfügt, fertigt sie Beschreibungen ihrer selbst an. Sebstbeschreibungen - ich verwende diesen Begriff

---

[136] Vgl. Eric A. Havelock, 1982, The Literate Revolution in Greece and its Cultural Consequences, Princeton: UP; dt., 1990, Schriftlichkeit: das griechische Alphabet als kulturelle Revolution, Weinheim: VCH, S.54ff. Einen ernst zu nehmenden Einwand gibt es gegen die überschätzte Bedeutung phonetischer Schrift, die meist mit der Alphabetschrift gleichgesetzt wird (so jedenfalls Hegel, Humboldt, Havelock). Der Alphabetschrift wird von jenen Autoren zuerst die Verdopplung der Sprache durch vollständige Übertragung des akustischen in das visuelle Medium zugesprochen, um daraus die Einzigartigkeit ihrer Kulturleistungen gegenüber anderen Schriftsystemen abzuleiten. Für die ägyptischen Hieroglyphen hat Jan Assmann gezeigt, daß es keinen Laut, Gedanken, Wort in der jeweiligen Sprache gibt, die sich nicht in der zugehörigen Schrift ausdrücken ließe (in: Havelock 1990, a.a.O., S. 8f). Die unterschätzte Leistungsfähigkeit der japanischen Schrift hat Florian Coulmas beschrieben, 1981, Über Schrift, Frankfurt/M: Suhrkamp, S. 57ff und der., 1989, The Writing Systems of the World, Oxford: Blackwell. Auch die Majaschrift wird mittlerweile als voll phonetisierbar beschrieben. Es ist daher voreilig, von einer globalen Überlegenheit des griechischen Alphabets auszugehen. Sucht man nach konsequenzenreichen Unterschieden, so ist sicher der Schwierigkeitsgrad des jeweiligen Schrifterwerbs zu nennen und die vollständige Übersetzbarkeit auch fremder Worte in die phonetische Schreibweise.

[137] Schreiben wird im ausgehenden 6. Jahrhundert v.Chr. zum Gegenstand des Elementarunterrichts. Vgl. bereits klassisch dazu: Henri Irénée Marrou, 1948 , Histoire de l'éducation dans l'antiquité, Paris:Seuil, dt.,1977, Geschichte der Erziehung im klassischen Altertum, München:dtv; Man kann davon ausgehen, daß ab dem 4.Jahrhundert fast jeder Bürger von Athen literalisiert ist, vgl. David F. Harvey, 1966, Literacy in the Athenian Democracy, in: Revue des études Greques 79, S. 585-635; Rosalin Thomas, 1989, Oral Tradition and Written Record in Classical Athens, Cambridge.

im Sinne von Niklas Luhmann[138] - sind Texte, mit denen eine Gesellschaft
oder ein soziales System sich selbst bezeichnet, mit denen die Gesellschaft
in der Gesellschaft repräsentiert wird. Es sind mit anderen Worten Vorstellungen, die in einer Gesellschaft über die Einheit der Gesellschaft vorhanden sind. Solche Texte koordinieren die Vielzahl ereignishafter und situa-
tionsgebundener (Selbst)beobachtung. Freilich existierten Texte etwa in der
Form von Entstehungsmythen als Erzählungen für wiederholten Gebrauch
bereits in Gesellschaften, die nicht über Schrift verfügten. Aber erst mit der
Schrift, die ermöglicht, daß Gesellschaft nicht identisch ist mit der Kommunikation unter Anwesenden, wird die Möglichkeit des unmittelbaren
Wir- sagen - könnens aufgehoben. Das "Wir" muß eigens expliziert werden.
Da die Möglichkeit des schlichten Verweises auf die gerade Versammelten
und die Gegebenheiten der Situation entfällt, entsteht ein Bedarf für be-
grifflich elaborierte Sebstbeschreibungen, die zu fixieren versuchen,
worüber kommuniziert wird, wenn in der Gesellschaft über die Gesellschaft
kommuniziert wird. Solche Selbstbeschreibungen können, im einfachsten
Fall, Namen sein, mit denen man sich von anderen unterscheidet. Bekannte
Beispiele sind Hellenen und Barbaren, Christen und Heiden oder Zivilisierte
und Wilde. In komplexeren Gesellschaften können sie aber auch auf deren
Organisationsform verweisen. Für die Antike würde man sofort an die Philosophie und die Polistradition denken, die die Staatsform der Griechen
beschreibt. Die Unterstellung der Möglichkeit einer einzigartigen
Beschreibung wäre allerdings eine an der mündlichen Tradierweise orientierte Vorstellung. Mit der Einführung der Schriftlichkeit können mehrere
Selbstbeschreibungen der Gesellschaft nebeneinander existieren. Dennoch
kann die Gesellschaft niemals eine vollständige Beschreibung ihrer selbst
anfertigen in dem Sinne, daß all ihre Operationen in der Selbstbeschreibung
vorkommen. Vielmehr gehen wir davon aus, daß Gesellschaft, die wir als

---

[138] Vgl. Niklas Luhmann, 1984, Soziale Systeme, a.a.O., S. 386 ff.

soziales System begreifen, nichts anderes tun kann, als kommunikativ zu operieren; daß dieses kommunikative Prozessieren nicht anders denn in Einzeloperationen stattfinden kann und daß Gesellschaft, soziale Systeme oder Kommunikationen auf der operativen Ebene niemals ihre eigene Einheit sein können. Auf der operativen Ebene sind sie sich selbst unzugänglich, d.h. sie bleiben für sich selbst intransparent.[139] Selbstbeschreibungen sind daher immer Konstruktionen, sei es der Einheit des Systems, sei es eines auf die Einheit bezogenen Details, das aber erst durch die Thematisierung reale Konsequenzen und eine eigenständige Bedeutung gewinnt. Jede dieser Selbstbeschreibungen erfordert allerdings eine historische Plausibilität in der Situation, in der sie beobachtet wird.

Ich möchte hier die These vertreten, daß Gesellschaft, indem sie sich historisch differentiell selbst beschreibt, immer auch ihre Kommunikationsweise beschreibt und umgekehrt, daß die Beschreibung der Kommunikationsweise, die die Operationsform der Gesellschaft ist, immer auch eine Beschreibung der Gesellschaft ist.

Für die Antike sehe ich in der Rhetorik die Instanz der Selbstbeschreibung der Kommunikation. Die Rhetorik wäre also die Kommunikationstheorie der Antike. Von Gorgias, dem die Erfindung der Rhetorik zugeschrieben wird, als "Meisterin der Überredung", von Aristoteles als "Fähigkeit, für jeden Einzelfall das, was glaubhaft gemacht werden kann, ins Auge zu fassen", von Quintilian schließlich als "Wissenschaft vom schönen Ausdruck" definiert, ist die rhetorische Ursprungssituation die der Rede, eine mündliche also. Ihr Bezugsproblem ist die Wirksamkeit des gesprochenen Wortes. Zu ihren wichtigsten Strategien gehören inventio,

---

[139] In der Fassung des Problems von Transparenz und Intransparenz folge ich hier Niklas Luhmann, der im Unterschied zur Husserlschen Auffassung die operative, fungierende Ebene eines sozialen oder psychischen Systems als sich selbst unzugänglich, daher intransparent beschreibt. Husserl ging umgekehrt davon aus, daß das fungierende Ich sich selbst zugänglich ist und nur die Spaltung in fungierendes Ich und Reflexions-Ich zur teilweisen Intransparenz des Bewußtseins führt.

aptum, decorum und amplificatio, schließlich movere und concitare als Strategien der Affekterregung, darin an die Unmittelbarkeit ihrer Wirkung gebunden. Es geht darum, den angemessenen Ausdruck zum richtigen Zeitpunkt zu finden und, sofern es um die Beweisführung geht, durch Amplifikationseffekte zu überzeugen.[140] Daß sich Rhetorik allerdings als Regelwerk für die Anfertigung von Reden überhaupt formierte, daß sie in Lehrbüchern kodifiziert die Grundlage für eine systematische Lehre der Redekunst bildete, ist der Schriftlichkeit zu verdanken. Freilich war sie auch von der zunehmenden Schriftlichkeit der Literatur gefördert; denn die Produkte der kunstmäßigen Rhetorik, wenn auch zumeist mündlich und auswendig vorgetragen, wurden zunächst schriftlich konzipiert und nach dem Vortrag veröffentlicht. Nun war die literarische Prosa, die das eigentliche Feld der Rhetorik werden sollte, nicht die einzige und für unsere Fragestellung nicht die wichtigste von der Rhetorik angeleitete Rede- und Vortragsform. Bei Aristoteles findet sich eine Differenzierung in drei Gattungen: "Die Gattungen, mit denen sich die Redekunst befaßt, sind drei an der Zahl. Denn so vielerlei Hörer von Reden gibt es auch. Eine Rede nämlich setzt dreierlei voraus; den Redenden, den Gegenstand, über den er redet, sowie den, zu dem er redet, und seine Absicht zielt auf diesen, ich meine auf den Zuhörer. Notwendigerweise ist der Zuhörer entweder lediglich Publikum, oder er ist Urteilender, Urteilender entweder über Vergangenes oder über Künftiges. Jemand, der über Künftiges urteilt, ist z.B. das Mitglied der Volksversammlung, jemand, der über Vergangenes urteilt, z.B. der Richter; lediglich Publikum ist, wer nur auf die Fähigkeit des Redners achtet. Notwendigerweise also gibt es drei Gattungen von rednerischen Vorträgen: die beratende Rede, die Gerichtsrede und die rein künstlerische Rede."[141]

---

[140] Fuhrmann, Manfred, 1984, Die antike Rhetorik, Zürich/München.

[141] Aristoteles, Rhetorik 1,3.

Die kanonisierte Einteilung der Redetypen in die drei Gattungen, die
Aristoteles den zeitlichen Extensionen Vergangenheit (Gerichtsrede), Zukunft (politische Rede), Gegenwart (Gelegenheitsrede, genauer: Festrede
oder Begräbnisrede) zuordnet, gehen schließlich als schriftlich festgelegte in
die Schulrhetorik ein.[142] Tatsächlich beschreiben diese Redetypen drei
gesellschaftlich relevante Kommunikationssituationen: So weist die antike
Demokratie, die nur die direkte Regierung kennt, dem Politiker den Vorrang zu, der in der Lage ist, seinen Gesichtspunkt der Bürgerversammlung
oder den Rechtskörperschaften überzeugend mitzuteilen. Die Beredsamkeit
vor Gericht ist von nicht geringerer Wichtigkeit. Und der Brauch (431
eingeführt), anläßlich des feierlichen Begräbnisses eines ehrenhaft gefalle-
nen Kriegers eine Begräbnisrede zu halten, verlieh dieser Rolle gleichsam
die staatliche Weihe.

In ihrer Ursprungssituation beschreibt die Rhetorik die Antike also,
obgleich sie über Schriftlichkeit verfügt, als eine Gesellschaft, deren domi-
nante Kommunikationsweise eine mündliche ist, wie die Form der direkten
Demokratie oder die Rechtsprechung zeigen. Nur ist die Mündlichkeit in
der antiken Gesellschaft von so großer Bedeutung, daß man sie nicht sich
selbst überläßt, sondern sie vielmehr schriftlich einübt. Wir können also von
einer *verschriftlichten Mündlichkeit* sprechen. Von der rhetorischen Praxis
erfahren wir etwas über das veränderte Verhältnis von Schriftlichkeit und
Mündlichkeit und über die Veränderung der Kommunikation durch die
Einführung von Schriftlichkeit.

Mündlichkeit kann sich auf Schriftlichkeit beziehen. Schriftlichkeit
bietet der Mündlichkeit feste Bezugspunkte, z.B. Gesetzestexte, sakrale
Texte, philosophisch oder wissenschaftlich systematisiertes Wissen. Es gibt
Sinn, der nicht laufend in der Interaktion regeneriert werden muß, auf den
man sich beziehen kann, der herbeizitiert werden kann. Schriftlichkeit ent-

---

[142] Vgl. H. I. Marrou, 1977, Geschichte der Erziehung im klassischen Altertum, a.a.O., S. 369ff.

lastet Mündlichkeit. Der Rekurs auf das Buch, eine schriftgestützte, lesende Mündlichkeit ist typisch für die jüdische Tradition. Obgleich gerade die griechische Welt durch die Anwesenheit der Schrift eine Veränderung erfahren hat, findet hier Literatur ihre Erfüllung nicht in der Lektüre. Gelesen wird, um dem Memorieren eine Stütze zu geben. Der Rückgriff auf Gechriebenes dient der Einübung des freien, nicht manuskriptgestützten Vortrags. Schrift hat in diesem Fall also eine vorrangig mnemotechnische Funktion, die der Aktualisierung von Wissen für die Rede dient. Hier bezieht sich Schriftlichkeit auf Mündlichkeit. Ein Beispiel sind die rhetorischen Lehren. Sie führen zu einer Steigerung und Raffinierung der Mündlichkeit. Schriftlichkeit kann große Bestände von Mündlichkeit zusammenfassen und sie als Generierung von Kompetenzen in Rede zurückfließen lassen. Die Rede wird komplexer. Sie muß den Denkformen und Systematisierungen genügen, die durch Schriftlichkeit möglich werden. Die antike Rhetorik fertigt eine schriftliche Fassung des Mündlichen an, sie ist Präskription des Nichtskriptiven.

Was nun bedeutet dies für die Selbstbeschreibung der Kommunikation? Ein Versuch, Kommunikation zu beschreiben, kann nur in der Kommunikation stattfinden. Eine Beschreibung der Kommunikation artikuliert eine zirkuläre Beziehung zu ihrem Gegenstand, müßte sich also selbst mitmeinen, wenn sie ihren Gegenstand beschreibt. Denn es kann nur kommunikativ festgelegt werden, wovon die Rede ist, wenn von Kommunikation die Rede ist. Zu einer Selbstbeschreibung der Kommunikation kommt es freilich erst durch die Formdifferenz schriftlich/mündlich. Auf der skizzierten Stufe der antiken Rhetorik als Selbstbeschreibung der Kommunikation bleibt diese jedoch - bezogen auf die schriftliche Kommunikation - heterologisch. Eine Kommunikationstheorie, die notwendig auf der Formdifferenz schriftlich/mündlich aufruht und eine autologische Komponente aufweist, sich also selbst mitmeint, müßte ebenso ihren Gegenstand als einen sich selbst beschreibenden erfassen. Eine Beschreibung schriftlicher Kommunikation müßte sich also im Vollzug der Beschreibung selbst mitbeschreiben. Wir sind weit davon entfernt, eine solche Theorie vorzuführen. Sie wäre Resultat einer Beobachtungs- und Konstruktionsarbeit zweiter Ordnung, die die hier versuchte Beobachtung historisch plausibler Selbstbeschreibungen von Kommunikation in sich zu integrieren hätte.

Wir können aber ein weiteres Element der Selbstbeschreibung der Kommunikation benennen, das Aufschluß darüber gibt, wie die Selbstbeschreibung der Kommunikation selbst auf Schriftlichkeit reagiert. Während die Rhetorik eine schriftliche Reaktion auf Mündlichkeit war, können wir die Hermeneutik in ihrer Ursprungssituation als schriftliche Reaktion auf Schriftlichkeit bezeichnen. Selbstverständlich wird hier keine Opposition Hermeneutik/Schriftlichkeit versus Rhetorik/Mündlichkeit behauptet. Jeder Dekonstruktivist hätte leichtes Spiel, dieser These zuleibe zu rücken. Nicht nur weil die Rhetorik bereits in der Antike, spätestens jedoch seit der Barockrhetorik ihre Zuständigkeit auf die Organisation von Texten überhaupt, seien sie mündlich oder schriftlich, ausgedehnt hat.[143] Oder weil die Hermeneutik des 19.Jahrhunderts ihren ubiquitären Anspruch auf Schrift und Rede angemeldet hat.[144] Vielmehr bedurfte es ja bereits in der rhetorischen Präskription der Mündlichkeit der Schriftlichkeit, wie ich zu zeigen versucht habe.

Die Koinzidenz zwischen der Entwicklung der Hermeneutik und der Druckerpresse ist sozialstrukturell evident. Solange nämlich gesellschaftlich ausschlaggebende Kommunikation im wesentlichen mündlich blieb, Schrift nur mnemotechnischen Zwecken diente oder zur Steigerung der Mündlichkeit gebraucht wurde, konnte das Verstehensproblem keine zentrale Bedeutung erlangen. Die Leitdifferenz der Selbstbeschreibung der Kommu-

---

[143] Vgl. Marc Fumaroli, 1994, L'âge de l'éloquence. Rhétorique et "res literaria" de la Renaissance au seuil de l'époque classique, Paris: Albin Michel.

[144] So v.a. Friedrich Schleiermacher, 1838/1990, Hermeneutik und Kritik, Frankfurt/M: Suhrkamp, S. 75 und den Hinweis in der Einleitung S.9.

nikation war nicht an der Pragmatik des Verstehens oder Nichtverstehens, sondern an der Wirkung oder Wirkungslosigkeit orientiert. Insofern ging es in der Rhetorik nicht um Verstehen, sondern um Affekterzeugung.[145] Mit der Druckerpresse ergibt sich die Möglichkeit, daß dieselben Texte gleichzeitig verschiedene Leser erreichen, die einander nicht beobachten können. Die Interpretation der Texte erfolgt insofern auch unkontrollierbar durch die Einschränkungen, die die Kommunikation unter Anwesenden zwangsläufig mit sich bringt. Es kommt somit zu einem Überschuß an Verstehensmöglichkeiten und Verstehenswirklichkeiten. Wirken diese auf die gesellschaftliche Kommunikation zurück, ergeben sich in der Sozialdimension drastische Probleme.

Die gesellschaftliche Kommunikation reagiert auf die Divergenz der Interpretation gleicher Texte nicht dadurch, daß sie sie einfach auf die durch die Druckerpresse ermöglichte Vervielfältigung von Lesarten zurückführt. In der *Selbst*beschreibung der Kommunikation wird vielmehr die zunehmende Pluralität gleichzeitig wirksamer konkurrierender Deutungsangebote als Verstehensproblem thematisiert.

Die mit dem 16.Jh. entstehende Kluft zwischen autoritativen Texten und divergenten Anschlüssen ist also lediglich aus der Beobachterperspektive darauf zurückzuführen, daß die Zahl der an der Kommunikation Beteiligten (eben aufgrund der Druckerpresse) steigt und daß zugleich (anders als bei bloß mündlicher oder handschriftlicher Kommunikation) die nicht direkt anschlußfähigen Fassungen nicht eliminiert werden können. In der

---

[145] Zum historischen Zusammenhang von Rhetorik und Hermeneutik am Beispiel der Übersetzung im Mittelalter vgl. Rita Copeland, 1991, Rhetoric, Hermeneutics and Translation in the Middle Ages, Cambridge:UP, S. 37ff. Erst mit der literarischen, d.h. hier schriftlichen Form der Übersetzung, die sich einer frühen Form der hermeneutischen Methode bedient und von Boethius als gegen-rhetorische Methode insinuiert wird (counter-rhetorical method), wird das Problem des Sinnverstehens über das der Form gestellt. "(...) the priority of meaning over form (..)" ebenda., S.55. Zur Substituierung der Affekterzeugung in der Literatur im 17. und 18. Jahrhundert siehe die literatur- und philosophiegeschichtliche Arbeit von Rüdiger Campe 1990, Affekt und Ausdruck. Zur Umwandlung der literarischen Rede im 17. und 18. Jahrhundert, Tübingen:Niemeyer.

Selbstbeschreibung wird die eben charakterisierte Komplexitätssteigerung als Verstehensproblem dramatisiert. Auf dieses antwortet der Lösungsversuch der Hermeneutik. Erst in einer späteren Entwicklungsphase wird sichtbar, daß Verstehensmethodiken das Problem nicht lösen können. Der Grund für die Divergenzen liegt eben in der mit massenhafter Schriftlichkeit unvermeidlich gegebenen Vervielfältigungsmöglichkeiten als solchen. Die Anschlüsse sind daher nicht über raffiniertere Formen von Verstehenslehren herzustellen. Vielmehr sind neue Medien erforderlich, die letztlich das Problem der Rhetorik übernehmen. Die symbolisch generalisierten Kommunikationsmedien Geld, Macht, Liebe treten an die Stelle der Rhetorik auf der Ebene der Sicherung des Erfolgs der Kommunikation[146]. Ein Problem, das keine Gesellschaft dem Zufall überläßt. Während durch Rhetorik mit situativer Überzeugung Anschlußverhalten gesichert wird, setzen symbolisch generalisierte Kommunikationsmedien nicht mehr auf Überzeugung, sondern auf generalisierte Symbole, die in heterogenen Situationen Anschlüsse sichern. In der Selbstbeschreibung des 17. Jh. tauchen allerdings Geld und Macht als defizitäre Modi auf. Die Gesellschaft selbst beschreibt ihr Problem auf der Ebene des Verstehens. Hermeneutik stellt insofern den Versuch dar, über Präzisierung des Verstehens die Effekte zu erreichen, die vorher der Rhetorik zugewiesen wurden. Insofern spielt auch in der Selbstbeschreibung Schriftlichkeit eine große Rolle. Das Verstehensdefizit erscheint nämlich (eben in der Selbstbeschreibung) als temporale Distanz zwischen den autoritativen Autoren autoritativer Texte und ihren Interpreten.[147] Es geht in der Hermeneutik anfänglich um Ge-

---

[146] Zum Begriff der symbolisch generalisierten Kommunikationsmedien im Anschluß an und in Weiterentwicklung von Parsons vgl. Niklas Luhmann,1975a, Einführende Bemerkungen zu einer Theorie symbolisch generalisierter Kommunikationsmedien, in: ders., Soziologische Aufklärung 2., a.a.O., S. 170-92.

[147] Aus der Perspektive des heutigen Beobachters zeigt sich indessen, daß nicht nur die zeitliche Entfernung zum Autor der Schriften die Divergenzen erzeugt, sondern die gleichzeitige Vielzahl von an Kommunikation Teilnehmenden. Die Hermeneutik allerdings beschreibt ihr Problem als

wißheitssicherung, die die Ausbreitung von Heterodoxien und Häresien überwinden soll bzw. die, nachdem diese bereits entstanden sind, eine Möglichkeit bieten soll, richtige von falschen Deutungen zu unterscheiden. Auf der Ebene der Texte soll dies das methodische Verstehen bewerkstelligen. Bei Galilei im Bereich der Natur gewährleistet dies die Mathematik als eine Art Hermeneutik zweiter Ordnung: Die Schöpfung erscheint als Schrift, die Mathematik und die Physik als deren zweifelsfreie Lektüre.[148]

In dem Augenblick freilich, in dem das Problem der Anschlußsicherung für die Gesamtgesellschaft sich subsystemspezifisch differenziert, in der Politik durch Macht und in der Wirtschaft durch Geld gelöst wird, bekommt das Verstehen von Schriften einen neuen Stellenwert. Nunmehr geht es um Verstehen als Selbstzweck. Wer verstanden hat, braucht nichts weiter zu verstehen. Damit ist gemeint, daß aus dem Verstehen eines Textes keine verbindlichen Anweisungen etwa in rechtlicher, politischer, oder wirtschaftlicher Hinsicht folgen.[149] Seit dem 19. Jh zumindest wird damit die Verstehenskunst erstens als ein zirkulärer Prozeß unendlicher Spiralen faßlich und zweitens als Form der Anverwandlung gerade auch von Traditionsbeständen wirksam, die ihre richtungsweisende Verbindlichkeit verloren haben. Wollte man die Differenz von Hermeneutik im 16./17. Jh. gegen die im 19. Jh. vielleicht überpointiert profilieren, so könnte man – wie Hahn es in eimem Wortspiel formuliert - sagen, daß es im einen Falle

---

Differenz zwischen dem Text und dem Standort des Verstehenden. Vgl.z.B. den Begriff "Sehe-Punkt" bei Cladenius (1742), der den Anstoß für den historischen Relativismus gab.

[148] Die Konstruktion ist, daß Hermeneutik auf Natur übertragen wird. Die Natur wird als Schrift vorgeführt, deren Deutung aber im Gegensatz zu den philologischen Auslegemethoden als sicher empfunden wird, da sie mit Hilfe der Mathematik operiert. Am Ende dieser Entwicklung (Mitte des 17. Jh.) steht Pascal mit der Unterscheidung von esprit de finesse und esprit de géometrie, also eigentlich zwei Hermeneutiken, die eine sichere, aber heilsirrelevante und die andere problematischere, aber heilsrelevante. Diesen Hinweis verdanke ich Alois Hahn

[149] Natürlich muß man nach wie vor Gesetzestexte verstehen. Auch politische Entscheidungen müssen verstanden werden. Und wer ein Kaufangebot nicht versteht, wird nicht zahlen. Aber in all diesen Fällen wird die jeweilige subsystemspezifische Prozeßform in der Selbstbeschreibung des jeweiligen Systems nicht als Verstehensproblem faßbar.

darum geht, mißverständlichen Sinn verbindlicher Schriften zu überwinden, im anderen Falle darum, unverständlichen Sinn unverbindlicher Schriften zu erschließen.

Kapitel III
Eine Allianz: Schriftlichkeit und soziale Differenzierung

Im ersten Kapitel haben wir uns mit der Verschriftlichung des Sinnsystems Kommunikation beschäftigt und dessen operative Differenzierung, vor allem aber seine Ausfaltung in die drei Sinndimensionen zeitlich, sachlich und sozial analysiert. Sie selbst ist Resultat der Einführung von Schrift in die gesellschaftliche Kommunikation, erfährt aber gleichzeitig eine innere Differenzierung, die verschriftlichtes sinnhaftes Operieren als eine Option bereithält, andere Operationen verändert, aber nicht substituiert. Den Differenzen hier/dort bzw. dieses/jenes, vorher/nachher, alter/ego geht nicht bereits sachlicher, zeitlicher und sozialer Sinn voraus, sondern sie schaffen ihn erst. Verschriftlichte Kommunikationen können weitere Differenzen einführen. Sie können darüber hinaus sachlich kontextenthoben, aber auch kontextgebunden operieren. Sie können zeitlich Geschichtliches vergegenwärtigen, aber auch radikal gegenwärtig operieren. Sie können sich sozial auf ein konkretes, aber auch auf ein anonymes alter ego beziehen.

Im zweiten Kapitel haben wir den Zusammenhang von Sozialität und Schriftlichkeit untersucht. Als sozialitätsstiftende Operation hatten wir Kommunikation angenommen. Entscheidend für die Differenz mündlich/schriftlich ist die der Schriftlichkeit eigene Wahrnehmungsentkopplung, die sie aus der Gleichzeitigkeits- und Gleichräumlichkeitsprämisse der Interaktion befreit. Die Bedeutung der Schrift für die Kommunikation, so hatten wir herausgefunden, liegt zum einen in einer ganz neuen Zeitlichkeit der kommunikativen Operation. Zum anderen begründet sie eine der

Schriftlichkeit eigene, gegenüber der Interaktion gesteigerte Dissenstoleranz. Traditionelle Sozialitätstheorien, die wir nach ihrem Verständnis der Schriftlichkeit befragt haben, erweisen sich in allen mit der Schriftlichkeit gewonnenen Kriterien als interaktionslastig.

Im folgenden Kapitel wollen wir die historische Entwicklung der Kommunikationssemantik an einem bestimmten historischen Umschlagspunkt analysieren. Es geht weiterhin um die Differenz schriftlich/mündlich, die wir freilich im zweiten Kapitel bereits auf die Differenz von Interaktion unter Anwesenden und schriftlicher Kommunikation enggeführt hatten. Für die soziologische Analyse werden daher die sprachtheoretischen Thematisierungen der Differenz schriftlich/mündlich nur am Rande von Bedeutung sein. Unser Hauptinteresse gilt der Thematisierung der schriftlichen und mündlichen Kommunikationsform. Bezugspunkt dieser Thematisierung wird die sozialstrukturelle Veränderung der Differenzierungsform der Gesellschaft sein. Es geht um die Umstellung der Primärdifferenzierung der Gesellschaft von der Einteilung in Schichten auf die Einteilung in Funktionssysteme, die sich in der europäischen Gesellschaft im 17. und 18. Jahrhundert vollzieht. Dabei gehen wir davon aus, daß die erwähnten Gesellschaftstypen als Ordnungen von Kommunikationen durch Systemdifferenzierung zu beschreiben sind.[1] Schrift ist die evolutionäre Voraussetzung beider Gesellschaftstypen. Die stratifizierte Gesellschaft kann ihre Semantik und ihre überregionale Kommunikationsweise nur mit Hilfe der Schriftlichkeit entwickeln. Funktionale Differenzierung ist im Kern schriftlich vorbereitet. Das betrifft sowohl die

„Distinctions directrices", die die Sondersemantiken der einzelnen Funktionssysteme erst evoziert haben, als auch die freilich erst viel später einsetzenden routinisierten bürokratischen, wissenschaftlichen und wirtschaftlichen Kommunikationsmodi. Dennoch ist eine Zäsur zu setzen zwischen Gebrauch und Bedeutung der Schriftlichkeit für die gesellschaftliche Kommunikation, zwischen stratifizierter und funktionaler Differenzierung. Dieser Unterschied betrifft die Veränderung der dominanten Kommunikationsweise wie auch die schriftabhängige Inklusion in die Gesellschaft selbst.[2]

Soziale Differenzierung soll hier als Systemdifferenzierung begriffen werden und nicht als Verteilung von sozialen Positionen, als Kampflinien zwischen Gruppen oder Klassen oder als Einteilung der sozialen Welt in Sinnprovinzen. Für alle Formen der Systemdifferenzierung gilt, daß sie nicht durch Dekomposition eines Ganzen in Teile entstehen, sondern durch Ausdifferenzierung und Schließung der Teilsysteme. In der stratifizierten Gesellschaft ist dies die Ausdifferenzierung von Schichten und die Schließung der Oberschicht durch Endogamie und durch semantische Distinktion. Stratifizierte Gesellschaften konstituieren sich anhand der asymmetrischen Dualität von Adel und Volk. Eine elaborierte Sondersemantik benötigt in der stratifizierten Gesellschaft nur die Oberschicht. Der Primat der Stratifikation bedeutet immer auch rangmäßige Differenzierung. Während die stratifizierte Gesellschaft also aus rangmäßig unterschiedenen Teilsystemen besteht, zeichnet sich die funktionale Differenzierung gerade dadurch aus, daß die Teilsysteme nicht in eine Rangordnung zu bringen

---

[1] Vgl. dazu Niklas Luhmann, 1980, Gesellschaftsstruktur und Semantik, Bd 1, Frankfurt/M: Suhrkamp; und passim.

[2] Die häufig beschriebenen im Mittelalter und in der frühen Neuzeit situierten Übergänge von Mündlichkeit zur Schriftlichkeit beziehen sich auf die zunehmende Textförmigkeit des Wissens, vgl. etwa Michael Giesecke, 1991, Der Buchdruck in der frühen Neuzeit. Eine historische Fallstudie über die Durchsetzung neuer Informations- und Kommunikationstechnologien, Frankfurt/M: Suhrkamp; ders.,1992, Sinnenwandel, Sprachwandel, Kulturwandel. Studien zur Vorgeschichte der Informationsgesellschaft, Frankfurt/M: Suhrkamp. Wir interessieren uns für die nuancenreiche Verschriftlichung der Kommunikation und ihre Autonomisierung von der Interaktion.

sind.[3] Elaborierte Sondersemantiken dieses Gesellschaftstyps sind nicht mehr an Schichten, sondern an ausdifferenzierten Teilsystemen wie Politik, Religion, Wirtschaft, Wissenschaft, Familie orientiert. Die Schließung der Teilsysteme vollzieht sich über die jeweiligen Semantiken und über die Operationsmodi, das sind funktionsspezifische Kommunikationsformen, die sich an binären Codes orientieren.

Die stratifizierte Gesellschaft, für deren kommunikative Selbstaus-legung wir uns zunächst interessieren, wollen wir mit Niklas Luhmann zusammenfassend folgendermaßen charakterisieren: „Von Stratifikation wollen wir nur sprechen, wenn die Gesellschaft als Rangordnung repräsentiert wird und Ordnung ohne Rangdifferenz unvorstellbar geworden ist; ferner wenn die Oberschicht relativ klein ist und sich trotzdem be-haupten kann; und wenn sie Endogamie realisiert und Kontaktpräferenzen innerhalb der Oberschicht mit spezifischen (von Ungleichheit entlasteten) Umgangsformen ausstattet. Es handelt sich, in der damaligen Terminologie formuliert, um eine politische Gesellschaft (societas civilis), deren Mitglie-der eigene Häuser unterhalten, einander direkt oder indirekt kennen und keine Schwierigkeiten haben, bei Bedarf Kontakt herzustellen. (...) Es erfordert vor allem aber eine Stilisierung der schichtübergreifenden Interaktionen durch Formen der Ehrerbietung, oft auch der Sprache, der Verteilung von Initiativen und Dispositionen über Themen, alles in allem. also eine laufende sowohl zeremonielle als auch kommunikationspraktische Reproduktion der Rangdifferenz unter Anwesenden. Stratifikation wird also

---

[3] Fügt man die Differenzierungstypen in die Matrix gleichrangig/ungleichrangig bzw. gleichartig/ungleichartig ein, so ergibt sich das Bild gleichartig/gleichrangig: segmentäre Differenzierung; gleichartig/ungleichrangig: stratifikatorische   Differenzierung;   ungleichartig/gleichrangig: funktionale Differenzierung.

dadurch reproduziert, daß sie sich laufend in Erinnerung bringt, wenn immer Personen verschiedenen Rangs beisammen sind."[4]

Wir interessieren uns für die höfische Gesellschaft als einen Übergangstyp, in dem die Umstellung von stratifizierter auf funktionale Differenzierung sich vollzieht und konzentrieren uns auf die französische Literatur des 17. Jahrhunderts, da hier eine besonders dichte Form der Kommunikationssematik hervorgebracht wurde, die u. E. einen systematischen Punkt in der Entwicklung der Selbstbeschreibung der Kommunikation markiert. Die höfische Gesellschaft hat Semantiken der Affektkontrolle und Selbstbeherrschung (maîtrise de soi) und die sozialen Korrelate wie Höflichkeit (politesse) und kodifizierte Verhaltensregulierungen (civilité) entwickelt.[5] Inklusion in die stratifizierte Gesellschaft ist streng an der Familienzugehörigkeit orientiert, diese entscheidet über die Zugehörigkeit zum jeweiligen Stand. Der Adel war im 17. Jahrhundert bereits entmilitarisiert. Treue gegenüber dem König allein, die sich in militärische Heldentaten manifestierte, genügt nicht mehr, um den eigenen Stand zu erhalten. Die Oberschicht selbst wird heterogen und verästelt sich in feinste Rangabstufungen. Gleichzeitig wird die bloße Rekrutierung des Adels über Abkömmlinge aus adligen Familien für die gesellschaftlichen Erfordernisse ungenügend. Der französische Hof etwa wird im Unterschied zum italienischen zentralisiert und entwickelt sich zu einem Karrieresystem. Daneben stehen Intendantentum und Beamtensysteme, die seit Richelieu speziali-

---

[4] Niklas Luhmann, 1997, Die Gesellschaft der Gesellschaft, Frankfurt/M:Suhrkamp, S. 679f.

[5] Die soziologische Initialstudie dieses Phänomens ist gewiß die zivilisationstheoretische Analyse von Norbert Elias, 1976, Über den Prozeß der Zivilisation, Bde. I und II, Frankfurt/M: Suhrkamp; in Frankreich weckt das Thema neulich enzyklopädisches Interesse: Alain Montandon, 1995, Dictionnaire raisoné de la politesse et du savoir-vivre, Paris: Seuil: klassische Referenz bleibt: Maurice Magendie, 1925/1970, La politesse mondaine et les théories de l'honnêteté en France au XVIIe siècle, de 1600 à 1660, Paris, Neudruck Genf; vgl. auch Alain Montandon, 1994, Pour une histoire des traités de savoir-vivre en Europe, Clermont-Ferrand; sowie Alain Montandon, (Hrsg),1993, Traités de savoir-vivre italiens, Clermont-Ferrand.

sierte Karrieren in den sich entwickelnden Funktionssystemen befördern. Nur der Adel ist bis 1750 per se berufslos; weil seine Angehörigen nicht Spezialisten sein dürfen, dürfen sie sich auch nicht so gebärden.[6] Die trajectoires in der Gesellschaft des 17. Jahrhunderts werden zweizügig, neben die höfische Karriere, die vor allem auf Verläßlichkeit gegenüber der Krone setzt, tritt die Expertenkarriere. Der König vergibt Positionen, er bestimmt, wer adlig ist, so daß am Ende des Jahrhunderts die Schichtung selbst auf den Willen des Monarchen zurückgeführt wird. Die hohe Geburt kann in beiden Fällen Verdienste (mérites) nicht ersetzen, sie muß auf jeden Fall durch Verdienste unter Beweis gestellt werden.[7] Eine Gesellschaft also, die noch weitgehend an den Werten der Adelsgesellschaft orientiert ist, es aber gleichzeitig mit einzuweisendem Aufsteigertum zu tun hat; denn Erfolgsbedingung ist in jedem Fall schichtgemäßes Verhalten.

Die höfische Gesellschaft im Frankreich des 17. Jahrhunderts ist also einerseits bestimmt durch eine im hohen Maße auf funktionaler Systemdifferenzierung basierende Operationsweise, andererseits aber beruht sie auf der Unterstellung der Dominanz von Adel und Hof für die Gesamtrepräsentation der Gesellschaft; also einer Form stratifikatorischer Systemdifferenzierung. Diese Paradoxie spiegelt sich auch in den Selbstbeschreibungsformen, die diese Gesellschaft entwickelt. Ihre gepflegte Semantik beschreibt sich selbst als eine geschichtete, deren Spitze von König, Hof und Adel gebildet wird. Da die Spitze ihre Funktion aber nicht

---

[6] Vgl. Guy Chaussinand-Nogaret, 1976, La noblesse au XVIIIe siècle. De la Féodalité aux Lumières, Paris: Hachette; Jacques Revel, 1992, La Cour, in: Pierre Nora, Les Lieux de mémoire, Bibliothèque illustrée des histoires, III Les France, vol. 2: Traditions, Paris: Gallimard, S.128-194.

[7] Status ist an Herkunft gebunden, er muß aber bewahrt werden. Verdienst wird ähnlich gehandhabt wie Schuld: es geht ein, was die Ahnen hinterlassen haben und was man selbst tut. Insofern bewahrt auch die Semantik des Begriffs die Zweideutigkeit und Unentschiedenheit der Übergangsphase von stratifizierter zu funktionaler Differenzierung. Meriten können ständische Privilegien, hohe Abstammung etc. sein *und* eigene im Kontext von funktionsspezifischen Subsystemen erbrachte Leistungen meinen.

durch spezifische - etwa berufliche - Leistungen, sondern durch Repräsentation erfüllt, setzt dies die virtuelle Anwesenheit in einem Zentrum voraus. Man könnte auch sagen, daß die Veränderung der Differenzierungsform von Stratifikation zu Funktion über eine neue Form der Differenzierung zwischen Zentrum und Peripherie läuft: die ältere ständische Gesellschaft war erheblich polyzentrischer organisiert als die höfische Gesellschaft des 17. Jahrhunderts. Das Repräsentationszentrum des Hofes entwickelt eine Selbstbeschreibung, die von der im Zentrum (also dem Hof und der Hauptstadt: la cour et la ville) zu realisierenden Anwesenheit und Sichtbarkeit der Repräsentanten der Gesellschaft ausgeht. „La cour et la ville entrent en contact dans un processus de concurrence et de partielle intégration. A la cour brille „l'esprit galant" à la ville le „bel esprit": dans les hôtels du Marais les deux groupes se frottent l'un à l'autre et seul un indéfinissable „je-ne-sais-quoi" distingue encore le gentilhomme de l'honnête homme ordinaire."[8] Sichtbarkeit und Anwesenheit sind die Voraussetzung für Zugehörigkeit. Aber sie sind zunächst nur eine potentielle Garantie. Ein großer Teil der Hofkritik (z.B. Méré und La Bruyère) stellen denn auch nicht grundsätzlich das semantische Schema in Frage, sie unterstreichen aber, daß nicht alle am Hofe Anwesende Höflinge im idealen Sinne sind. Jedenfalls reicht bloßer adliger Status nicht mehr, wenn er sich nicht in zumindest virtuelle höfische Präsenz und kommunikative Kompetenz transformieren läßt. Umgekehrt ist Herkunft aus der „robe" nicht unbedingt ein Hindernis, auch nicht Abstammung aus der Hochfinanz. Wichtig ist aber, daß diese Herkunftskriterien nicht in die Kommunikation am

---

[8] Jean-Daniel Krebs, 1994, L'Apprentissage de la conversation en Allemagne au XVIIe siècle, in: Montandon, Alain (Hrsg), Pour une histoire des traités de savoir-vivre en Europe, S.215-244 (S. 215), der eine kurze Skizze der französischen Situation zeichnet, um die deutsche Entwicklung damit zu kontrastieren. Die Oberschicht wird in dieser Übergangssituation als zweistufig beschrieben. Die honnêteté ordinaire, auf die sich auch die im folgenden beschriebene Interaktionssemantik bezieht, ist auf die untere Oberschicht eingeschränkt. Vgl. auch Philippe Sagnac, 1946, La Formation de la société française moderne, Paris, Bd.2, bes. S. 39f, 148 ff.

Hof einfließen. „L'on est petit à la cour et quelque vanité que l'on ait, on s'y trouve tel; mais le mal est commun et les grands mêmes y sont petits."[9] Für den Hof selbst bildet sich als akzeptables Stilideal die honnêteté aus, und das heißt eben: eine unspezifizierte Eleganz berufsloser Oberschichten, die sowohl die regionale Adelsabstammung als auch die funktional spezifische Herkunft aus dem Wirtschafts-, Militär- oder Rechtsbereich invisibilisiert.

Die bürgerliche Welt kommuniziert über Leistungen. Im Prinzip bei Abwesenheit der Personen, die geradezu hinter ihren funktionalen Beiträgen verschwinden können, um dann in einer eigens dafür ausdifferenzierten Privatsphäre wieder aufzutauchen. Der Hof kann nur die Dramatisierung von Anwesenheit (unter Umständen auch: kontrafaktisch) stützen. Die Selbstbeschreibung der kommunikativen Form, die der honnêteté angemessen ist, zentriert deshalb auf Mündlichkeit und muß es tun. Ihr eleganter Prototyp ist Konversation. Alle schriftliche Kommunikation wird deshalb, wie wir im folgenden ausführlicher beschreiben wollen, um sie herum organisiert.

Es entstehen Texte, die Regeln und Verhaltensmaximen enthalten, darin die paradoxe Anweisung, diese seien nicht zu lernen und führten schon gar nicht zum Erfolg, wenn sie als Anwendung von Regeln sichtbar würden. Dies ändert sich im Laufe des 17. Jahrhunderts. Maximen und Vorschriften beziehen sich in Gestalt von Anstandsbüchern, Gesprächs- und Komplimentierbüchern sowie Briefstellern und Aufzeichnungen von Konversationen und Theorien über Konversationen auf mündlichen und schriftlichen Verkehr. Der Integrationsmodus dieser stratifizierten Gesellschaft ist aber - das hat Niklas Luhmann gezeigt - die Oberschichteninteraktion.[10] In dem zeitgenössischen Selbstverständnis ist die Interaktion

---

[9] La Bruyère, 1694/1965, Les Caractères, Paris:Flammarion, S.202/5.

[10] Vgl. Niklas Luhmann, 1980a, Interaktion in Oberschichten: Zur Transformation ihrer Semantik im 17. und 18. Jahrhundert, in: ders, 1980, Gesellschaftsstruktur und Semantik Bd.1, a.a. O., S.72-

der Oberschicht identisch mit der Gesamtgesellschaft. Die virtuell beliebig herstellbare Kopräsenz der „Mitglieder" dieser Gesellschaft zwingt sie zu einem unspezifischen Verkehr und zu einer nicht funktionsspezifischen Einbindung ihrer Mitglieder. Sie zwingt zu Stilisierungen, die deutlich eine Abwehr gegen alles Expertentum und jede Spezialisierung enthalten. In der Selbstbeschreibung führt dies zu der im 17. Jahrhundert überbordenden Semantik der Konversation, die eine weit über ihre Ursprungssituation hinausreichende Prägekraft der Kommunikation und ihrer Selbstbeschreibung enthält.[11]

1. Konversation und ihre schriftlichen Genera

Die Konversationssemantik ist eine schriftlich formulierte Semantik der Interaktion. Erklärtes Ziel der Konversation ist zu gefallen. Die 'L'art de plaire dans la conversation' war bereits im 16. Jahrhundert in der italienischen Hofliteratur bekannt und erfährt bei den französichen Autoren des 17.Jahrhunderts eine zunehmende Bedeutungsverengung und -präzisierung.

162, bes. S.84. Dies gilt aber nicht für alle Formen von stratifizierter Gesellschaft. So ist die frühmittelalterliche also „feudale" Form von stratifizierter Gesellschaft gerade dadurch charakterisiert, daß die Oberschichten nur z. T. literat waren. Gerade der Schwertadel konnte eben nicht lesen und schreiben: Er ist sozusagen zwangsweise „oral", während für die Übergänge zwischen stratifizierter und funktionaler Differenzierung (also z.B. die von uns behandelte höfische Gesellschaft Frankreichs des 17. Jahrhunderts) gilt, daß die Oberschicht insgesamt literat ist. Vgl. den kritischen Kommentar zu Luhmann von Alois Hahn, 1981, Funktionale und Stratifikatorische Differenzierung und ihre Rolle für die gepflegte Semantik, in: Kölner Zeitschrift für Soziologie und Sozialpsychologie, 33 (2), S. 345-360; vgl. auch daran anschließend neuerlich: Thomas Schwinn, 1998, Soziale Ungleichheit und funktionale Differenzierung. Wiederaufnahme einer Diskussion, in: Zeitschrift für Soziologie, 27 (1), S. 3-17.

[11] Die Konversationssemantik des 17. Jahrhunderts kann durchaus als Vorbild für heutige Interaktionstheorien gelesen werden. Viele in der Konversationssemantik formulierte Verhaltensmaximen finden sich etwa in Erving Goffmans Interaktionspragmatik wieder. Andere in Paul Grice, Logic of Conversation. Ob diese Koinzidenz ein Resultat des zirkulären Verhältnisses von Selbstbeschreibung und Operation ist, wollen wir offen lassen; im 17. Jahrhundert wurde jedenfalls noch präskriptiv formuliert, was im 20. Jahrhundert als Analyse vorgeführt wird.

Themen der Literatur zur Lebensführung der Oberschichten waren zunächst noch die perfekten und imperfekten Verhaltensweisen mit Hinweisen, welches Verhalten Gefallen erregen könne und welches eher zu vermeiden sei. Viele der Maximen und Kriterien, die bei den französischen Autoren ausgearbeitet wurden, waren in der italienischen Hofliteratur bereits angedeutet.[12] Allerdings war hier Konversation noch in einem allgemeinen Sinne von Interaktion zu verstehen und bezog alle Unterhaltung, auch die Unterhaltung mit dem König, ein. Bereits die Initiatoren der französischen Diskussion reservieren weichenstellend den Konversationsbegriff für die Unterhaltung unter Gleichen. Nicolas Faret unterscheidet anders als Castiglione zwischen dem Gespräch mit dem Fürsten (entretien au prince) und der Konversation zwischen Gleichen (conversation des égaux).[13] Die Gleichheit mag freilich auch eine kontrafaktische sein, die die Konversation selbst erst herstellt, da sie vom transinteraktionellen Status der Beteiligten abstrahiert und die Konversation damit autonomisiert. Faret selbst hegt Zweifel, ob denn der Aufsteiger überhaupt in der Lage sei, sich in der Konversation gleichberechtigt zu verhalten und den Verhaltensanforderungen einer politischen und sozialen Karriere zu genügen. Denn Teilnahme an der Konversation heißt immer Teilnahme an der Oberschichteninteraktion,

---

[12] Vgl. Baldassare Castiglione, 1986, Das Buch vom Hofmann, München: dtv; Alain Montandon (Hrsg), 1993, Traités de savoir-vivre italiens, a.a.O.

[13] Vgl. Baldassare Castiglione, 1986, Das Buch vom Hofmann, a.a.O.; Nicolas Faret, 1630, L'Honnête homme ou l'art de plaire à la cour, Paris. Die Unterscheidung Conversation/ Entretien hält sich bis ins 18.Jahrhundert durch. Der Eintrag in der Encyclopédie, 1751-1780, Vol. 4, ist ein Doppeleintrag: CONVERSATION, ENTRETIEN, (Gramm.) Ces deux mots désignent en général un discours mutuel entre deux ou plusieurs personnes avec cette différence, que *conversation* se dit en général de quelque discours mutuel qui se puisse être au lieu qu'*entretien* se dit d'un discours mutuel qui roule sur quelque objet déterminé. Ainsi on dit qu'un homme est d'une bonne *conversation* pour dire qu'il parle bien de différens objects sur lesquelle on lui donne lieu de parler; on ne dit point qu'il est d'un bon *entretien*. *Entretien* se dit de supérieur à inférieur; on ne dit point d'un sujet qu'il a eu une *conversation* avec le Roi, on dit qu'il a eu un *entretien* ; on se sert aussi du mot d'*entretien* quand le discours roule sur une matière importante.

deren Teilnehmer sich trotz nuancenreicher Rangabstufungen als Gleiche begegnen. Das Gleichheitspostulat reagiert auf eine veränderte soziale Lage: Für die politische und soziale Karriere zielt die Notwendigkeit zu gefallen nicht mehr auf den Fürsten. Man muß sich vielmehr in einer Gruppe von Gleichen behaupten. Gefallen, Beliebtheit und der Eindruck der Verläßlichkeit bei den anderen sind unabdingbare Voraussetzungen für den sozialen Lebenserfolg. Sei es in Form einer Karriere am Hof, sei es für die Behauptung einer Position in der „feinen" Gesellschaft und ihren Salons außerhalb des Hofes. Über Karrieren wird jedenfalls ausschließlich interaktiv entschieden. Die adligen, askriptiven Werte, wie Erscheinung und Auftreten, die freilich selbst validiert werden müssen, und die bürgerliche Kategorie des Verdienstes (mérite) müssen neu ausbalanciert werden.

Es entstehen Abwehr- und Öffnungssemantiken, die selbst aber nur eine neue Abwehrposition besetzt halten. Das unbestimmbare und sich jeder schriftlichen Weitergabe versagende „je-ne-sais-quoi" des guten Geschmacks versucht, eine Bastion der hohen Geburt zu bewahren. Es richtet sich gegen die zunehmenden Aufstiegsbewegungen und konterkariert Verschriftlichungsbemühungen der Verhaltensmaximen. Trotz dringender Lektüreempfehlung verweisen die gedruckten Texte eindeutig darauf, daß die Lektüre nicht alles ist. Sie ist eben nur Ersatz für die hohe Geburt oder den bel esprit und damit als ein wenig prestigeträchtiger Erwerbsstil in der gesellschaftlichen Anerkennung abgewertet. Bei aller Mühe läßt sich das Raffinement des guten Geschmacks und des noblen Stils nach der zeitgenössischen Auffassung eben nicht erlernen. Man unterscheidet zwischen der honnêteté, der noblesse und dem bel esprit: „A l'origine, l'honnêteté est une attitude qui s'apprend . ... la noblesse est une qualité de naissance, le bel esprit est une qualité de nature: 'Un bel esprit est riche de son fonds: il trouve dans ses propres lumières ce que les esprits communs ne trouvent que *dans les livres* (Hervorhebung CB).“[14]

Die Semantik der „honnêteté" allerdings, die sich im 17. Jahrhundert in Frankreich entwickelt, öffnet die Oberschichteninteraktion für den zwischenzeitlich verarmten Adel und das aufsteigende Bürgertum, das längst entscheidende Ämter „en cour et en ville" besetzt hat.[15] La Rochefoucauld beschreibt den „commerce particulier des honnêtes gens", wenn er von der Gesellschaft handelt, und identifiziert das eine mit dem anderen. Die Gesellschaft der honnêtes gens beruht auf liberté, divertissement, politesse, confiance, agrément und jener discrétion, die das Gefallen auf Dauer zu stellen erlauben (plaire longtemps). Dazu ist das Schützen und Verbergen des amour-propre eines jeden Beteiligten notwendig. Es geht sowohl darum, den anderen mit den Tiefen der eigenen Persönlichkeit zu verschonen, als auch darum, von den anderen Leid abzuwenden (epargnier de chagrin). „Il faudrait du moins savoir cacher ce désir de préférence, puisqu'il est trop naturel en nous pour nous en pouvoir défaire; il faudrait faire son plaisir et celui des autres, ménager leur amour-propre, et ne les blesser jamais."[16] Die gedämpften Impulse, das Maßvolle und die Zurückhaltung stehen im Zentrum der honnêteté-Semantik. Bei Méré, dessen Fassung der honnêteté am Abschluß der semantischen Entwicklung steht, wird der honnête homme wie ein lehrbares Erziehungsziel vorgeführt. Honnêteté ist lernbar, und das am besten nicht am Hofe. „Encore qu'on soit né fort heureusement, il y a peu de choses qu'on puisse bien faire sans les avoir apprises. ... Mais s'il y a

---

[14] Alain Viala, 1985, Naissance de l'écrivain. Sociologie de la littérature à l'âge classique, Paris:Minuit, S. 147ff; Bouhours, 1671, Entretiens d'Ariste et d'Eugène, Paris, S.245; zit. nach Alain Viala, a.a.O., S.149.

[15] Auf die antiken Wurzeln des honnêteté-Konzeptes verweist Emmanuel Bury, A la Recherche d'une synthèse française de la civilité: *l'honnêteté* et ses sources, in Alain Montandon, 1994, Pour une histoire des traités de savoir-vivre en Europe, a.a.O., S.179-215.

quelque chose, où le soin de s'instruire sous les meilleurs Maistres soit necessaire, c'est la Conversation; et quand on y veut reüssir, on doit principalement s'étudier à devenir hônneste homme, et pour cela comment faut-il faire? Il y a un petit nombre de personnes qui se prennent si bien à toutes les actions de la vie et qui parlent de si bonne air, que pour se rendre honneste homme et de bonne compagnie, il voudroit mieux les observer et les entretenir de temps en temps que de vieillir à la Cour."[17] Daß damit aber die honnêteté tendentiell universalistische Züge trägt, bleibt ein Anspruch.[18] Méré vertritt zwar ein honnêteté-Konzept, das gegenüber jeder ständischen Zuordnung indifferent ist, und wehrt damit die Idee einer qua hoher Geburt empfangenen Qualität ab. Er wehrt aber auch die Vermittlung von civilité und honnêteté über Lektüre und schriftliche Einweisungen ab. Bedingung für den Erwerb von honnêteté ist die partizipative Beobachtung in der Oberschichteninteraktion. Die Auffassung derer, die dazugehören und honnêteté als Distinction leben, formuliert Pascal: „On n'apprend pas aux homme à être honnêtes hommes, et on leur apprend tout le reste; et ils ne se piquent jamais tant de savoir rien du reste, comme d'être honnêtes hommes. Ils ne se piquent de savoir que la seule chose qu'ils n'apprennent point."[19]

Sachlich ist das honnêteté-Konzept gegen jede Spezialisierung gerichtet. „Il faut qu'on n'en puisse (dire), ni: „Il est mathématicien", ni „prédicateur", ni „éloquent" mais „il est honnête homme". Cette qualité universelle me plaît seule. Quand en voyant un homme on se souvient de son livre, c'est mauvais signe; je voudrais qu'on ne s'aperçût d'aucune qualité que par la rencontre et l'occasion d'en user (...), de peur qu'une

---

[16] La Rochefoucauld, 1665/1992, De la société, in: ders., Maximes, éd Jaques Truchet, Paris: Garnier, S. 185f.

[17] Chevalier de Méré, 1661/1930, Oeuvres Complètes Bde I-III, Paris: Roche, Bd II, S.110f.

[18] Vgl. dazu Oskar Roth, 1981, Die Gesellschaft der Honnêtes Gens, Heidelberg: Winter, bes. S.33 und 207ff

[19] Blaise Pascal, 1670/1958 , Pensées, Paris: Garnier, Fr.68;

qualité ne l'emporte, et ne fasse baptiser; qu'on ne songe point qu'il parle bien sinon quand il s'agit de bien parler, mais qu'on y songe alors."[20] Die einzig mögliche Form der Selbstpräsentation des honnête homme ist, sich der Situation und das heißt in der Regel der Konversation zu überlassen. Die Konversation selbst wird in Frankreich des 17. Jahrhunderts als nicht-spezialisierte Unterhaltung bestimmt. Die ernsthafte Erörterung von Sachproblemen, Entscheidungsfindungen oder mit dem pejorativen Begriff der Pedanterie belegte Gelehrtengespräche sind nicht konversationsadäquat. Traité des affaires, conference, conseille und conversation sind streng voneinander getrennte Kommunikationsweisen und werden systematisch auseinandergehalten.[21] Die semantische Ausarbeitung in den zeitgenössischen Sozialtheorien gilt allerdings der funktionsentlasteten Konversation; denn in der konversationell organisierten Interaktion, so die dieses Interesse stützende Auffassung, reproduziert sich Gesellschaft. Die scheinbar zwanglose Unterhaltung darf kein erkennbar anderes Ziel verfolgen, als zu gefallen. Thematische Restriktionen beziehen sich immer auf das Schema einer nicht-spezialisierten Unterhaltung, an der alle teilnehmen können. Es dürfen daher nicht beliebige Themen berührt werden. Die Differenzierung

---

[20] Ebenda, Fr.35

[21] Eine Liste der Anlässe für Konversation, die durchaus mit den Goffmanschen encounters vergleichbar sind, findet sich bei Méré, 1930, Oeuvres Complètes, Bd. II, S. 102f. „J'appelle Conversation, tous les entretiens qu'ont toute sorte de gens qui se communiquent les uns aux autres, soit qu'on se rencontre par hazard, et qu'on n'ait que deux ou trois mots à se dire; soit qu'on se promène ou qu'on voyage avec ses amis, ou mesme avec des personnes qu'on ne connoist pas; soit qu'on se trouve à table avec des gens de bonne compagnie, soit qu'on aille voir des personnes qu'on aime, et c'est où l'on se communique le plus agréablement; soit enfin qu'on se rende en quelque lieu d'assemblée, où l'on ne pense qu'à se divertir, comme en effet, c'est le principal but des entretiens. Car quand on s'assemble pour délibérer ou pour traiter d'affaires, cela s'appelle Conseil et Conference, où d'ordinaire il ne faut n'y rire n'y badiner." Eine ähnlich funktionsenthobene Bestimmung von Konversation findet sich bei Vaumorière, Pierre d'Ortigue de, 1691, L'Art de plaire dans la conversation, S.5"Il y a bien des distinctions à faire là dessu, et toutes les fois que plusieurs personnes parlent dans les Assemblées, elles ne forment pas ce que nous appellons Conversation. Il faudroit que les sciences obscures et les grandes affaires eussent moins de part dans leur discours que la bienséance et le divertissement"

von Religion und Moral bereits vorausgesetzt, dürfen moralische Fragen thematisiert werden, Religion oder gar Theologie sind ausgeschlossen.[22]

Die doppelte Kontingenz der Interaktion wird hier ausschließlich in der Sozialdimension abgearbeitet. So richtet sich die Themenwahl grundsätzlich danach, ob das anvisierte Thema alter gefällt, ob alter an die thematische Vorgabe anschließen kann oder nicht. Schneller Themenwechsel ist daher eine der obersten Maximen, um die perhorreszierte Pedanterie oder die gefürchtete Langeweile zu vermeiden und um sich immer wieder des Gefallens beim Gesprächspartner zu versichern. Diese Möglichkeit des unmittelbaren Sichversicherns bei den anderen entfällt in der Schriftlichkeit. Méré reflektiert diese Differenz und beklagt, daß etwa der Brief, gerade weil er eine größere Freiheit in der Themenwahl läßt, wenig Chancen in sich birgt zu gefallen: „et quand on veut écrire il ne faut pas espérer de rien faire qui plaise beaucoup, ou qui puisse donner de l'admiration, ..."[23] Die Schriftlichkeit fügt sich nur schwer dem eigentlichen Konversationsziel zu gefallen, zumal die l'art de plaire der Konversation im 17. Jahrhundert reflexiv wird. Man gefällt, indem man anderen die Möglichkeit läßt zu gefallen. Die Kunst besteht darin, alter in der Interaktion Raum zur Selbstdarstellung und Selbstbestimmung zu lassen. Diese reflexive Struktur von Sozialität wird zwar noch nicht theoretisch, aber als Kunstlehre formu-

---

[22] Vgl. Vaumorière, Pierre d'Ortigue de, 1691, L'Art de plaire dans la conversation, Paris, bes. S. 307ff. Die wenig streitbare Wissenschaft der Geographie sowie die Plauderei über Reisebekanntschaften werden immer wieder als thematische Konversationsressourcen erwähnt. Im Prinzip aber sind funktionsbezogene Themen wie Politik, vor allem die im eigenen Lande (S.287ff.), Krieg und Wissenschaft zu meiden.

[23] Méré, Oeuvres Complètes, Bd. II, a.a.O., S.99; An anderer Stelle erwähnt er die unterschiedlichen Kompetenzen in der Konversation und in der Schriftlichkeit: „Ce qui me semble le plus necessaire, mais le plus difficile, c'est premierement comme j'ay dit de bien penser sur le sujet qui se presente, tout ce qu'il y a de plus excellent à dire, et de sc,avoir exprimer chaque chose à part du meilleur ton, et de l'air le plus agreable, sans avoir égard à ce qui va devant, ou qui vient apres. Beau-coup de gens qui font des volumes ne sc,avent rien de tout cela; comme aussi on peut avoir cét avantage, et ne pas sc,avoir écrire un simple billet." ebenda, S.105.

liert.[24] So dient die Übernahme der Perspektive alters der Steigerung des eigenen Erfolgs in der Kommunikation. Die Eleganz der Formulierung alleine zählt nicht, entscheidend ist die Eleganz des Zuhörens,. Der Konversierende ist einerseits daran interessiert, den Zuhörer zu erfreuen, andererseits aber daran, die Kunst des Zuhörens zu kultivieren. Honnêteté als gelungene Lebensgestalt geht nicht bloß in gespielter Höflichkeit auf den anderen ein. Erst das Zuhören, die Aufmerksamkeit für den Beitrag des Anderen, so La Rochefoucauld, zeichnet die Konversation aus: „Ce qui fait que si peu de personnes sont agréables dans la conversation, c'est que chacune songe plus à ce qu'il veut dire qu'à ce que les autres disent. Il faut écouter ceux qui parlent si on en veut être écouté; il faut leur laisser la liberté de faire entendre, et même de dire des choses inutiles. Au lieu de les contredire ou de les interrompre, comme on fait souvent, on doit au contraire, entrer dans leur esprit et dans leur goût, montrer qu'on les entend ...“[25] Der Zentralität des Zuhörens, nicht etwa der Selbstdarstellung, die die jeweilige alter-Position zur Geltung kommen läßt, korrespondiert eine weitere Anweisung in der Konversationssemantik, die auch immer das Vermeiden von Lächerlichkeit impliziert. Bei Bellegarde und an anderen Stellen wird immer wieder darauf hingewiesen, daß man sich auf die Konversation nicht vorbereiten könne; eine vorweggenommene Einsicht in die Emergenz von Interaktionen, die dann gestört ist, wenn die Mitteilung nicht an die verstandene oder mißverstandene vorausgegangene Mitteilung anschließt. „Les personnes qui préparent, & qui apprennent de mémoire ce

---

[24] Fortgeschrittene Theorien der Reflexivität von Sozialität hatten wir im zweiten Kapitel diskutiert; so ist für Parsons z.B. egos Handeln niemals isoliert, ego orientiert sein Handeln immer an alter; gleichzeitig ist das Handeln egos orientierend für die Handlungswahl alters.

[25] La Rochefoucauld, 1665/1992, De la Conversation, in: ders., Maximes, a.a.O., S. 191; bereits die Politesse-Semantik hatte alter und nicht die eigene Selbstdarstellung in den Blick genommen: „Il me semble que l'esprit de politesse est une certaine attention à faire que par nos paroles et par nos manières les autres soient contents de nous et d'eux - mêmes." La Bruyère, 1694/1965, Les Caractères, a.a.O., S.157.

qu'elles doivent dire dans la conversation, plaisent rarement. Il faut que l'occasion fasse naître l'entretien, & se laisse conduire au hazard. Ceux qui se sont faits un plan de ce qu'ils doivent dire, n'écoutent point ce que les autres disent; ils sont attentifs à épier le moment de débiter ce qu'ils ont appris; mais ils n'arrive rarement qu'ils le placent à propos."[26] Als besonders unhöflich und daher der Lächerlichkeit ausgesetzt gilt es freilich, in der Interaktion zu widersprechen. Die in neueren Interaktionsstudien immer wieder herausgefundene Konsenspräferenz der Interaktion, die wir oben dargestellt haben, wird hier auf der Ebene von Verhaltensmaximen formuliert: „Les plus incommodes de tous sont ceux qui veulent toujours contredire, & qui se declarent d'abord contre ce que les autres avancent: ils ne sont pas toujours sûrs de leurs propres sentiments; ils ne contredisent que pour avoir le plaisir malin d'être d'une opinion contraire. Ce n'est pas un bon moien de se faire souhaiter dans les compagnies, & de gagner l'estime & l'affection des gens."[27]

Wenn wir die Konversationsmaximen zusammenfassend charakterisieren, so ist der binäre Code, woran sich die Konversation von anderen Kommunikationsweisen unterscheidet, gefallen/nicht gefallen. Sie ist eine - vielleicht die erste - Interaktionssemantik, die innerhalb der Grenzen von Anwesenheit und wechselseitiger Wahrnehmbarkeit eine streng mutualistische Konstituion des Interaktionssystems vorsieht, dessen eigener Prozeß strikt an den Anschlußmöglichkeiten alters orientiert ist. Daher die Regeln, man dürfe sich nicht selbst zum Thema machen, einschließlich dessen, was später Privatsphäre genannt wird, könne sich nicht vorbereiten, müsse auf einen raschen Themenwechsel gefaßt sein und reagieren, nicht widersprechen, die Eleganz des Zuhörens kultivieren, die dem anderen die

---

[26] Bellegarde, 1697, Reflexions sur le ridicule, et sur les moyens de l'éviter, (2. erw. Aufl.) Paris: Guignard, S. 99.
[27].Ebenda, S. 13f.

Möglichkeit zur Darstellung gäbe, und niemals pedantisch auf einem Thema oder gar einem Wissensgebiet insistieren. Dies unterscheidet die Konversation von der Rhetorik, deren Ziel die Überzeugung ist. Die rhetorische Rede als Persuasivtechnik lebt gerade von der Vorbereitung und von ihrem thematischen Bezug. Konversation baut auf Reziprozität auf und ist responsiv, während die Rhetorik nicht-responsiv ist. Sie verlangt keine Antworten und kennt keine Fortsetzung in der Interaktion selbst, ihr Erfolg zeigt sich in den Anschlußhandlungen politischer, religiöser oder juristischer Art. In der Rhetorik wird eine asymmetrische Kommunikationssituation vorgeschrieben, die alter- und ego-Positionen festlegt und invariabel hält, während die Konversation eine rasche Oszillation zwischen alter- und ego-Positionen geradezu erzwingt. Obgleich auch die Rhetorik in der Ursprungssituation eine im Medium der Schriftlichkeit verfaßte Selbstbeschreibung der Mündlichkeit ist (siehe oben), dehnt sie sich aus auf die schriftliche Kommunikation und akzeptiert im Gegensatz zur Konversation Spezialisierungen in der Mündlichkeit und in der Schriftlichkeit, etwa die Kanzelrede, die politische oder die juristische Rhetorik, die Präskription von Dichtung. Literatur und Poesie werden im 17. Jahrhundert zwar in die Rhetorik einbezogen, es werden Konstruktionsprinzipien für gelungene Dichtung entwickelt, der Maßstab aber ist Eloquenz, ein Modell organisierter Mündlichkeit.[28] Rhetorik reagiert auf die Differenz schriftlich/mündlich und führt durch schriftliche Systematisierungen zur Steigerung der Mündlichkeit, die wir auch als organisierte Oralität bezeichnen können. Während die Konversationssemantik einerseits auf die Differenz Interaktion/ Gesellschaft reagiert, aber Gesellschaft noch als in der Interaktion repräsentiert und enggeführt begreift. Andererseits reagiert sie auf die Differenz Interaktion/Buchlektüre, wobei der gesellschaftlich längst

---

[28] Vgl. Marc Fumaroli, 1994, L'Age de l'éloquence, a.a.O.

notwendige Wissenserwerb über Lektüre, etwa von Verhaltensmaximen, ebenso systematisch abgewertet wird wie die spezialisierten Wissensformen, die der Buchdruck als Ausdifferenzierung von überregionalen Sonderkommunikationen freisetzt. Wissensformen und Aneignungsstile können in dieser Gesellschaft nur innerhalb der Begrenzungen Bestand haben, die die Interaktion setzt.

Konversation bleibt eine Bastion für Nicht-Spezialisten und eine funktionsentlastete Interaktion. Sie begreift sich als der Ort, an dem die stratifizierte Gesellschaft ihre Spitze - wie intern differenziert auch immer - virtuell versammelt, als der Ort, an dem über die Geschicke der Gesamtgesellschaft entschieden wird. Daß es sich tatsächlich um eine Übergangssituation von Stratifikation zu funktionaler Differenzierung handelt, wird an den funktionsbezogenen Kommunikationsformen in Wissenschaft, Wirtschaft, Religion und Politik deutlich sichtbar. Das pedantische Gespräch oder die schriftlichen Erörterungen von Gelehrten, die sachbezogene Entscheidungsfindung in der Politik, die von jedem reziproken Gefallenskalkül abstrahierende wirtschaftliche Kommunikation, die sich statt dessen an wirtschaftlicher Rentabilität orientiert, sind als Sonderformen von Kommunikation bereits vorhanden. Sie werden aber in der dominanten Form der Selbstbeschreibung der gesellschaftlichen Kommunikation abgewertet. Die Interaktion der Oberschichten, die sich mit der Konversationssemantik eine Selbstbeschreibung geschaffen hat, hält sich im Sinne der stratifizierten Gesellschaftsdifferenzierung für die Spitze, die das Ganze repräsentiert.

Trotz der Selbstthematisierung als Interaktion ist die Konversation des 17. Jahrhunderts in Frankreich ohne Schrift nicht denkbar. Sie hat einen doppelten Schriftbezug. Zum einen - und das hatten wir bereits erwähnt - ist sie eine schriftlich formulierte Semantik der Interaktion. Schriftlichkeit hat auch hier den Effekt der Steigerung und Systematisierung von Mündlichkeit. Zum anderen versammeln sich en cour et en ville keine Illiteraten. Das orale Milieu der französischen Oberschicht des 17. Jahrhunderts war gleichzeitig der Ort der Entstehung und der Rezeption von Texten. Bekannte schriftliche Derivate der Konversation sind Memoiren und Briefe der Konversationsvirtuosen wie Cardinal Retz, Saint-Simon, Madame de Sévigné, Mademoiselle de Montpensier und anderen.[29] Der Stil ist freilich nicht vergleichbar mit dem als pedantisch verrufenen fachkundigen Stil der Gelehrten. Aber die Konversierenden sind keine Amateure. Das Urteil über Bücher in dieser Kultur der „Oratur" wird, wie Marc Fumaroli bemerkt, an der sozialen Resonanz und an der Musikalität der Texte bemessen. „Le plaisir de l'écoute dans une société de gourmets de la parole, prime pour eux sur le „plaisir du texte". Le texte littéraire français, pour durer doit emprunter l'apparente facilité orale, le bonheur sonore de la parole vive adressée à quelqu'un, et que le lecteur entend

---

[29] Im 17. Jahrhundert werden „reale" Briefe und Memoiren abgedruckt und publiziert, während im 18. Jahrhundert Memoiren und Briefwechsel bis hin zum Briefroman im Modus des Fiktiven als Literatur produziert werden. Beispiele für das 18. Jahrhundert sind: Guillerargues, Lettres d'une portugaise; Diderot, La Religieuse; Prévost, Mémoires d'un honnête homme; Laclos, Les liaisons dangereuses. Ein wiederkehrendes Thema (auch in den Memoiren des Herzogs von Saint -Simon) sind die heimlichen Amouren im Widerspiel zwischen Verheimlichung und Indiskretion. In einer Gesellschaft, die von einer generellen Präsenzpflicht geprägt ist, stellen die heimlichen Amouren freilich ein besonderes Problem dar. Überall sind potentielle Zeugen postiert, und man muß die seltenen Gelegenheiten abpassen, unbeaufsichtigt Botschaften und Liebeszeichen in Gestalt von Briefen zu übermitteln. Die schriftsemantischen Implikationen sieht Albrecht Koschorke, 1996, Empfindsamkeit als Schriftkultur. Körperströme, Zeichenzirkulation und mediale Wissensökonomie in der Schwellenzeit zur Moderne, Habil. FB Germanistik, FU Berlin, S. 165: „In solchen Fällen, ... gleichsam als doppelter Boden der Salonkonversation, tritt die Schriftlichkeit in ihr Recht. ...Im Hintergrund des offiziellen Salontons kündigt sich ein Code der Intimität an, dessen technische Bedingungen die schriftlichen Verkehrsformen sind. Von den Artikulationsmöglichkeiten, die das Schreiben dem Sprechen voraus hat, wird im Zusammenhang mit der empfindsamen Briefkultur noch die Rede sein. So sehr sich aber einerseits auf der Rückseite der höfischen Öffentlichkeit gewisse Tendenzen abzeichnen, die dann in der Empfindsamkeit zu ihrer vollen Ausprägung kommen, so verschieden sind andererseits die impliziten Voraussetzungen des Schreibens in dieser Sphäre. Wo später die Ostentation eines vorbehaltlosen Sich-Offen-Legen gefordert wird, gehorcht hier selbst die Abfassung von passionierten Briefen noch einem persuasiven Kalkül. Das briefliche Liebesgeständnis ist Bestandteil einer konversationsgemäßen rhetorischen Operation, wenn man will eine List, die ohne zwingendes Durchleiden der Gefühle als solcher einem vorgesetzten Eroberungszweck dienen soll."

comme s'il était convié à un intense entretien oral".[30] In der beschriebenen Gesellschaft regelt die Konversation also gleichzeitig die orale Sozialität wie die geschriebenen und die gedruckten Werke. Das Auswahlsystem für die eigene Semantik bleibt die Oberschichteninteraktion.

Der doppelte Schriftbezug der Konversation ist konstitutiv für die Konversation selbst. Konversation reflektiert sich im Medium der Schriftlichkeit, und damit verändert das Medium Schrift die Selbstgenerierung der Interaktion. Interaktionen zeichnen sich wie alle operativ geschlossenen strukturdeterminierten Systeme dadurch aus, daß sie ihre Elemente aus ihren Elementen und ihre Strukturen in einem zirkulären Prozeß selbst erzeugen. Autopoietische Systeme müssen ihre Operationen daher für zwei Funktionen verwenden: erstens, um Anschlußoperationen zu erzeugen, und zweitens, um Strukturen zu bewahren, zu verändern, zu bestätigen oder zu vergessen.[31] Im operativen Ablauf orientieren sich die Anschlußselektionen an den systemeigenen Strukturen. Mit der Verschriftlichung der Strukturen von Interaktionssystemen in Gestalt der Konversationssemantik ist daher die Selbstgenerierung der Interaktion auf der Ebene der Strukturen nicht mehr ausschließlich im Medium der Mündlichkeit möglich. Schrift wird somit konstitutiv für die Autopoiesis der Interaktion. Die Differenz schriftlich/mündlich bleibt aber der blinde Fleck in

---

[30] Marc Fumaroli, 1994, La Conversation, in: ders., Trois institutions littéraires, Paris: Gallimard, S.132; Für die enge Verbindung von Konversation und Brief im 17. Jahrhundert in Frankreich vgl. auch die Beiträge in: Bernard Bray/Christoph Strosetzki, 1995, Art de la lettre art de la conversation à l'époque classique en France, Paris. Selbst der Eintrag „Lettres des Modernes" in der Encyclopédie von 1765 enthält noch das Stilideal der Konversation als Vorbild für das genre épistolaire (simple, libre, familier, vif et naturel).

[31] Vgl. Niklas Luhmann, 1992a, The form of writing, in: Stanford Literature Review 9, 1 (spring 1992), S. 25-42 (28).

der zeitgenössischen Selbstbeobachtung der Kommunikation, da Schriftlichkeit als Kopie der Mündlichkeit vorgeführt wird.[32]

2. Dichtungslehren und die „gloire" des Schriftstellers

Anders in den Dichtungslehren des 17. Jahrhunderts. Hier wird das „Dop-
pelparadigma", das der Umbruchsituation von Stratifikation zu funktionaler
Differenzierung entspricht, ganz deutlich. Ulrich Schulz-Buschhaus hat -
ohne es so zu nennen - die Prinzipien der konversationsorientierten und der
schriftorientierten Dichtungslehren anhand der poetologischen Lehrgedichte
von Boileau und Menzini herausgearbeitet.[33] Obgleich die beiden Dichter
Zeitgenossen sind, unterscheiden sich ihre Lehrgedichte erheblich in der
Frage nach den Instanzen der Anerkennung für eine gelungene Dichtkunst.
Die Diktion der Lehrgedichte Menzinis, der hier die Rolle des Poeta doctus
innehat, verweist auf Traditionsverbundenheit und auf Anerkennung im
Kreise von Spezialisten und bei der Nachwelt. Boileau ist den Honnête-
homme-Idealen verpflichtet. Wenn dieser überhaupt als Autor auftritt, sucht

---

[32] Darin sind die Interaktionstheorien in exakter Parallele zu den Sprachtheorien des 17.
Jahrhunderts konstruiert. In der Logik von Port-Royal etwa wird das Verhältnis Ideen, Sprache,
Schrift als exaktes Übersetzungsverhältnis beschrieben, die Differenz Sprache/ Schrift wird nicht -
wie dann im 18.Jahrhundert - eigens thematisiert: „La troisiéme division des signes, est, qu'il y en a
de naturels qui ne dépendent pas de la fantaisie des hommes; comme une image qui paroît dans un
miroir est un signe naturel de celui qu'elle représente; et qu'il y en a d'autres qui ne sont que
d'institution et d'établissement, soit qu'ils aient quelque rapport éloigné avec la chose figurée soit
qu'ils n'en aient point-du-tout. Ainsi les mots sont signes d'institution des pensées, et les caracteres
des mots. On expliquera, en traitant des propositions, une vérité importante sur ces sortes de signes
qui est que l'on en peut en quelques occasions affirmer les choses signifiées." Arnauld, Antoine et
Nicole, Pierre, 1660-1680/1970, La Logique ou l' art de penser, Paris: Flammarion. Vgl. für die
Tradition: Utz Maas, 1986, „Die Schrift ist ein Zeichen für das, was in dem Gesprochenen ist". Zur
Frühgeschichte der sprachwissenschaftlichen Schriftauffassung: das aristotelische und
nacharistotelische (phonographische) Schriftverständnis, in: Kodikas/Code 9, S. 247-292.

[33] Ulrich Schulz-Buschhaus, 1974, Honnête Homme und Poeta doctus. Zum Verhältnis von
Boileaus und Menzinis poetologischen Lehrgedichten, in: Arcadia 9, S.111-133.

er die Anerkennung beim gegenwärtigen Publikum. Die hier gegeneinandergehaltenen Instanzen Tradition und Nachwelt versus Publikum entsprechen exakt der Differenz schriftlich/mündlich. Boileaus Regeln der gelungenen Dichtkunst sind dem Konversationsziel zu gefallen verpflichtet. Er übernimmt die in der Interaktion entwickelte Regel des Perspektivenwechsels und tauscht damit den Blickpunkt des traditionsorientierten Künstlers, dessen Gütekriterien nur vor Spezialisten bestehen müssen, mit dem des Lesers. Die rhetorische Empfehlung zur Verwendung der Leserperspektive taucht in den Poetiken des 16. Jahrhunderts noch nicht auf.[34] In Frankreich des 17. Jahrhunderts wird sie jedoch zum entscheidenden Kriterium für gelungene Dichtung.[35] Bei La Bruyère heißt es: „Tout écrivain, pour écrire nettement, doit se mettre à la place de ses lecteurs, examiner son propre ouvrage comme quelque chose qui lui est nouveau, qu'il lit pour la première fois, où il n'a nulle part, et que l'auteur aurait soumis à sa critique; et se persuader ensuite qu'on est pas entendu seulement à cause que l'on s'entend soi-même, mais parce qu'on est en effet intelligible."[36] Kriterien wie Verständlichkeit oder dem Leser gefallen setzten den Dichter unter unmittelbaren Erfolgszwang. Der Autor, der Boileaus art poétique folgt, will sein Publikum unterhalten, darf es nicht ermüden, er ist der galante Autor des Grand Siècle. Daß erst die Nachwelt über den wahren Rang und die Größe eines Dichters entscheiden könne, kommt als Kriterium erst mit der Unabhängigkeit der schriftlichen Kommunikation von ihrer interaktiven Bevormundung in den Blick. Es findet sich als humanistischer topos in den Epiken des 16. Jahrhunderts und in der Konzeption der „gloire", die für Ruhm und soziale Anerkennung steht und im 18. und 19. Jahrhundert auf

---

[34] Vgl., Ebenda, S. 127.

[35] In Texten des 17. Jahrhunderts wird häufig der Leser direkt angesprochen. Wendungen wie cher ami oder cher lecteur finden sich immer wiedert in gedruckten, an anonyme Leser gerichteten Texten. Interaktion wird im Buch oder in der Zeitschrift häufig im Konversationsstil simuliert.

die die Nachwelt bewegenden exorbitanten Leistungen der Schriftsteller ausgedehnt wird.[37] Immer sind es Dichtungslehren oder Reflexionen zur Literatur, die bereits auf ein soziales Gedächtnis eingestellt sind - eine Instanz, die Boileau völlig außer acht läßt. Was im Vergleich zu Menzini in der Dichtkunst Boileau ist, ist in der Theologie im Vergleich zu Arnaulds theologischen Fachtexten Pascals Textserie der Provinciales. Es handelt sich eigentlich um die Früchte der Zusammenarbeit von Pascal, Arnauld und Nicole, die aber von Pascal dokumentiert und in die zirkulationsfähige Textform von konversationsartig verfaßten Briefen transformiert wurden: die „lettres à un provincial".[38] Dieses Beispiel zeigt, daß selbst dort, wo bereits ausdifferenzierte Subsysteme wie Religion mit spezialisierten Wissensbeständen wie der Theologie vorliegen, eine Übersetzung in die Konversationslogik vorgenommen wird, wenn das Wissen gesellschaftsrelevant werden soll.

Es ist deutlich, daß im Europa des 16. und 17. Jahrhunderts unterschiedliche Gesellschaftsmodelle praktiziert wurden, daß es Ungleichzeitigkeiten im Übergang von der Stratifikation zur funktionalen Differenzierung gab, die nicht unbedingt mit Ländergrenzen identisch sind. Der in Frankreich auch die Schriftlichkeit bestimmende Zwang zum Konversationsformat ist in den zeitgenössischen italienischen Dichtungsmethodologien, wie unser Beispiel zeigt, allerdings nicht vorherrschend. Die italienische Renaissance ist als Ausgangspunkt der Ausdifferenzierung des modernen Kunstsystems bezeichnet worden. Die Ausdifferenzierung der literarischen Kommunikation im „Rahmen" eines ausdifferenzierten Kunstsystems ist

---

[36] La Bruyère, 1694/1965, Les Caractères, a.a.O., S.97/56.

[37] Ursprünglich war das Konzept der gloire ein politisches   Konzept und bezog sich auf Waffenruhm; es wurde jedoch ausgedehnt auf intellektuelle Leistungen:"La gloire s'acquiere dans le domaine de la pensée comme dans celui de la politique: il s'agit toujours de renverser un système existant et d'en établir un autre qui le remplace." Larousse, S.1306.

[38] Vgl. Jean Mesnard, 1967, Pascal, Paris: Hatier, S.79f.

freilich ein kontinuierlicher Prozeß, der schubweise von statten ging und daher nicht mit einem exakten Datum zu versehen ist. Die Funktion des Kunstsystems für die Gesamtgesellschaft liegt, darin folgen wir Niklas Luhmann, „im Nachweis von Ordnungszwängen im Bereich des nur Möglichen".[39] Sie wird von keinem anderen Funktionssystem übernommen, weder von der Wissenschaft noch von der Religion. Der Bereich des Möglichen ist in der Literatur (und Poesie) seit dem 18. Jahrhundert mit der positiven Bewertung von Fiktionalität markiert. Mit der Autonomisierung der literarischen Sonderkommunikation geht die Ausdifferenzierung eines métier im Sinne eines fachspezifischen Könnens einher[40] sowie die Ausdifferenzierung eines vorbereiteten Publikums, das sich nicht mehr auf Hof und Klerus beschränkt. Die mondänen Salons hatten hier ihre Bedeutung. Als radikale, die Verschriftlichung amplifizierende Innovation des 17. Jahrhunderts gilt aber die Erfindung von Presse und Periodika. Sie befördern gleichzeitig die Kommunikation zwischen Abwesenden und die Spezialisierung von Kommunikationsformen. In Frankreich, eingeschlossen die holländische Gelehrtenwelt, entstanden Zeitschriften und Periodika, die systematisch Sonderkommunikationen und Publika differenzieren und auseinanderhalten: die politischen und moralischen Nachrichten (la *gazette*), die Gelehrtenkommunikation (le *Journal des Savants* als Organ für wissenschaftliche Nachrichten und *Bibliothèque universelle et historique,* eine von den Klerikern lancierte Zeitschrift für Gelehrte), mondäne Nachrichtenblätter (*muse historique, muse de la cour*), schließlich die *Nouvelles de la république des Lettres* für das „belles-lettres"-Publikum und die gebildete Öffentlichkeit sowie der *Mercure galant,* der an die Ge-

---

[39] Niklas Luhmann, 1995i, Die Kunst der Gesellschaft, Frankfurt/M: Suhrkamp, S.238.

[40] Einer der umkäpften topoi: der bel esprit bedarf natürlich nicht Boileauscher Belehrungen. Als Theoretiker des bel esprit gilt Bouhours, 1671, Entretiens d'Ariste et d'Eugène, der ihm die fundamentalen Qualitäten eines Schriftstellers qua natürlicher Gaben attestiert.

sellschaft der honnêtes-hommes adressiert ist.[41] Der mögliche Anschluß von Schrift an Schrift in der Selbstgenerierung der literarischen Kommunikation führt dazu, daß Literatur um ihrer Anerkennung willen nicht mehr das Nadelöhr der Interaktion passieren muß. Auch der Anschluß an die Tradition und die Nachwelt als mögliche Anerkennungsinstanz sind Schrift- und Druckphänomene, die die Autonomisierung von Poesie und Literatur gegenüber den Ansprüchen der Oberschicht auf „divertissement" befördern.

In Europa hatte die Produktion von gedruckten Büchern nach verstreuten Anfängen in Deutschland einen Höhepunkt in Italien, um sich schließlich nach Frankreich zu verlagern. Die dominierende Buchdruck- und Buchhandelsstadt war im 15. und 16. Jahrhundert Venedig, ehe es von Paris abgelöst wurde. Venedig war bereits das Zentrum der europäischen Kopierstuben und des Handschriftenhandels.[42] Während wissenschaftliche Editionsvorhaben überregional geplant wurden, da die wissenschaftliche Kommunikation bis ins 18. Jahrhundert überwiegend in Latein geführt wurde, wurden Poesie und Literatur in den Vernakularsprachen gedruckt und entfalteten ihre Autonomie und ihr Wirkungsfeld innerhalb des eigenen Sprachraums. Eine Sonderstellung in der übernationalen Kommunikation hatte im 17. und 18. Jahrhundert die beschriebene, von Frankreich ausgehende und am Honnête-homme-Ideal orientierte galante Konversation. Sie wurde als gebildete Oberschichteninteraktion nationenübergreifend in Fran-

---

[41] Vgl. Alain Viala, 1985, Naissance de l'écrivain. Sociologie de la littérature à l'âge classique, a.a.O., S. 129ff.

[42] Vgl. Claus Ahlzweig, 1994, Geschichte des Buches, in: Günther, Hartmut/ Ludwig, Otto (Hrsg.), Schrift und Schriftlichkeit, 1. Halbband, Berlin/New York: de Gruyter, S. 85-102; zum Übergang vom Manuskript zum Typoskript vgl. Michael Giesecke, 1991, Der Buchdruck in der frühen Neuzeit, a.a.O. Das Bibliothekswesen hatte allerdings schon vor der Druckerpresse eine beachtliche Proliferationsfunktion, vgl. Mary A. Rouse/ Richard H. Rouse, 1991, Authentic Witnesses: Approaches to Medieval Texts and Manuscripts, Indiana : UP.

zösisch geführt.[43] Als Relikt der stratifizierten Gesellschaft bewahrt und
raffiniert sich Konversation quasi kontrafaktisch noch im Zuge der Ausdifferenzierung von Funktionssystemen und der zunehmend begriffenen Differenzierung von Interaktion und Gesellschaft als Oberschichteninteraktion.[44] Das Primat der Interaktion vor schriftlichen und gedruckten Werken
ist allerdings ohne Ambivalenz seit dem ausgehenden 18. Jahrhundert nicht
mehr aufrecht zu erhalten. Die Literatur selbst reflektiert Schrift und
Buchdruck im ausgehenden 18. und vor allem im 19. Jahrhundert. Am
Ende des 18. Jahrhunderts ist deutlich, daß die Verschriftlichung der Gesellschaft: zunehmende Verbreitung von Druckerzeugnissen, Zeitschriften-
und Verlagswesen die interaktiven Klammern der schriftlichen Kommunikation sprengen. Nicht mehr Musikalität der Texte und unmittelbare soziale
Resonanz der Zeitgenossen entscheiden über die Anerkennung der schrift-
stellerischen Leistung. Das Schriftkriterium der Posteriorität wird uneinhol-
bar. Die Druckkunst, das wurde am Ende des 18. Jahrhunderts deutlich
gesehen, befreit den Dichter von den gegenwärtigen Anerkennungs- und
Anschlußzwängen bei den Zeitgenossen. Der Buchdruck macht den Dichter
unsterblich; dank des Buchdrucks, so weiß man am Ende des 18. Jahrhunderts, „spricht" das Genie zur Nachwelt bis zum Ende der Welt: „C'est au
moyen de l'imprimerie que le génie parlera à la postérité jusqu'à la fin du

---

[43] Vgl. Fausser, Markus, La Conversation dans les manuels de civilité en Allemagne au XVIIIe
siècle in: Alain Montandon,1994, Pour une histoire des traités de savoir-vivre en Europe, a.a.O., S.
245-269.

[44] Interaktion und Gesellschaft oder Gesellschaft und Gemeinschaft werden erst in der Semantik
des 19. Jahrhunderts tatsächlich getrennt behandelt- was nicht bedeutet, daß die Soziologie der
Gegenwart in ihrer Gesamtheit diese Differenz auszuhalten vermag. Bei Uwe Schimank, 1996,
Theorien gesellschaftlicher Differenzierung, Opladen, S.140 findet sich z.B. eine die Radikalität
dieser Differenz negierende Formulierung: „Sozialität ist immer Interaktion und immer
Gesellschaft, so daß diese beiden Systemebenen stets zusammenwirken, um die Komplexiät sozialer
Situationen auf ein personal verarbeitbares Maß zu reduzieren." Wir versuchen gerade zu zeigen,
daß die Einführung der Schrift in die gesellschaftliche Kommunikation einen Sozialitätsmodus
jenseits von „sozialen Situationen" im strengen Sinne und Personenformaten befördert und
routinisiert.

monde. Qui êst-vous donc, ennemis de l'imprimerie? Vous la craignez! vous serez mis à jour par elle; elle ira fouiller la vérité jusqu'au fond de vos entrailles. Liguez-vous, méchans et imposteurs, liguez-vous des quatre coins de l'univers; l'imprimerie vous brave, son anéantissment est hors de votre pouvoir."[45]

3. Schriftphänomene: Genialität, Originalität und Neuheit

Ordnungszwänge im Bereich des nur Möglichen, die das 17. Jahrhundert noch für verbindlich erklärt hatte, werden mit dem 18. Jahrhundert durch vehemente Gegenbewegungen in Frage gestellt. Es erscheinen Gedichte, die selbst auf die Gefahren der Regeln in der Kunst hinweisen.[46] Boileaus Lehrgedichte werden expliziter Gegenstand von Kritik. In einer Attacke gegen Boileau betont Cubières: „que le 'fatras de règles et de préceptes' dont s'est encombrée la littérature française peut servir à construire 'des sonnets réguliers, des odes méthodiques et des tragédies compassées', mais qu'il empêche la naissance de chefs-d'oeuvr authentiques."[47] In Frage stehen die Regeln der poetischen Sprache, Vers und Reim. Das Verschwinden der traditionellen Prosodie bereitet die Heraufkunft einer genuin poetischen Sprache vor. Poesie ist nicht mehr Eloquenztechnik; Poetik nicht mehr Regelpoetik.

Abgelöst wird die Regelästhetik in der Textkunst durch die Betonung der Individualität und Originalität des authentischen Werkes. Das authentische Werk des Dichters, der jetzt als Genie beschrieben wird und daher

---

[45] Mercier, Sébastien, An X, L'homme de fer, Paris: Lepetit/Gérard, S.271 f.

[46] J.J. Taillasson, 1785, Le danger de règles dans les arts, Paris.

[47] Cubières, 1787, Lettre au marquis de Ximénès, S.6, zit. nach: Jacques Bousquet, 1972, Le 18e siècle romantique, Paris:Pauvert, S. 116.

keiner Regeln bedarf, zählt im ausgehenden 18. Jahrhundert. Das Genie im 17. Jahrhundert hatte bereits den Vorrang vor dem Wissen und der Anwendung der Kunstregeln, aber Genialität wird noch nicht gegen die Regeln gestellt.[48] Erst im 18. Jahrhundert folgt das Genie nicht mehr Vorbildern, sondern seinem eigenen Genius. Die einzige Regelgeberin ist die Natur in Gestalt der „Naturbegabung" des Künstlers. Das Innere als Schöpfungsquelle des Künstlers wird dem Äußeren der Gesellschaft gegenübergestellt. Während die Regelästhetik alles Individuelle auf seine repräsentative und logisch faßbare Allgemeinheit reduziert, bestimmt sich die Individualität und Besonderheit des Kunstwerks jetzt gerade in der Differenz zum Allgemeinen und kann nicht Exemplar oder die gelungene Ausführung einer Mustervorgabe sein. Im Kunstsystem, in der Ästhetiktheorie des 18. Jahrhunderts nimmt die Semantik der Individualität ihren Ausgang. Schließlich dehnt sie sich auf das Individuum aus, das sich in der Differenz zum Sozialen bestimmt.[49]

Das Kunstwerk findet allerdings keinen internen Anhaltspunkt, um sich zu beobachten und sich als Einheit zu beschreiben. Was für die Selbstbeobachtung gilt, trifft gleichermaßen für die Fremdbeobachtung zu. Das Problem der Unbeobachtbarkeit der Einheit eines Kunstwerks läßt sich theoretisch mit der Einsicht beantworten, das Kunstwerk selbst leiste eine Paradoxieentfaltung; so wie jede Operation der Beobachtung und Beschreibung einen willkürlichen Anfang setzt, der in der Operation der

---

[48] Dies war ein unter den Stichworten imitatio und inventio behandelter Gegenstand der 'Querelle des Anciens et des Modemes', vgl. Hans Robert Jauß, 1964, Charles Perrault. Parallèle des Anciens et des Modernes en ce qui regarde les arts et les sciences, München, S. 8-64. Die beiden Wortführer der 'Modemen' waren Fontenelle, dessen 'Digression sur les Anciens et les Modernes' 1688 , und Perrault, dessen 'Parallèle des Anciens et des Modernes' 1688, 1690, 1692 und 1697 erschien, vgl. Jochen Schmidt, 1985, Die Geschichte des Genie-Gedankens in der deutschen Literatur, Philosophie und Politik 1750-1945, Darmstadt, Bd. 1, S.13ff.

[49] Vgl. Niklas Luhmann, 1989a, Individuum, Individualität, Individualismus, in: ders., Gesellschaftsstruktur und Semantik, Bd 3, Frankfurt/M: Suhrkamp, S.149-259.

gleichzeitigen Unterscheidung und Bezeichnung besteht und es erlaubt, weitere Operationen auf der einen, aber nicht auf der anderen Seite anzuschließen. Diese Beschreibung setzt aber ein modernes autonom gewordenes Kunstsystem voraus, womit Kunst zur „Artikulation ihrer Selbstreferenz" wird.[50]

In der Selbstbeschreibung der literarischen Kommunikation - für die wir uns im Rahmen des Kunstsystems interessieren - werden nun gleichzeitig im ausgehenden 18.Jahrhundert fremdreferentielle Formen der Bestimmung der Einheit eines Kunstwerks angeboten. Einer dieser fremdreferentiellen Anhaltspunkte ist das Genie als Autor und Schöpfer des - oder wie es dann das Urheberrecht im 19. Jahrhundert festlegt: seines Werkes.[51] Anhaltspunkt für die Einheit des Kunstwerks bleibt der fremdreferentielle Bezug auf den genialen Autor. Die Artikulation der Selbstreferenz des Kunstsystems sowie des Kunstwerks und die Problematisierung ihrer fremdreferentiellen Bezüge werden um 1800 in der Selbstbeschreibung der literarischen Kommunikation sichtbar.

Die Selbstreferenz des modernen Kunstwerks setzt sich von den alten imitatio- und mimesis- Konzepten ab, deren fremdreferentieller Bezug auf Natur primär war; die des Kunstsystems stellt sich als Autonomisierung gegenüber den Funktionssystemen Religion, Politik und Wissenschaft dar. In der Mimesis-Ära bestand die Leistung des Kunstsystems in der Konditionierung des Könnens durch Rhetorik und Dichtungslehren. Mit dem Buchdruck werden Rhetoriken und Dichtungslehren allgemein zugänglich. Es kommt zu einer Vulgarisierung der Regeln für die künstlerische Produktion. Für Mimesis- und Wiedererkennenskonzepte war vor allem die

---

[50] Vgl. Niklas Luhmann, 1995i, Die Kunst der Gesellschaft, a.a.O, S.74ff; hier wird die These des Kunstwerks als Paradoxieentfaltung genauer entwickelt.

[51] Vgl. Heinrich Bosse, 1981, Autorschaft ist Werkherrschaft. Über die Entstehung des Urheberrechts aus dem Geist der Goethezeit, Paderborn: Schöningh.

Beachtung der Regeln Bedingung für die Schönheit eines künstlerischen Werks, wobei immer schon zwischen zwei Typen der Nachahmung unterschieden wurde: der perhorreszierten anderer Stile und der wertgeschätzten Nachahmung der Natur. Freilich galt es auch hier, die Regelhaftigkeit kunstvoll zu verbergen.[52] Erst die Geniesemantik propagiert, daß man Dichter gar nicht bilden kann, denn die geniale Produktion sperrt sich gegen jede Lehr- und Lernbarkeit.[53] Genialität wird jetzt als genuine Schöpferkraft begriffen. Im Werk kommt somit die Individualität seines Schöpfers zum Ausdruck.[54] Bei Herder schließlich wird Genialität zum Ursprung der schöpferischen Potenz des Dichters.[55] Das Genie jedenfalls ahmt keine Muster nach und führt keine Regeln aus, sondern es schafft Originale und wird zum Originalgenie.[56] Die Geniesemantik erfährt damit selbst noch

---

[52] Eine ähnliche Entwicklung hatten wir für die Verbreitung von Verhaltensmaximen in der Konversation für das 17. Jahrhundert festgehalten: Regelbefolgung bei gleichzeitigem Verbergen ihrer Anwendung waren Bedingungen für soziales Reüssieren (s.o.). Zum Konzept der Mimesis vgl.auch Gunther Gebauer, / Christoph Wulf, 1992, Mimesis, Reinbeck: Rohwolt.

[53] Vgl. Heinrich Bosse, 1978, Dichter kann man nicht bilden. Zur Veränderung der Schulrhetorik nach 1770, in: Jahrbuch für internationale Germanistik X, I, S.80-125.

[54] Vgl. Jürgen Fohrmann, 1985, Dichter heißen so gerne Schöpfer. Über Genies und andere Epigonen, in: Merkur 39, S.980-989.

[55] Vgl. Jochen Schmidt, 1985, Die Geschichte des Genie-Gedankens, a.a.O., S. 129ff. Daß *Potenz* bei Herder und Jean Paul zu einer genuin literarischen Qualität wird, bemerkt in geschlechterpolitischer Perspektive Albrecht Koschorke, 1996a, Geschlechterpolitik und Zeichenökonomie. Zur Geschichte der deutschen Klassik vor ihrer Entstehung, MS, S.9. Vgl. auch Balzacs', 1819/1990, Essai sur le génie poétique, in: ders., Oeuvres diverses, vol. I, Pléiade, Paris: Gallimard, S. 593 - 600, der Genialität als eine der inneren menschlichen Kräfte begreift, die an eine hierarchisch konstituierte Theorie des Willens und der Einbildungskraft gekoppelt ist. Während das Gedächtnis eine einfache Gefühls- und Verstandesleistung sei (la mémoire ... ne rappelle que les idées simples), sei die Imagination eine componierte, synthetisierende Leistung (l'imagination tient aux idées composées).

[56] Vgl. etwa den Eintrag *original* et *originalité* im *Dictionnaire des Beaux-Arts* d'Aubin-Louis Millin, Paris Desray 1806, vol II, S. 724-727: L'esprit original imprime aux ouvrages de l'art dans lesquels il se manifeste, un caractère particulier qui le distingue de ceux de tous les autres artistes. L'esprit original est opposé à celui de l'imitation ... Des hommes dont l'imagination et le sentiment ont plus de vivacité qu'on n'en trouve ordinairement, qui sentent plus vivement que d'autres ce qui est beau, donnent souvent par leur propre impulsion, et sans être excités par l'exemple d'autrui, une forme nouvelle, un caractère particulier à certains ouvrages dont ils s'occupent avec soin et ils en

einmal eine Veränderung von bloßem Naturbezug - im Sinne natürlicher Gaben - in Richtung auf Innovation: in diesem Sinne ist Genialität gleichbedeutend mit der Fähigkeit, schöpferisch selbst neue Bahnen zu finden. „Genie ist nicht mehr nur 'die geschickte Natur (génie)', also das Naturell, das zu bestimmten vorliegenden Tätigkeitsbereichen oder 'Laufbahnen' im älteren Sinne qualifiziert. Es wählt autonom eine Bahn, die seiner Individualität entspricht, es realisiert außergewöhnliche, individuelle Wege."[57] Die Beherrschung und das Wiedererkennen von Regeln bleibt zwar Bedingung für die Produktion von Schönheit, aber den entscheidenden Orientierungswert bildet jetzt die Kategorie des Neuen.[58] Das Neue bleibt aber im Kunstsystem im Gegensatz zu neuen wissenschaftlichen Erkenntnissen etwa dem Gefallen untergeordnet. Neuheit als Erfordernis von Kunstwerken muß sich jetzt vor den in Bibliotheken und Museen gesammelten Beständen als neu profilieren. Das Originalgenie bricht mit der Tradition, unterbricht die Kette der Imitation und erhebt schließlich die Diskontinuität gegenüber der Tradition zum Normalfall. Das moderne Genie ist gleichsam voraus-

---

font des ouvrages de l'art. Ce sont là des *génies originaux* , en ce qu'il produisent des ouvrages des beaux- arts, non par imitation, mais d'après l'impulsion de leur propre génie. .... Les véritables artistes originaux travaillent ordinairement d'après la plénitude de leur sentiment, parce qu' ils sentent une *impulsion irrésistible* de manifester, par un ouvrage de l'art, ce qu'ils sentent vivement ou ce qui occupe leur imagination d'une manière particulière. ... ce sont les véritables fruits du génie par lesquels ils se manifestent *tel qu'il est*, tandis que les autres ne nous font connaître que des sentiments *imaginaires* et qui n'existent pas réellement. Les premiers nous font toujours connaître *la nature*, les autres ne nous montrent jamais que *l'art*." Einer der frühesten Programmatiker des Originalgenies ist sicherlich Edward Young, vgl. Edward Young, 1760/1977, Gedanken über die Original-Werke, Faksimiledruck nach der Ausgabe von 1760, Heidelberg.

[57] Georg Stanitzek, 1989, Blödigkeit. Beschreibungen des Individuums im 18. Jahrhundert, Tübingen: Niemeyer, S. 192f. Georg Stanitzek bezieht sich auf Jakob Friedrich Abel, 1776, Rede über das Genie. Werden große Geister geboren oder erzogen und welches sind die Merkmale derselbigen?

[58] Vgl. Niklas Luhmann, 1995i, Die Kunst der Gesellschaft, a.a.O., bes. S.323ff. Auf den hier angesprochenen Zusammenhang von Neuheit als Orientierungswert und die Trennung von Codierung und Programmierung gehen wir weiter unten ein. Zur ästhetischen Kategorie des Neuen im Sinne von Originalität vgl.: Roland Mortier, 1982, L'originalité. Une nouvelle catégorie esthétique au siècle de lumières, Genf: Droz.

setzungslos, indem es sich und sein Werk in eigener Schöpfergeste erzeugt. Es ist das Geschöpf seines eigenen Schöpfungsaktes.[59] Schließlich führt die Prämierung des Neuen als individuelles und authentisches Kunstwerk zur Beschreibung des Kunstwerks als einzigartig.[60] In der Genieästhetik ist damit eine Oppositionslinie gegen Regelästhetik ausgemacht, die auf Individualität, Authentizität und Einzigartigkeit des Kunstwerks hinausläuft. Diese Reihung ist nicht einfach additiv zu verstehen. Nicht die Einzigkeit der Invention ist gefragt - die hatte seit der Antike und wieder im 12. Jahrhundert ihre Bewunderer, sondern die Einzigartigkeit, die sich durch die geniale Persönlichkeit beglaubigt. In der Geniesemantik beschlossene Motive von Originalität, Einzigartigkeit, Authentizität und Voraussetzungslosigkeit wachsen schließlich über den Rahmen der engen ästhetischen Kategorie hinaus. So stellt die Verallgemeinerung des Geniebegriffs zu einer Leitkategorie die Bedingung für das Verständnis von Individualität schlechthin dar. Das moderne Individuum als Original ist in seiner Einzigartigkeit anderen Inklusions-/Exklusionsverhältnissen ausgesetzt als die vormoderne Person, die qua Geburt und Familienzugehörigkeit einen sicheren Platz in der Gesellschaft hatte. Das Individuum ist aus der Gesellschaft exkludiert. Es kann sich nur in selbstreflexiver Geste als Individuum begreifen. Das Motiv der Selbsterzeugung des Originalgenies greift über die Geniesemantik hinaus und wird zum prominenten Topos im idealistischen Systemdenken, das die selbstreflexive Konstitution von Subjektivität propagiert.

---

[59] Albrecht Koschorke, 1996a, Geschlechterpolitik und Zeichenökonomie, a.a.O., S.16 spricht von der „zölibatären Selbstzeugung des Originalgenies".

[60] Die Einzigartigkeit des Kunstwerks hat zur Folge, daß sich keine Regel seiner Herstellung angeben läßt, daß vielmehr mit und in jedem neuen Kunstwerk die Regel selbst zu erzeugen und aufzufinden ist. Für das moderne Kunst"werk" hat Luhmann daher den Begriff der Selbstprogrammierung vorgeschlagen. Für die modernsten Kunstwerke entfällt darüber hinaus noch der Stil als Temporalkategorie; vgl. zur Selbstprogrammierung: Niklas Luhmann, 1995h, Die Kunst der Gesellschaft, a.a.O., bes. S.331ff.

Kommunikationsgeschichtlich ist die Genieära häufig als das Ende des rhetorischen Zeitalters bezeichnet worden. Dies unterstreicht noch einmal die Durchsetzung von diskontinuierlichen Elementen in der Genie- und Originalitätssemantik. Die Rhetorik war ihrem Selbstverständnis nach ein System der Wiederholung, während sich die Geniesemantik durch das Verbot zu wiederholen insinuiert. Es sei besser, ein Original als eine Kopie zu werden, heißt die Devise für angehende Autoren, daher gilt die Unterweisung auch nicht mehr der Einübung von rhetorischen Stereotypen. Die der Authentizität und Originalität verpflichtete Regel heißt jetzt: Sag es mit deinen eigenen Worten.[61] Rhetorik war eine auf ein nicht lesendes Publikum eingestellte Tradition, der Zerfall der rhetorischen Tradition ist daher auch eine unumgängliche Reaktion auf das Ende des 18. Jahrhunderts einsetzende Massenschrifttum, die Expansion des Buchmarktes und das sie begleitenden Phänomen eines lesenden Publikums, dem besorgte Stimmen eine Lesesucht attestierten.[62] Die wachsende Flut der Publikationen verlangte nach Verknappung. In der Orientierung an Neuheit und Diskontinuität läßt sich eine solche Verknappungsbewegung erkennen, die auf die überbordende Mitteilungsexplosion reagiert.

Hinzuzufügen ist diesen Befunden aus unserer Perspektive, daß es sich auch um das Ende des Zeitalters der Konversation handelt. Das Genie ist ein Schriftphänomen. Gründe dafür sind leicht einzusehen: In der Literatur wird das Genie auch von seinen Schattenseiten - wie es sich für die Zeitgenossen noch ausnimmt - beobachtet. „Es gibt Fälle, wo Trägheit,

---

[61] Vgl. Heinrich Bosse, 1978, Dichter kann man nicht bilden, a.a.O. Das Verbot zu wiederholen kann auch als Urszene der Hermeneutik angesehen werden. Sie ist ebenfalls eine antirhetorische Bewegung, die vor allem die aktiv/passiv-Relation verkehrt. In der Rhetorik ist der Text die mächtige Instanz, vor der Leser zu einer passiven, programmierten Figur erstarrt, während die Hermeneutik von einem Akt der Koproduktion von Text und Lektüre ausgeht.

[62] Vgl. Dominik von König, 1977, Lesesucht und Lesewut, in: H.G. Göpfert (Hg.), Buch und Leser. Vorträge des ersten Jahrestreffens des Wolfenbütteler Arbeitskreises für Geschichte des Buchwesens 1976. Hamburg, S. 89-124.

Unwissenheit, Verwirrung, Zeichen desselben sind. Weil nämlich ein Genie sich ganz auf gewisse Gegenstände hinheftet, so wendet es sich von anderen ab, seine Aufmerksamkeit und alle seine Kräfte wirken bei diesen schwach und alle seine Begriffe werden matt und armselig."[63] Der genialen Einzigartigkeit wird ein Spezialistentum attribuiert, das mit einer mangelnden Konversationsfähigkeit einhergeht. Das Genie wird daher in die Tradition der immer noch pejorativ konnotierten Gelehrtenwelt gestellt und keineswegs in die Nachfolge der Konversationsfigur des allseits gefälligen honnête homme. Das Genie stammelt. Georg Stanitzek hat dieses Phänomen der Überreflektiertheit, das auf spezialisiertem Wissen und Können, Naivität und Unschuld beruht, unter dem zeitgenössischen Titel „Blödigkeit" analysiert. In der Blödigkeit, so formuliert Christian Garve, liegt ein gewisser „Stolz" auf den „eigentlichen inneren Wert" im Streit mit der „Begierde zu gefallen".[64] Blödigkeit ist daher ein Übergangsphänomen zwischen noch konversationsverhafteter Gefälligkeitsaporie unter Anwesenden und der bereits vorhandenen Einsicht in die innere Komplexität der Einzigartigkeit und Genialität, die sich in der Konversation nicht entfalten kann.[65] Der Blödige ist immer wieder mit Situationen konfrontiert, denen er nicht gewachsen ist. Aber Verwirrung, Verlegenheit und Konversationsunfähigkeit in der Gesellschaft werden jetzt - anders als im 17. Jahrhundert - selbst zum Zeichen für geniale Verfassung. Der geniale Dichter leidet an der Gesellschaft (Vigny), zieht sich schließlich aus ihr zurück und sucht die

---

[63] Jakob Friedrich Abel, 1776, Rede über das Genie. Werden große Geister geboren oder erzogen und welches sind die Merkmale derselbigen?, S.29f; zit. nach Georg Stanitzek, 1989, Blödigkeit. Beschreibungen des Individuums im 18. Jahrhundert, a.a.O., S.193.

[64] Christian Garve, 1792, Über die Maximen Rochefaucaulds, S.666, zit. nach Georg Stanitzek, 1989, Blödigkeit, Beschreibungen des Individuums im 18. Jahrhundert, a.a.O., S.216.

[65] Ein Beispiel ist sicherlich Balzacs Louis Lambert, der alle Sprachen spricht, sich aber nicht äußern kann. Er steht auch für eine seit dem 18. Jahrhundert kultivierte Zweitform für Abweichung, die Genie und Wahnsinn zusammendenkt, eine gelegentliche Unentscheidbarkeit propagiert oder das wahnsinnig gewordene Genie für therapiebedürftig hält.

Distanz als Voraussetzung für das authentische Werk, wobei Gesellschaft immer noch gleichgesetzt wird mit Interaktion unter Anwesenden.

Im Zuge der semantischen Entwicklung, die die Autonomisierung des modernen Kunstsystems begleitet und befördert, sagt die Kunst auch etwas über die Autonomisierung der schriftlichen Kommunikation von der Interaktion unter Anwesenden. Die literarische Kommunikation ist eine besondere Form der Ablösung der Kommunikation von der Interaktion unter Anwesenden. Sie begreift dies erst und kann es letztlich auch erst sein im Zuge der Autonomisierung des Kunstsystems. Das Kunstsystem ist daher ein Ausgangspunkt für die Reflexion und Beschreibung dieser kommunikationsgeschichtlichen Veränderung.

Interaktion ist nicht der Ort, an dem sich Originalität und Genialität entfalten können. Vermeintliches Unvermögen, in der Konversation zu gefallen, spielt dabei eine Rolle. Blödigkeit und die Distanznahme des Dichters zur „Gesellschaft" sind zeitgenössische Reaktionen, die den Übergang von der Interaktion als Auswahlsystem der Semantik zur Autonomisierung der Schriftlichkeit markieren. Ein systematischer Grund für die interaktive Sperrigkeit von Originalität liegt aber gewiß in der begrenzten Absorptionsfähigkeit von Neuheit in der Interaktion. Die Allianz von Originalität, Einzigartigkeit und Schriftlichkeit ergibt sich also vor allem durch die veränderte Abweichungswertschätzung, die in der Geniethematisierung zusammengeführt wird.[66] In dem Maße, wie ein Werk als einzigartig, neu,

---

[66] Im Zusammenhang mit Buchdruck und allmählich einsetzender funktionaler Differenzierung analysiert Niklas Luhmann das Aufbrechen der semantischen Einheit von Neuheit und Abweichung. Die Neubewertung des Neuen läßt sich vor allem in der Kunst und in der Wissenschaft beobachten, nachdem sich die schönen Künste und die Wissenschaft seit dem 16. Jahrhundert ausdifferenzieren. Im 17. und 18. Jahrhundert setzt eine Bifurkation der Reaktion auf die kommunikative Irritation ein: Irritationen werden jetzt so behandelt, daß sie entweder als Neuheit begrüßt oder als Abweichung abgelehnt werden. Vgl. Niklas Luhmann,1995h, Die Behandlung von Irritation: Abweichung oder Neuheit, in: ders., 1995e, Gesellschaftsstruktur und Semantik Bd. 4, S. 55-101. Als ältere Form der Verarbeitung von Neuheit, die noch nicht zwischen Neuheit und Abweichung unterscheidet, kann die oben behandelte „gloire" angesehen werden. Das

genial auftritt, reduzieren sich die Chancen direkter und unmittelbarer Rezipierbarkeit. Solange Kunst im wesentlichen auf die Erzeugung mimetischer Effekte zielt, ist es in der nicht-spezialisierten Interaktion der Oberschicht leicht zu genießen. Mit der Betonung des Neuen als Bedingung des Kunstwerks wächst die Unwahrscheinlichkeit von unmittelbaren kommunikativen Anschlüssen. Zwar ist die Nichtanschlußfähigkeit in der Interaktion keine Garantie für Authentizität und Originalität genialer Werke, ebensowenig wie die bloße Neuheit, aber sie wird zum zentralen Moment, das sich später in Avantegardetheorien wiederfindet. Die Annahme der Kommunikation eines Kunstwerks kann mit den übergeordneten Orientierungswerten wie Neuheit, Originalität und Einzigartigkeit nicht mehr interaktiv entschieden werden.

Neuheit wird seit dem ausgehenden 18.Jahrhundert der Schriftlichkeit oder Äquivalenten anvertraut, die unabhängig von unmittelbarer interaktiver Zustimmung operieren. Das gilt ebenso für die Kommunikation von neuen wissenschaftlichen Erkenntnissen wie für die Kunstkommunikation. In der Wissenschaftskommunikation wird Neuheit konsequent in der Schriftform des wissenschaftlichen Aufsatzes mitgeteilt. Im frühen 19. Jahrhundert entwickelt sich die Publikation als Element der Autopoiesis des Wissenschaftssystems zu einer Standardform, die sich dadurch auszeichnet, daß sie die Differenz Neuheit/Bekanntes mitliefert. Der wissenschaftliche Aufsatz kontextuiert die eigentliche Mitteilung einer Neuheit, indem er das bereits bekannte Wissen reproduziert und „vom mit-

---

Außerordentliche, Neue wird als Ruhmestat behandelt und führt zur Verlängerung des Lebens in den Gedanken der Nachwelt, wobei der Übergang von der gloire des Fürsten, des Papstes oder des Adels zur gloire des Künstlers selbst zum Phänomen der Autonomisierung der Kunst wird. Vgl. dazu Alois Hahn, 1987b, Identität und Selbstthematisierung, in: Alois Hahn/Volker Kapp(Hrsg.), Selbstthematisierung und Selbstzeugnis: Bekenntnis und Geständnis, Frankfurt/M.: Suhrkamp, S. 9-25.

kommunizierten Kontext des Wissens her diese Neuheit als Neuheit erkennbar werden läßt."[67]

Anders in der Kunstkommunikation: Das Kunstwerk läßt sich gerade nicht in eine standardisierte Form bringen, die die Differenz Neuheit/Bekanntes systematisch mitführt. Der Roman oder das moderne Gedicht kann auf die Tradition Bezug nehmen, kann eine Absetzbewegung von Bekanntem deutlich machen, liefert aber nicht systematisch den Kontext mit, in dem sich das einzelne Kunstwerk als neu bestimmen kann. Im Kunstsystem bedarf es spezieller Supplemente, ergänzend zur eigentlichen Kompaktkommunikation des Kunstwerks, die sich in der Kunstkritik formieren. Erst in der Instanz der Kunstkritik, die sich im ausgehenden 18. Jahrhundert etabliert, wird die Differenz Neuheit/Bekanntes systematisch mitgeführt. Die Kritik liefert hier den Kontext, der es erlaubt, die Neuheit als Neuheit zu erkennen und zu würdigen. Das heißt nicht, daß Literatur keine Kunstkritik enthält, vielmehr tritt die Kritik im Sinne eines re-entry in die Literatur wieder ein. Man könnte sagen: Kunstkritik, in unserem Fall Literaturkritik, kann nicht ausschließlich romanhaft oder gedichtförmig erfolgen, aber Romane und Gedichte enthalten Kunstkritik.[68]

---

[67] Rudolf Stichweh zeigt die sukzessive Akzeptanz von Neuheit in der Wissenschaft, die in der Frühmoderne noch ambivalent aufgenommen und als Korrektiv früherer Fehler aufgefaßt wurde. Erst im modernen Wissenschaftssystem wird die Normalität von Neuheit im standardisierten wissenschaftlichen Aufsatz verankert und damit zum Variationsmechanismus für die Evolution von Wissenschaft. Ders., 1996, Variationsmechanismen im Wissenschaftssystem der Moderne, in: Soziale Systeme, Jg.2, Heft1, S.73-91(77).

[68] Berühmt in dieser Hinsicht sind die Vorreden von Jean Paul zur unsichtbaren Loge, wo nicht nur Klassiker zum Gegenstand von Literaturkritik werden, sondern auch Zeitgenossen wie z.B. Tieck („Auch der heitere Tieck tat in früheren Werken nach diesen humoristischen Tollbeeren einige glückliche Sprünge, ließ aber als Fuchs sie später hangen und hielt sich an die Weinlese der Bacchusbeeren der Lust", S.19) oder Hoffmann („ Ich will hier der Vorreden-Kürze wegen mich bloß auf den kraftvollen Friedrich Hoffmann berufen, dessen Callotischen Phantasien ich früher in einer besonderen Vorrede schon empfohlen und gepriesen, als er bei weitem weniger hoch, und mir viel näher stand. Neuerer Zeit nun weiß er allerdings die humoristischen Charaktere ... zu einer romantischen Höhe hinaufzutreiben, daß der Humor wirklich den echte Wahnwitz erreicht; was einem Aristophanes und Rabelais und Shakespeare nie gelingen wollen." S. 18f.) Auch die Differenz

Gemeinsam aber ist dem Kunstwerk und der wissenschaftlichen Kommunikation, daß sie als Kompaktkommunikation fungieren. Niklas Luhmann hat den Begriff der Kompaktkommunikation zur Charakterisierung der Kommunikation mit/von/über Kunstwerke(n) entwickelt. Kompaktkommunikationen können als „Kommunikationen vorbehaltlich weiterer Analysen", als „Kommunikationen auf Kredit" begriffen werden.[69] Wir wollen das Konzept der Kompaktkommunikation auf die Schriftlichkeit im allgemeinen erweitern. Kompaktkommunikation wird durch Schrift und

---

zur französischen Literatur wird als Basis für die eigene Art zu erzählen ausdrücklich erwähnt. So etwa, wenn Jean Paul schreibt „ ... daß die französische Art zu erzählen (z.B. im Candid) das abscheulichste von der Welt und daß bloß die umständliche, dem Homer oder Voß oder gemeinen Manne abgesehene Art die interessanteste ist." S. 29. Daß der Autor sich nicht nur implizit, sondern ausdrücklich auf Vorbilder positiv oder negativ bezieht, ergibt sich etwa aus seinen Anmerkungen in der Vorrede zur zweiten Auflage, wo er sich auf Richardson, Rousseau, Goethe, Fielding und Lichtenberg bezieht, S. 15f; Jean Paul, Werke, Bd.I. hrg. von Norbert Miller, Darmstadt 1792/1986. Im 'Siebenkäs' finden sich immer wieder Hinweise auf Rezensenten als „Autorenfleischtaxatoren", als „Schmeckherren", die „vorher jedes Buch kosten und nachher den Leuten sagen, ob es ihnen schmecken werde", da sie allenfalls schlechte Bücher schreiben, wissen sie genau, wie ein schlechtes sein muß. Ebenda S. 562f. Ein anderes Beispiel ist die Verwandlung der burlesken Dichtung in offene Formen der Polemik, etwa bei Voltaire; vgl. Ulrich Schulz-Buschhaus, 1996, Voltaires „Beruf zur Satire" oder die Kunst der Polemik, in: Wilhelm Graeber et al. (Hrg), Romanistik als vergleichende Literaturwissenschaft, Frankfurt/M- New York: Lang, 331-349.
Ein weiteres Beispiel ist die Dichtung, die sich selbst als Kritikinstanz begreift. So jedenfalls wenn man ihrer Selbstbeschreibung folgt, wonach der Dichter außerhalb der Gesellschaft steht, seine Äußerungsform im Nein, im Schweigen, ja im Erkranken und im Sterben an der Gesellschaft besteht. In der französischen Romantik ist Vigny und dessen Beschreibung des Todes von Gilbert „Stello" ein einschlägiges Beispiel; vgl. Charles Grivel, 1989, Le provocateur: L'écrivain chez les modernes, in: Graziella Pagliano/ Antonio Gómez-Moriana, (Hrsg.), Écrire en France au XIXe siècle, Montréal: Le Préambule, S.99-121, (S.104f). Gilbert ist eine Beispiel für die soziale Positionslosigkeit des Dichters in der modernen Gesellschaft, die wir unter Exklusionsgesichtspunkten von Individualität anhand von Rousseau noch einmal aufnehmen werden. Hier wird der Dichter als poète malheureux vorgeführt, er leidet an der Gesellschaft, steht außerhalb der Gesellschaft, kann nicht geheilt, das hieße integriert werden. Kritik wird schließlich in der deutschen Romantik - jetzt aber schon bei Anerkennung der Autonomie der Kunst - zu einem Zentralmotiv. Darauf kommen wir zurück.
[69] Vgl. Niklas Luhmann, 1986a, Das Kunstwerk und die Selbstreproduktion der Kunst, in: Hans Ulrich Gumbrecht/ Karl Ludwig Pfeiffer (Hrsg), Stil. Geschichte und Funktion eines kulturwissenschaftlichen Diskurselements, Frankfurt/M: Suhrkamp, S. 620-672, (S.627); ders., 1995h, Die Kunst der Gesellschaft, a.a.O., S.62f.; und passim. Eine Anwendung des Konzepts der Kompaktkommunikation auf die Chancen zur Innovation in Schriftreligionen findet sich in: Alois Hahn, 1998, Glaube und Schrift. Anmerkungen zu einigen Selbstthematisierungen von

andere Formen zerfallsresistenter Kommunikationsmedien ermöglicht. Ihr gemeinsames Prinzip liegt darin, daß sich hier im Gegensatz zur mündlichen Kommunikation unter Anwesenden die Mitteilung nicht im gleichzeitigen Ereignis des Verstehens verbraucht.[70] Schriftliche Kommunikationen oder Kunstwerke können, ohne daß sich das Mitteilungsereignis als Materialität wiederholt - die Vervielfältigung bezieht sich auf den immergleichen Text - beliebig oft gelesen werden, betrachtet werden, kritisiert werden. Das Mitteilungsereignis einer Kompaktkommunikation wird Anlaß oder auch Programm virtuell zahlloser, aber nicht beliebiger Lektüren. Der Kern der Kompaktkommunikation besteht also in der zeitpunktunabhängigen Iteration des Verstehens einer komplexen Mitteilung. Die Wiederholung aber stellt sich nur auf der Ebene der Beobachtung bzw. der Selbstbeobachtung der literarischen Kommunikaton als wiederholte Lektüre dar. Wiederholung schafft aber gerade nicht identischen Sinn.[71] Vielmehr kann bei jedem erneuten Verstehen etwas anderes verstanden werden, obgleich die Mitteilung nicht verändert wurde. Jede Wiederholung produziert daher, wie Derrida gezeigt hat, eine differance, die in der Unabschließbarkeit der sinnhaften Verweisungen begründet ist. Das Erstverständnis eines und desselben Textes oder Kunstwerks ist also nicht identisch mit dem Zweitverständnis, ein Letztverständnis, das in gewissem Sinne ein Originalverständnis wäre, gibt es ohnehin nicht. Derrida hat daraus geschlossen, man müsse die Idee eines Originals - im Sinne einer ursprünglichen Version - aufgeben, da das „Original" immer schon im Supplement erscheint. Der literarische Text

---

Hochreligionen mit besonderer Berücksichtigung des Christentums, in: Hartmann Tyrell, et al. (Hrsg.), Religion als Kommunikation, Würzburg: Ergon, S. 323-356.

[70] In der Medium/Form- Begrifflichkeit läßt sich dieser Sachverhalt auch so formulieren: Die Fülle schriftlich formulierter Mitteilungsereignisse bilden das lose gekoppelte Medium, aus dem sich strikt gekoppelte Verstehensformen herausbilden, die wieder zerfallen. Da sich das Medium aber nicht verbraucht, kann die Generierung der Formen unendlich oft vervielfältigt werden. Die Stabilität aber liegt im Medium und nicht in der Form.

[71] Vgl. Kap.1: Wiederholung und Kontinuität in ereignisfundierten Systemen.

oder das Kunstwerk wird soziale Wirklichkeit mit dem Verstehen der Kompaktkommunikation. In das Werk als kommunikativ realisiertes gehen immer schon Kritiken und andere Reduktionen von Verweisungsüberschüssen ein. Dennoch kann in jedem wiederholten Verstehen etwas anderes verstanden werden, obgleich die Mitteilung nicht wiederholt wird und in jedes neue Verstehen vorgängige Kommunikationen eingehen, für die die gleiche Kompaktkommunikation Anlaß war. Dies gilt wiederum nur für die Ebene der Beobachtung und der Selbstbeobachtung der Kommunikation. Operativ wird die Mitteilung literarischer Texte oder die von Kunstwerken gleichzeitig mit jedem Akt des Verstehens zum singulären Mitteilungsereignis.[72]

Die Affinität zur Kommunikation von Neuheit liegt auf der Hand. Auch die Kommunikation von Neuheit ist ein Beobachtungsphänomen. Gerade Neues wirkt unter Umständen hinlänglich irritierend, um mehrfach gelesen, angeschaut, kommentiert zu werden. Die Erstlektüre oder die Erstkritik wird dann lediglich zur Anweisung für die Zweitlektüre, wenn man so will zur symbolischen Anzahlung. Erstkritik evoziert Zweitkritik, so die eine Seite des kommunikativen Umgangs mit Kompaktkommunikationen. Die andere Seite besteht darin, daß Neuheit sich auch nur als Kompaktkommunikation stabilisieren läßt; denn gerade weil etwas neu ist, bedarf es der Mehrfachinterpretation. Die Neuheit als Überraschung, als Provokation von Aufmerksamkeit ist die andere Seite der zunächst fehlenden Plausibilität oder Evidenz und der sich daraus ergebenden Unwahrscheinlichkeit kommunikativer Weiterverwendung. In der Mündlichkeit, die ohne jede Schriftlichkeit operiert, verschwände ein solches Ereignis nur allzu leicht, es ließe sich jedenfalls nicht als Neuheit in der Kommunikation halten. Die Alternative ist hier: annehmen und damit zu einem undatierten Wissensbestand addieren oder vergessen. Mit der schriftlichen Kom-

---

[72] Vgl. Kap 2: Zeit.

paktkommunikation verschwindet eine nicht aktuell anschlußfähige Mitteilung nicht. Es wird vielmehr möglich, permanent auf einen Text, der zum Zeitpunkt seiner „Äußerung" nicht überzeugen konnte, zurückzukommen. Ein Ereignis wird so seine eigene Pluralität. Schriftlichkeit erzwingt also fast, daß selbst die Ablehnung einer Kommunikation nur durch ihrerseits kompakte Formen der Mitteilung dieser Ablehnung operativ wird.[73] Ablehnung kann also nur als persistierende Ablehnungskommunikation organisiert werden. Insofern enthält jede Ablehnung eines neuen Inhalts zugleich eine Evokation der abgelehnten Kommunikation etwa in der Form eines Zitates.

Schriftlichkeit als Kompaktkommunikation, so ist unsere These, verändert die Annahme/Ablehnungswahrscheinlichkeit von Kommunikation in dreifacher Hinsicht. Alle diese Hinsichten sind freilich miteinander verwoben und stehen in einem wechselseitigen Bedingungs- und Steigerungsverhältnis zueinander. Gemeinsame Voraussetzung jener Modifikationen ist die Auflösung des zeiteinheitlichen Ereignisses der mündlichen Kommunikation von gleichzeitigem Verstehen und der Notwendigkeit, unmittelbar zwischen Annahme und Ablehnung zu entscheiden. In der Schriftlichkeit können Mitteilung, Verstehen und die Annahme oder Ablehnung, die dann verbindliche Voraussetzung für Anschlußkommunikationen und Folgehandlungen sind, zeitlich weit auseindergezogen werden. Zunächst einmal führt diese Aufteilung zu einer Steigerung der Ablehnungswahrscheinlichkeit, da die zeitlich- räumliche Distanz zwischen Mitteilung, Verstehen, Annahme und Ablehnung die Möglichkeit der Kritik

---

[73] Ein Beispiel sind frühchristliche Häresien, über die wir nur etwas wissen, weil ihre Lehren in den Texten, die sie verurteilen, enthalten sind. Vgl. dazu Alois Hahn, 1996, Glaube und Schrift oder die Selbstthematisierung von Hochreligionen, a.a.O.; vgl. auch die Beiträge in: Oexle, Otto Gehrhard (Hrsg.), 1985, Memoria als Kultur, Veröffentlichungen des Max-Planck-Instituts für Geschichte 121, Göttingen: Vandenhoeck & Ruprecht; freilich ist das Autodafé und seine öffentliche Dokumantation auch eine Form der Kompaktkommunikation.

freisetzt, ohne das Risiko der Verletzung, des Gesichtsverlustes und der Beschädigung der Darstellungsabsichten alters. Man hat also Zeit zu überlegen, da der Text nicht verschwindet wie das gesprochene Wort. Da Texte mehrfach gelesen werden können, etabliert der kommunikative Umgang mit Texten eine Überprüfung auf innere Kohärenz; genaueres Hinsehen mobilisiert Gegenargumente und erlaubt Beobachtungen zweiter Ordnung, die die dem Text zugrunde liegenden Unterscheidungen freilegen, befragen, kritisieren oder akzeptieren. Zum anderen entfällt die für die Interaktion konstitutive beständige Anerkennungsarbeit in der Sozialdimension, so daß sich Zustimmung oder Ablehnung deutlich auf die Sachdimension konzentrieren können. Weitgehend verzichtbar wird auch das der Konversation eigene kurzfristige Gefallenskalkül, was Méré noch als Defizit der Schriftlichkeit gegenüber der Mündlichkeit beschrieben hatte. Die Reaktion alters, die für den weiteren Verlauf der Konversation einzig auschlaggebend war, wird in der Schriftlichkeit schwer oder eben nur in kompakten Sequenzen für ein anonymes Publikum kalkulierbar. Es entfallen natürlich auch die der Rede eigenen Persuasivtechniken, die zu sofortiger Annahme zwingen. Denn selbst wenn eine Mitteilung bei der ersten Lektüre noch einleuchtend erscheint, kann die Zweitlektüre Brüche, Inkohärenzen oder Unplausibilitäten freilegen. Der Buchdruck ermöglicht darüber hinaus Parallellektüren: Zu einer Frage können verschiedene Quellen herangezogen werden, verschiedene Texte und Meinungen gleichzeitig konsultiert werden, die die Basis für Ablehnungen oder informierte Zustimmung deutlich erweitern. Ablehnungen schriftlicher Kommunikationen sind nicht zeitpunktgebunden, sie können sich allmählich entfalten und unabhängig vom Zeitpunkt der Mitteilung wirksam werden.

Schriftlichkeit als Kritikgenerator kann daher als Auslöser für die Entwicklung von symbolisch generalisierten Kommunikationsmedien angesehen werden. Erst mit der Ausbreitung von schriftlicher Kommunikation, so Niklas Luhmann, entsteht ein Bedarf für symbolisch generalisierte Kommunikationsmedien.[74] Kommunikationsmedien wie Geld, Macht, Liebe, Recht routinisieren in den gesellschaftlichen Subsystemen die kommunikativen Anschlüsse und sichern unter modernen Bedingungen den Erfolg der Kommunikation, wie dies in den primär oralen Gesellschaften die Rhetorik für die wichtigen gesellschaftlichen Bereiche Politik, Religion und später Recht und Dichtung besorgte. Die symbolisch generalisierten Kommunikationsmedien sehen aber im System selbst einen institutionalisierten Platz für die Ablehnung vor: In den Codes zahlen/nicht zahlen, Regierung/Opposition, wahr/nicht wahr, recht/unrecht steht die negative Seite für die Aufbewahrung der Ablehnung, die die Möglichkeit des Daraufzurückkommens auch für die abgelehnte Kommunikation präsent hält. Schriftlichkeit, so hatten wir festgehalten, erhält eine Fülle von Mitteilungsangeboten, die, obgleich sie nicht unmittelbar anschlußfähig sind, nicht verschwinden. Codes sorgen dafür, daß auch bereits abgelehnte Kommunikationen als negative Werte mittransportiert werden. Kommunikation kann also unter Schriftbedingungen den negativen Wert nicht beliebig eliminieren. Die binären Codes erhöhen aber die Wahrscheinlichkeit, daß Negativwerte nicht beliebig in Positivwerte verwandelt werden können. Codes und Programme legen fest, unter welchen Bedingungen eine spezifische Kommunikation angenommen oder abgelehnt wird, d. h. der einen oder der anderen Seite des Codes zugeordnet wird.

Nun gibt es aber über die den negativen Wert der Codes betreffende Ablehnung hinaus eine weitere Form der Ablehnung von Kommunikation, die Folge von spezialisierter Kommunikation in den ausdifferenzierten Funktionssystemen ist. Die binär codierten Medien sind zwar prinzipiell für alle Weltsachverhalte zuständig, aber nur unter einem bestimmten Ge-

---

[74] Niklas Luhmann, 1990, Die Wissenschaft der Gesellschaft, bes. S.178.

sichtspunkt. Auf der Ebene der Gesellschaft werden Themen daher nur noch um den Preis drastischer Spezialisierung behandelbar, alle anderen Belange werden rejiziert. Während die Codes jetzt die Perspektiven festlegen und spezifizieren, unter denen z.b. Kritik überhaupt auftauchen kann, reagiert der Rejektionswert auf alle übrigen Kommunikationen.[75] Der Rejektionswert lehnt alle Stimuli ab, die auf die im System etablierten Unterscheidungen nicht zutreffen. Er weist sie zurück, wirft sie sozusagen einfach aus dem System heraus. Die spezialisierten Kommunikationen in den Funktionssystemen erklären sich somit für einen großen Teil der Kommunikation nicht zuständig. Binär codierte Medien kombinieren in gewisser Weise totale Unzuständigkeit mit Allzuständigkeit. Was von der Schriftlichkeit vorbereitet wurde, nämlich die Möglichkeit, Kommunikationen unabhängig von den Sofortreaktionen alters zu gestalten, Sachliches hinlänglich von Sozialem zu trennen und entsprechend zu spezialisieren sowie - wie wir jetzt hinzufügen können - gleichermaßen die gezielte Ablehnung und die gezielte Annahme von Kommunikation zu steigern, wird von den binär codierten Medien genutzt und weiterentwickelt. Annahme und Ablehnung von Kommunikation sind jetzt unter spezifische, differenzierte Bedingungen gestellt. Interaktionen können jene Differenzierung nicht tatsächlich mitvollziehen.[76] Sie stehen orthogonal zur schriftlich vorbereiteten und mit den symbolisch generalisierten Kommunikationsmedien routinisierten codespezifischen Kommunikation. Interaktionen sind geradezu verpflichtet, alle kommunikativen Offerten gelten zu lassen, sei es aus Gründen der Schonung der Anwesenden, also der Vermeidung des Gesichtsverlustes, sei es, um die

---

[75] Den Begriff Rejektionswert verwenden wir im Anschluß an Gotthard Günther. Er markiert die Position einer Indifferenz gegenüber einer Unterscheidung, in unserem Fall der den binären Codes zugrunde liegenden Unterscheidungen, den Gebrauch dieses Wertes nennt Günther Transjunction : 1976, Cybernetic Ontologie and Tranjunctional Operation, in: ders.: Beiträge zur Grundlage einer operationsfähigen Dialektik, Hamburg, Bd. 1, S. 249-328.

Autopoiesis des Systems fortzuschreiben. Der Rejektionswert der Interaktion in oralen Gesellschaften, deren gesellschaftliche Kommunikation primär interaktiv stattfindet, wäre das soziale Vergessen; die Interaktion unter Schriftbedingungen kann auf bestimmte Beiträge nicht mehr zurückkommen. Dies wären interaktive Äquivalente für den Rejektionswert auf der Ebene der funktional differenzierten Gesellschaft. Dabei schaffen binär codierte Medien freilich auch Sonderbedingungen für Interaktionen. Organisierte Interaktionen, z. B. wissenschaftliche Tagungen können durchaus im Rahmen einer medienspezifischen Kommunikation focussiert sein. Das Interaktionssystem Tagung kann aber auch etwa in den informellen Gesprächen den Rahmen wechseln und bleibt dasselbe Interaktionssystem. Der Rahmenwechsel findet dann nur innerhalb des Interaktionssystems Tagung statt, nicht aber innerhalb des gesellschaftlichen Subsystems Wissenschaft, dem nur bestimmte Anteile der Tagungsinteraktionen angehören.

Als Besonderheit der schriftlichen Kompaktkommunikation hatten wir das zeitliche Auseinanderfallen von Mitteilung, Verstehen und der Annahme/Ablehnung der Kommunikation herausgestellt. Daraus ergibt sich generell, daß eine Fülle von Mitteilungsangeboten in der kommunikativen Disposition gehalten werden, obgleich sie nicht unmittelbar anschlußfähig sind, und im besonderen, daß auch abgewiesene Möglichkeiten für kontingente kommunikative Anschlüsse offen gehalten werden. Nun läßt sich aufgrund dieser Bedingungen nicht nur eine gesteigerte Ablehnungswahrscheinlichkeit der Kommunikation durch intensivere Kritik und Prüfmöglichkeiten beobachten. Es läßt sich vielmehr auch eine gesteigerte Annahmewahrscheinlichkeit von Neuheit in der Kommunikation beobachten. Denn selbst wenn Neuheit beim Leser auf spontane Ablehnung stößt, kann

---

[76] Vgl. dazu: Karin Knorr-Cetina, 1992, Zur Unterkomplexität der Differenzierungstheorie. Empirische Anfragen an die Systemtheorie, in: Zeitschrift für Soziologie 21, S. 406-419.

er es sich noch einmal überlegen. Der innovative Text verschwindet nicht, und er kann neu kontextuiert werden. Selbst wenn ein Werk bei allen zeitgenössischen Lesern auf Unverständnis stößt, kann eine spätere Lesergeneration darauf zurückkommen. Aber die oben erwähnte Alternative zwischen interaktivem Anschluß bzw. Vergessen in interaktiv dominierten Gesellschaften und der schriftgestützten Möglichkeit, eine Fülle von kommunikativen Offerten über den Moment der Mitteilung hinaus anschlußfähig zu halten, ist noch zu grob. Für die hier untersuchten Übergang von Stratifikation zu funktionaler Differenzierung stellt sich eine Besonderheit ein: In der Adelsgesellschaft scheint alle als Kommunikation intendierte Dichtung auf Erfolg im Salon gezielt zu haben, auf Anschluß in der Interaktion und damit auf Anschluß in der eigenen Epoche. Verständlichkeit war das Dichtungsideal La Bruyères. Das Auswahlsystem für schriftliche Kommunikationsofferten war die Interaktion - das hatten wir oben ausführlich dargestellt. Nicht Vergessen oder zeitpunktunabhängige Anschließbarkeit war hier die Alternative, vielmehr wurde Schriftlichkeit selbst den interaktiven Gefälligkeitsnormen unterstellt. Nur solche Texte, die an „Wahrheit" im allgemeinen orientiert waren oder die ihres Themas wegen gar nicht auf andere Leser als den Autor zielten - etwa die englischen Tagebücher des 17. Jahrhunderts, konnten sich von der Sorge um Übersetzbarkeit in interaktiven Kommunikationserfolg emanzipieren. Gerade die Entwicklung des Tagebuchs ist hier sehr aufschlußreich. Ursprünglich ist es eine Form der Selbstverständigung des um die certitudo salutis ringenden Puritaners, der gar nicht auf Kommunikation zielte.[77] Das Individuum im

---

[77] Noch im 17. und 18. Jahrhundert bestand eine Differenz zwischen Mémoiren und Journalen - letztere waren nicht für die Veröffentlichung bestimmt, wie z.B. Pierre d'Estoites oder Barbiers Tagebücher - und den späteren Autobiographien. Daß eine deutliche Korrelation zwischen sozialer Darstellung und der Verfügbarkeit der entsprechenden literarischen Formen bestand, zeigt Jean Marie Goulemot, 1981, Vorwort zu: Valentin Jamerey - Duval: Mémoires. Enfance et éducation d'un paysan au XVIIIe siècle, Paris: le Sycomore, S.11-108. Zum Zusammenhang von Autobiographie und Selbstthematisierung vgl.: Alois Hahn, 1988, Biographie und Religion, in:

emphatischen Sinne beschreibt sich für sich selbst. Es wird gar nicht mit Lektüre durch andere gerechnet. Das ändert sich spätestens im 18. Jahrhundert, in dem Augenblick, in dem das Tagebuch nunmehr als Kommunikationsform in Romanen auftaucht. Die Autobiographie wird hier als Versuch der Mitteilung über das eigene Selbst verwendet, das gerade nicht mehr - wie in der älteren Memoirenliteratur - das Selbst einem virtuellen Salon vorstellt und in seinen typischen standesgemäßen Zügen porträtiert, sondern gerade auch in seinen schlechthin einzigartigen, bizarren Eigentümlichkeiten vorführt, die in mündlicher Rede schon wegen der skandalisierenden Aspekte inkommunikabel wären. Mit der Autonomisierung der Schriftlichkeit kann das Individuum hoffen, daß seine undurchdringliche nicht-gesellschaftsfähige Blödigkeit entfernten und späteren Lesern deutbar wird. Desgleichen der Künstler, der an Werken arbeitet, die grundsätzlich nicht das Nadelöhr der interaktiven Kommunikation passieren würden. Die Neuheit des Werks und die Unauslotbarkeit des Inneren haben gemeinsam, daß sie gegen das Gefällige interaktiver Kommunikation sperrig sind. Das Genie erhält dann auch mindestens seit Rousseau dieses doppelte Gesicht: der Autor ist genial, weil er unerhört Neues mitteilt, sozial skandalisiert, weil er die Neuigkeit seiner Gedanken mit der Einzigartigkeit seines - in der zeitgenössischen Wahrnehmung - wahnsinnigen Charakters verbindet.[78]

Hans-Georg Soeffner (Hrsg.), Kultur und Alltag, Soziale Welt, Sonderband 6, Göttingen, S. 49-60. Zum Zusammenhang von puritanischem Tagebuch und Individualbiographie, die darin als Transkription göttlichen Wirkens entzifferbar wird, vgl. Aleida Assmann, 1980, Die Legitimität der Fiktion, München: Fink, bes. S.115ff; vgl. auch Gabriele Rippel, 1998, Lebenstexte, München: Fink.

[78] Bereits Schlegel hatte in seinen Anmerkungen zu Rousseau bemerkt: hier handle es sich um das Dokument einer Geisteskrankheit. „Reine Autobiographien werden geschrieben entweder von Nervenkranken, die immer an ihr Ich gebannt sind, wohin Rousseau mit gehört; oder von einer derben künstlerischen oder abenteuerlichen Eigenliebe wie die des Benvenuto Cellini; oder von geborenen Geschichtsschreibern, die sich selbst nur ein Stoff historischer Kunst sind; oder von Frauen, die auch mit der Nachwelt kokettieren; oder von sorglichen Gemütern, die vor ihrem Tod noch das kleinste Stäubchen in Ordnung bringen möchten, und sich selbst nicht ohne Erläuterungen aus der Welt gehen lassen können; oder sie sind ohne weiteres bloß als *plaidoyers* vor dem

Das Neue erhält also - auf die Psyche bezogen - den Charakter des Patholo-
gischen. Darin liegt nun die interessante Wendung: Jemand, der wie Jean-
Jacques Rousseau in der Interaktion als paranoider Typus unerträglich wird,
wird als Autor interessant. Denn in der Schrift wird die Unerträglichkeit des
Charakters dieses schon bald als Ausnahmegenie begriffenen Autors er-
träglich.

4. Authentizität und Autorisierung

Wir haben das Problem der Authentizität bisher neben der Semantik von
Originalität, Genialität und Neuheit mitgeführt und weitgehend unerläutert
gelassen. Es verdient aber unter schrifttheoretischen Gesichtspunkten eine
besondere Analyse. Unsere These, Schrift sei der Ort für die Kommunikation von Authentizität, mag kontraintuitiv erscheinen. Sie bedarf freilich
eines historischen Indexes und verdient eine genauere Erläuterung.
Zunächst hat der Begriff des Authentischen selbst eine semantische Karriere. Gegen den ersten Anschein ist allen Bestimmungen gemeinsam, daß
Authentizität medial vermittelt ist. Die Thematisierung von Authentizität ist
an die Kommunikationsmedien Schrift und Buchdruck gebunden. Die Semantik dieser Thematisierung und die Entwicklung der Authenti-
fizierungsinstanzen korreliert in besonderer Weise mit der Differenzierungsform der jeweils historisch gegebenen Gesellschaft. Wir bleiben bei
dem Übergang von stratifizierter zu funktionaler Differenzierung.

Zunächst bezieht sich Authentizität auf eine jeden Zweifel
ausschließende Autorität einer Mitteilung. Der Zweifel möge sich nun auf

---

Publikum zu betrachten. Eine große Klasse unter den Autobiographen machen die Autopseusten
aus." Friedrich Schlegel, 1798/1988, Athenäums-Fragmente, in: ders., Kritische Schriften und
Fragmente, Bd.2, Paderborn, S.122.

die Wahrheit, die Verbindlichkeit oder auch auf die bloße Mitteilungswürdigkeit oder Mitteilungsberechtigung beziehen. Diese Zweifel überwindende Autorität kann in der stratifizierten Gesellschaft die göttliche Autorität, die Autorität eines Herrschers oder ganz allgemein eines „Menschen von Ansehen" sein, d.h. eines Angehörigen der Oberschicht, dessen Aussagen glaubwürdig sind. Als authentisch gelten dann auch Quellen und Dokumente, deren Echtheit über jeden Zweifel erhaben ist.[79] Mittelalterliche Texte verdanken ihre Authentizität der Unterstellung ihrer göttlichen Herkunft. Letztenendes ist dieses Geltendmachen göttlicher Herkunft von Texten selbst nur im Kontext von Herrschaft und Stratifikation zu sichern. Authentisches Schreiben im Mittelalter hieß also, autoritative Texte lesbar zu machen - das war unter anderem die Praxis der Mönche. Der heilige Text erhält seine Authentizität durch Gott. Im Mittelalter war wirkliches Wissen naturgemäß kommunitär; denn eine Auffassung als singuläres Denken zu präsentieren hätte als Legitimationsgrundlage für ihre schriftliche Mitteilung nicht ausgereicht. So setzt der Buchdruck zwar fort, was die Mönche begonnen hatten, aber unter veränderten Bedingungen. Er setzt es fort insofern, als auch und gerade bei gedruckten Texten gefragt werden kann, welche Legitimation die in ihnen sich äußernde Mitteilung hat. Dies trifft zumal deshalb zu, weil zumindest seit dem 18. Jahrhundert Wissen und Autorität kein Gemeinbesitz mehr sind, sondern Individuen attribuiert werden. Dadurch entsteht eine Paradoxie: Einerseits gibt es also Autorität nur als Gemeinbesitz, die allgemeine Anerkennung sichert. Andererseits kann der Autor das, was er dem Allgemeinbesitz zuführt, in seinen individuellen

---

[79] Vgl. Art. Authenticus, in: Zedler, Großes vollständiges Universallexicon aller Wissenschafften und Künste, 1732, Bd.2, sp 2266f. Kant erwähnt Authentizität v.a. im Zusammenhang mit der Bibelauslegung und formuliert unter diesem Titel das Problem der Hermeneutik, nämlich den gemeinten Sinn des ursprünglichen Autors eines Textes.

Besitz 'überführen'. Diese Entwicklung wird erst mit der Entstehung des Urheberrechts im 19. Jahrhundert abgeschlossen.[80]

Es ist daher verständlich, daß in der Zwischenzeit als Antwort auf dieses Dilemma - und immer noch der Logik einer stratifizierten Gesellschaftsstuktur folgend - Instanzen für die Autorisierung authentischer Texte entstehen. Diese Instanzen sind: die Kirche als Autorisierungsinstanz; sie wird von der Krone abgelöst, die Krone vom Druck. Wir folgen einem Argument von Marlon Ross, der für England im 18. Jahrhundert gezeigt hat, wie Dichtung authentifiziert wird durch die Instanz des Copyright, das zunächst eine königlich gewährte Sicherung der Möglichkeit zu schreiben ist, bevor es im 19. Jahrhundert ein individuelles Schutzrecht des Autors wird. Dichtung wird authentisch durch den Ehrentitel des poeta laureatus; Wahrheit durch die Authentifizierung in der royal society. Es handelt sich um von der Krone verbürgte Authentizitätsgarantien für den Leser. Gedruckt wird jetzt, was diese Autorisierungsinstanzen durchlaufen hat.

Der paradoxe Effekt des Drucks besteht aber darin, daß zwar zunächst nur gedruckt wird, was autorisiert ist, daß aber in einem zweiten Schritt, das Gedrucktsein selbst autorisiert. Der gedruckte Text ist der authentische Text. Der Druck wäre somit die moderne Autorisierungsinstanz authentischer Texte.[81] Der Grund für dieses Ergebnis liegt u.a. darin,

---

[80] Vgl. die genaue semantische Analyse der im 19. Jahrhundet diskutierten Optionen, die die Formulierung des Urheberrechtes in Deutschland vorbereiteten, von Heinrich Bosse, 1981, Autorschaft ist Werkherrschaft, a.a.O.. Eine interessante Version bestand darin, zwischen Eigentum und Nutzungsrecht in dem Sinne zu unterscheiden, daß das Werk zwar immer Eigentum des Dichters bleibt, aber von anderen genutzt werden kann.

[81] Vgl. Marlon B. Ross, 1994, Authority and Authenticity: Scribbling Authors and the Genius of Print in Eighteenth-Century England, in: Martha Woodmansee, et al. (Hrsg), The Construction of Authorship: Textual Appropriation in Law and Literature, Durham, S. 231-257. Marlon Ross zeigt, wie sich der Druck gegen „unzeitgemäße" Konkurrenten wie den hohen Status des Autors oder dem „scribbel club", der handschriftliche Manuskripte prämiert (Pope), als Autorisierungsinstanz für authentische Texte duchsetzt. Das englische Copyright-Gesetz von 1709 war eben noch kein Urheberrechtsgesetz; denn der Rechtsschutz galt dem veröffentlichten Buch und nicht dem Autor. In Frankreich wurden die im 18.Jahrhundert (bis 1789) publizierten Bücher mit einem Brief

daß Gedrucktes als solches - wenn es denn gelesen wird - als Mitteilung präsent ist und folglich nicht mehr so ohne weiteres zum Verschwinden gebracht werden kann. Es erzwingt Reaktionen. Selbst wenn man widerspricht, gesteht man damit ein, daß man widersprechen mußte. Auf Widerspruch zu verzichten ist auch keine Option, da dies auf Zustimmung schließen ließe oder darauf, daß keine Gegenargumente verfügbar sind. Ross weist in diesem Zusammenhang darauf hin, daß der Autor im 18. Jahrhundert zunächst Protektion oder zumindest vorgebliche Gunst von Standespersonen nötig hatte. Ist er aber einmal Autor, d.h. gedruckt, verselbständigt sich die Legitimation des gedruckten Textes. Dann kann auch ein Dementi der „Autoritäten", die den Zugang zum Druck eröffneten, nichts mehr ausrichten.

Authentizität hat aber seit dem 18. Jahrhundert eine weitere Bedeutung, die in unmittelbarem Einklang mit der Originalitätssemantik steht und in besonderer Weise auf den kommunikativen Gebrauch von Schrift und Buchdruck reagiert. Damit der Druck nämlich zur Autorisierungsinstanz der sich herausbildenden funktionalen Differenzierung avancieren kann, bedarf es semantischer Parallelentwicklungen. Die Frage, wer legitimiert ist zur schriftlichen Mitteilung, läßt sich - wie gesagt - nicht mehr anhand von Autorität, Rang und Status entscheiden. Stratifikationsmerkmale stehen als Autorisierungsinstanzen nicht mehr zur Verfügung. Aber die bloße Autorisierung durch das Druckmedium selbst reicht als *Beschreibung* der Legitimation der Mitteilung nicht aus. Hier muß auf den Gehalt der Mitteilung rekurriert werden, also - wenn man so will - auf die besondere Qualität der an ihr unterschiedenen Information. Diese mag nun

---

eingeleitet, der die Abschlußformel trug: Avec Approbation et Privilège du Roi. Die 1769 in Amsterdam erschienene Originalausgabe der „Nouvelle Héloïse" von Rousseau wurde mit der Formel autorisiert: Avec Privilège de nos Seigneurs des Etats de Hollande et de Westfrise. Der Autorisierung zum Druck ging selbstverständlich eine noch präventiv und nicht repressiv

in der Neuheit der Mitteilung, der Einzigartigkeit der Darstellung, der Verallgemeinerungsfähigkeit oder Nachvollziehbarkeit (z. B. auf Grund von Mitgefühl) der Selbstaussage liegen oder auf andere Weise inszeniert werden. Autorschaft wird daher als Resultat einer Selbstautorisierung aufgefaßt. Der Beobachtung zweiter Ordnung, die im Sinne einer Begriffsabstraktion diachron an der Abfolge von Autorisierungsinstanzen orientiert ist, wollen wir die Beobachtung erster Ordnung eintragen, die als Selbstabstraktion Authentizität in der kommunikativen Selbstbeschreibung synchron an den Unterscheidungen Kultur/Natur, Einzigartiges/Gemeines, Innen/Außen, Original/Kopie orientiert.

Authentizität als ästhetische Kategorie wird bis ins 18. Jahrhundert als Natürlichkeitsproblem behandelt und als eine Art des Respekts für Natur und Wahrheit formuliert. Eine Poetik der „émotion et sincérité" hatte ihr Kriterium in der Naturangemessenheit der Darstellung von Gefühlen wie etwa Trauer, Schmerz oder Freude, die der Dichter freilich selbst empfunden haben mußte.[82] Authentische Dichtung war sozusagen das Medium für die Identität mit der Natur. Erst mit der zunehmenden Bedeutung von Innerlichkeit löst sich Authentizität von der Mimesisidee. Es geht nicht mehr um die Identität mit der Natur, sondern um die Identität des jetzt einzigartigen Individuums mit sich selbst. Authentizität als ästhetische Kategorie, ja als literarischer Wert geht seit dem 18. Jahrhundert von einer genetischen Linie zwischen dem Binnenzustand und seiner Expression aus, der, wie wir gezeigt haben, ja gerade als Quelle für Originalität und Einzigartigkeit galt.

---

organisierte Zensur voraus. Repressiv wurde die Zensur erst nach der massenhaften Verbreitung von Druckerzeugnissen, also etwa um 1830.

[82] Dies ist keine Erfindung der Romantik, denn schon bei Boileau finden sich Formulierungen wie: „C'est peu d'être poète, il faut être amoureux" oder „il faut que le coeur seul parle dans l'élégie", Art Poétique, S. 44,57; Bei Gottsched und in Le Paradoxe sur le Comédien von Diderot wird überlegt, ob es sich nicht um *Imitation* handeln müsse, wenn der Dichter eine Elegie schreibt oder wenn der Schauspieler Trauer darstellt, da sie das Gefühl nicht im Moment der Darstellung empfinden

Bei Diderot wird die originale, authentische Darstellung zwar mit Innerlichkeit und Einzigartigkeit, aber nicht mehr notwendig mit Genialität konnotiert. Das Authentische ist hier vielmehr die innere Natur, die sich nicht
von der Kultur überformen läßt, die gerade unzivilisiert und unverstellt
gegenüber der gesellschaftlichen Konvention agiert.[83]

Schließlich wird Authentizität bei Rousseau nicht mehr in literarischen Termini als ästhetisches Problem dargestellt, sondern es wird zum
allgemeinen Problem der direkten unmittelbaren inneren Erfahrung - der
l'ame sensible, wie es bei Rousseau heißt, die ihren kommunikativen Ort
erst suchen muß. Rousseau geht am radikalsten von der schriftbedingten
Ressource einer komplexer werdenden Innerlichkeit aus, die sich in der
Interaktion gegen die Interaktion wendet.

5. Schriftkritik

Rousseau dient uns im folgenden als Phänomen der gepflegten Semantik, in
dessen Schriften sich die sozialen Strukturen seiner Epoche in spezifischer
Weise brechen. In seinen Schriften manifestieren sich Veränderungen der
Bedingung von Kommunikation, die einen Umbruch in der
Selbstbeschreibung der Kommunikation anzeigen. Entscheidend ist für
unseren Zusammenhang aber nicht in erster Linie, daß die soziale Evolution
bei Rousseau selbst an schicksalhaften kommunikativen Veränderungen,
nämlich der Einführung von Sprache, Schrift, Eigentum in die gesellschaftliche Kommunikation, klar gemacht wird. Wir interessieren uns viel-

---

können, sich aber, um es darzustellen, daran erinnern müssen. Vgl. dazu Roland Mortier, 1982,
L'originalité. Une nouvelle catégorie esthétique au siècle des lumières, a.a.O., bes. S. 135.

[83] Vgl. Bei Diderot, z.B. Le Neveu de Rameau, wo Diderot deutlich macht, daß sowohl Rameau
als auch sein Neffe authentisch sind, aber nur Rameau selbst ist zusätzlich noch genial.

mehr für Rousseaus historische Antwort auf die Frage, wieso die Gesellschaft - in unserer Sprache formuliert - im Zuge der Umstellung von der
Stratifikation zur funktionalen Differenzierung in einer bestimmten Weise
einen Prioritätenwechsel zwischen Sprache und Schrift vollzogen hat, die
freilich eine Autonomisierung der Schriftlichkeit von der Mündlichkeit
voraussetzt. Rousseaus Antwort auf dieses Problem ist hinlänglich paradox.
Es besteht nur ein scheinbarer Widerspruch zwischen den frühen sprach-
und gesellschaftstheoretischen Schriften, die sich als Schriftkritik[84] einge-
prägt haben, und den späten autobiographischen Schriften, die Rousseaus
Erfahrung als Individuum formulieren, das an der Konversation scheitert
und daher zum Schriftsteller „presque malgré moi" wird.[85] Erst die Ver-
schränktheit dieser Analysen zeigt die historische Einsicht der Unauflös-
barkeit von gleichzeitiger Aufwertung der Schrift als einziger Möglichkeit
der authentischen Artikulation und ihrer Disqualifizierung, da sie der Sprache das Leben entzieht. Oder wie Derrida formuliert: „Er (Rousseau,CB)
rehabilitiert die Schrift in dem Maße, wie sie die Wiederaneignung dessen
verspricht, was die Rede sich hat entreißen lassen".[86] Derrida sieht allerdings von jeder historischen Situierung der Schriften Rousseaus ab - was
für einen Philosophen legitim sein mag. Er analysiert Rousseau vielmehr als
Sprach- und Schrifttheoretiker, den er in ein zeitloses Kontinuum mit Levi-
Strauss, Husserl, Hegel und anderen stellt. Ausgangspunkt der Analyse ist
bekanntlich die Entdeckung einer Präsenzpräferenz im abendländischen

---

[84] Allgemeine Überlegungen zur Schriftkritik finden sich bei: Klaus Laermann, 1990, Schrift als
Gegenstand der Kritik, in: Merkur 44 , Heft 2, 120-134; Aleida Assmann, 1994, Schriftkritik und
Schriftfaszination. Über einige Paradoxien im abendländischen Medienbewußtsein, in: Susi
Kotzinger/Gabriele Rippel, Zeichen zwischen Klartext und Arabeske, Amsterdam/Atlanta., S. 327-
337.

[85] In den Lettres à Malesherbes heißt es: „.... je devins auteur presque malgré moi." Jean-Jacques
Rousseau, 1762/1959, Lettres à Malesherbes, Oeuvres complètes, Pléiade Vol.I, Paris: Gallimard,
S.1130-1148, (S.1136); im folgenden: Pl.I.

Denken, Schrift und der ihr eigene Modus der Abwesenheit seien daher als Supplement, als nachträgliche, bloß äußerliche Ergänzung der Sprache begriffen.[87] Für Rousseau trifft dieser Befund u. E. nicht tatsächlich zu. Denn er geht weder davon aus, daß Schrift die Sprache ersetzt, noch daß sie ihr äußerlich bleibt; schlimmer noch für das Argument Derridas geht Rousseau davon aus, daß Schrift die Sprache gerade verändert, indem sie ihr das Leben entzieht (énerver). Entscheidend aber ist, daß Sprache und Schrift bei Rousseau einer vollständig anderen Ursprungssituation entstammen. Unter den verschiedenen Mitteln, unsere Gedanken zu kommunizieren, ist die Sprache für Rousseau die erste soziale Institution, die in ihrer Form nichts der Natur verdankt.

„De cela seul il suit avec evidence que l'origine des langues n'est point düe aux prémiers besoins des hommes; il seroit absurde que de la cause qui les écarte vint le moyen qui les unit. D'où peut donc venir cette origine? Des besoins moraux, des passions. Toutes les passions rapprochent les hommes que la necessité de chercher à vivre force à se fuir. Ce n'est ni la faim ni la soif, mais l'amour, la haine, la pitié, la colère qui leur ont arraché les prémiéres voix.“[88]

Die Sprache ist für Rousseau also aus den Gefühlen und Passionen erwachsen, die die Menschen verbinden, während die Schrift den Bedürfnissen entspingt, die die Menschen entzweien. „L'art d'écrire ne tient point à celui de parler. Il tient à des besoins d'une autre nature, qui naissent plustôt ou plustard selon des circonstances tout à fait indépendantes de la

---

[86] Jacque Derrida, 1967/1983, De la Grammatologie, Paris : Minuit; dt., 1974, Grammatologie, Frankfurt/M: Suhrkamp, S. 204/245.

[87] Auf Derridas generalisierten Schriftbegriff, der besagt, daß die gesprochene Sprache bereits dieser Schrift zuzurechnen ist, Schrift also nicht als deriviert, sondern als Urschrift begreift, die bereits in jeder Spur zu finden ist, gehen wir hier nicht ein.

[88] Rousseau, 1781/1990, Essai sur l'origine des langues, Paris: Gallimard. S.67.

durée des peuples, ..."[89] Schrift, die sich also einem ganz anderen Ursprung verdankt, fixiert nur scheinbar die Sprache. Tatsächlich verändert sie sie in ihrem Wesen, sie ersetzt die Variabilität und Musikalität des Ausdrucks durch die Exaktheit der Ideen und entzieht ihr damit das Leben: „L'écriture qui semble devoir fixer la langue est précisement ce qui l'altére; elle n'en change pas les mots mais le génie; elle substitue l'exactitude à l'expression. L'on rend ses sentiments quand on parle et ses idées quand on écrit. En écrivant on est forcé de prendre tous les mots dans l'acception commune; mais celui qui parle varie les acceptions par les tons, il les détermine comme il lui plait; moins gêné pour être clair, il donne plus à la force, et il n'est pas possible qu'une langue qu'on écrit garde longtems la vivacité de celle qui n'est que parlée. On écrit les voix et non pas les sons: or dans une langue accentüée ce sont les sons, les accens, les infléxions de toute espéce qui font la plus grande énergie du langage; et rend une phrase, d'ailleurs commune propre seulement au lieu où elle est. Les moyens qu'on prend pour suppléer à celui-là étendent, allongent la langue écrite, et passant des livres dans le discours énervent la parole même. En disant tout comme on l'écriroit on ne fait plus que lire en parlant."[90]

Selbst dem Sprechen wird unter Bedingungen der Schriftlichkeit - besonders in ihrer Gestalt der Buchlektüre - die Lebendigkeit, das Gefühl, die Musikalität entzogen. Sprache ist unter Schriftbedingungen schriftlich kontaminiert. Indem Rousseau von der Schrift aus Sprache und Schrift analysiert, ihnen einen unterschiedlichen Ursprung attribuiert, gelingt es ihm, die Differenz schriftlich/mündlich strukturell zu erfassen.[91] Anders als

---

[89] Ebenda, S.76.

[90] Ebenda, S.79 f.

[91] Ähnlich optiert Herder, der vom Schreiben aus über Sprache und Dichtung reflektiert: „Daher rührt die Macht der Dichtkunst in jehnen rohen Zeiten, wo noch die Seele der Dichter, die zu *sprechen* und nicht zu plappern gewohnt war, nicht *schrieb, sondern sprach,* und auch schreibend lebendige Sprache tönete: in jenen Zeiten wo die Seele des anderen nicht *las* sondern *hörte* und

in der Konversationssemantik, die Schriftlichkeit noch als Kopie der Rede vorgeführt hatte, anders auch als in der Sprachtheorie von Port Royal die - wie es für das 17. Jahrhundert typisch war - von einer exakten Transpositionskette: Ideen, Sprache, Schrift ausging, setzt Rousseau einen doppelten Ursprung für Sprache und Schrift an. Die Gründe und Voraussetzungen der schriftkritischen Diktion der sprachtheoretischen Analyse wird allerdings erst in Verbindung mit Rousseaus Gesellschaftskritik deutlich.

Daß Sprache verbindet, da sie den Gefühlen entspringt, Schrift aber die Menschen auseinandertreibt, da sie den Bedürfnissen und einer anderen

---

auch selbst im Lesen, zu *sehen* und zu *hören* wußte, weil sie jeder Spur des *wahren und natürlichen* Ausdrucks offen stand: daher rühren jede Wunder, die die Dichtkunst geleistet, über die wir staunen und fast zweifeln; die aber unsre süssen Herren verspotten, und närrisch finden: daher rührt *alles* Leben der Dichtkunst, was ausstarb, da der Ausdruck nichts als Kunst wurde, da man ihn von dem, *was er ausdrücken sollte*, abtrennte: der ganze Verfall der Dichterei, daß man sie der Mutter Natur entführte, in das Land der Kunst brachte, und als eine Tochter der Künstelei ansah: der Fluch, der auf dem Lesen der Alten ruht, wenn wir bloß Worte lernen, oder den Inhalt historisch durchwandern, oder aesthetische Regeln suchen, oder Beispiele ausklauben, kurz! wenn wir *Gedanken und Worte in ihnen* abgetrennt betrachten: nicht das schöpferische Ohr haben, das die Empfindung in seinem Ausdrucke in vollem Tone höret; nicht jenes dichterische Auge haben, das den Ausdruck als einen Körper erblickt, in welchem sein Geist denkt und spricht und handelt. 'Daher rührt das aesthetische Gewäsche wo immer Gedanke, vom Ausdrucke abgesondert behandelt wird': daher rührt jener Unsegen, daß es uns schwer wird, wie die Alten *zu denken* , weil man das Denken ohne Ausdruck erhaschen wollte, und wie die Alten *zu sprechen*, weil man wiederum den Ausdruck vom Gedanken abgesondert betrachtete. Je mehr ich der Sache nachdenke, daß man es für nützlich ja für notwendig habe halten können, in Poesien Gedanken und Ausdruck unverbunden zu behandeln, in Poetiken unverbunden zu lehren und in Alten unverbunden zu zergliedern: desto fremder kommt mir diese Zerreißung vor." J.G. Herder, 1764-1772/1985, Frühe Schriften, hg. U. Gaier, Frankfurt/M: Bibliothek deutscher Klassiker, S.402ff.
Herder, der sicherlich Rousseaus Geste des Bedauerns, der Trauer und Resignation angesichts der Schriftkultur teilt, geht aber anders vor. Sprache ist bei Herder hier noch natürliches Zeichen, erst die Schrift entfernt sich von der Natur und wird zum Kunstgebilde. Indem er die Beziehung zwischen Gedanke und Ausdruck verdoppelt, einmal für die Sprechsituation (in natürliche Zeichen), einmal für die Schreibsituation (in willkürliche, von ihrem natürlichen Ursprung getrennte Zeichen), gelingt es ihm im Gegensatz zu vielen seiner Zeitgenossen, wie Heinrich Bosse, 1994, Der Autor als abwesender Redner, in: in: Paul Goetsch (Hrsg.), Lesen und Schreiben im 17. und 18. Jahrhundert. Studien zu ihrer Bewertung in Deutschland, England, Frankreich, Script Oralia 65, Tübingen: Gunter Narr, S. 277-290, gezeigt hat, die Differenz schriftlich/mündlich analytisch überhaupt in den Blick zu nehmen. In anderen Schriften wird die Sprache allerdings ganz im Sinne Rousseaus als unnatürliches Medium beschrieben. „Empfindung und Worte sind sich sogar entgegen: der wahrhafte Affekt ist stumm, durchbraust unsre ganze Brust inwendig eingeschlossen „, J.G. Herder, ebenda, S.66, zit nach: Heinrich Bosse 1994, a.a.O., S. 285f.

.

Art der Vergesellschaftung entspringt und darüberhinaus zu einer Verarmung des sprachlichen Ausdrucks führt, hat eine exakte Entsprechung in der Kritik der Differenzierung der modernen Gesellschaft. Für Präsenzpräferenz können wir daher auch Einheitspräferenz setzten.

Die Entzweiung der Gesellschaft hat eine lange Geschichte, findet aber in der neuen Vergesellschaftungsform, die durch die Eigentumsnahme insinuiert wird, eine besonders dramatische Fassung. Zunächst einmal hatte Rousseau im Diskurs über den Ursprung der Ungleichheit jede Form von Sozialität als Entfremdung des Individuums aufgefaßt.[92] Der Mensch als Naturwesen ist kein animal sociale. Er lebt isoliert, ist sich selbst genug. Die für die Arterhaltung erforderlichen Kontakte bleiben sporadisch und führen nicht zu dauernder Vergemeinschaftung.[93] Ungleichheit setzt Abhängigkeit voraus. Diese aber impliziert immer Einschränkungen der individuellen Freiheit des Einzelnen und macht die Befriedigung seiner Bedürfnisse von kollektiver Anerkennung abhängig. Im Urzustand gab es auch keine Sprache im eigentlichen Sinne. Sprache ergibt sich erst, wenn man andere überzeugen muß, von denen man abhängig ist und die versammelt sind. Persuasion ist also ein Vergesellschaftungseffekt. Sprache als soziale Institution entsteht erst mit der Vergesellschaftung und ist insofern nichts Natürliches.[94] Eine natürliche, vorreflexive Form der Sozialität ist allenfalls das Mitleid, das die Menschen verbindet. Sprache ist bereits Bestandteil der Gesellschaft, die sich als Negation der Natur konstituiert. Da sie aber Natur nicht gänzlich eliminieren kann, unterhält sie mit ihr einen

---

[92] Rousseau, 1755/1964, Discours sur l'origine et les fondemens de l'inégalité parmi les hommes, Oeuvres complètes Pléiade Vol. III, Paris: Gallimard, S. 111-241, im folgenden: DiscII/Pl.III.

[93] Rousseau, Disc.II/Pl.III, S.161: „Si L'on me chasse d'un arbre j'en suis quitte pour aller à un autre; Si l'on me tourmente dans un lieu, qui m'empêchera de passer ailleurs?"

[94] Rousseau, Disc.II/Pl.III, S.148: „il fallut persuader des hommes assemblés"; S. 141; 135; bes: 138 : que l'état de réflexion est un état contre Nature et que l'homme qui médite est un animal dépravé."

permanenten Konflikt. Sprache wird dem Individuum aufgezwungen und ist stets Moment der Entfremdung und Einschränkung der affektiven Selbstbestimmung des Menschen. Die Rousseausche Entfremdungskritik (oder besser die tragische Klage über die Entfremdung) enthält insoweit stets auch eine Kritik an der Sprache. Auch Interaktion ist für Rousseau Entfremdung. Gerade die höfisch salonmäßig organisierte Geselligkeit wird von ihm ja als dramatischer Konflikt zwischen Ausdruckszwängen und Ausdrucksbedürfnissen des Individuums beschrieben.

Die Entfremdung, die mit jeder Art von Vergesellschaftung verbunden ist und für die Sprache steht, erreicht aber ein neues Stadium mit der Etablierung von Arbeitsteilung größeren Ausmaßes und mit der an sie geknüpften Institutionalisierung des Privateigentums. Ungleichheit wird durch Eigentumsnahme gesichert. „Le premier qui ayant enclos un terrain, s'avisa de dire, *ceci est á moi,* et trouva des gens assés simples pour le croire fut le vrai fondateur de la société civile."[95] Sprache wird zum Instrument der Eigentumserklärung. Eigentumsansprüche sind immer Sprachansprüche.

Das Hauptproblem aber des Privateigentums ist für Rousseau die Entfesselung des Eigensinns - mit Luhmann können wir von der Diabolik des Ökonomischen, v.a. des Geldmechanismus sprechen.[96] Diese zweite Art der Negation natürlicher Voraussetzungen ist nicht identisch mit der ersten. Dort geht es um den Gegensatz zwischen Individuum und Gesellschaft. Hier geht es um die funktionale Ausdifferenzierung der Ökonomie, die diesen Bereich des Sozialen von der Sozialität entfremdet. Man könnte diese Art der Entfremdung als Entfremdung 2. Grades oder als re-entry der den Gegensatz zwischen Individuum und Gesellschaft begründende Entfremdung

---

[95] Rousseau, Disc.II/Pl.III, S.164.
[96] Vgl. Rousseau, Disc.II/Pl.III, S. 171ff., 177ff., 258.

in die Sphäre der Sozialität selbst ansehen. Die älteren Formen der Sozialität waren letztlich lokal überschaubare Verhältnisse handwerklich-agrarischen Zuschnitts, also im wesentlichen über sprachlich - interaktive Kommunikation vermittelt. Die *neue* Form der sozialen Differenzierung führt (v.a. an Geld und politischer Herrschaft wird dies vorgeführt) internationale Kommunikation ein, die nicht mehr zurückzubinden ist an tatsächliche Lebensverhältnisse, so wie die Alphabetschrift als Fremdimport nicht den Ton der gesprochenen Sprache spricht.[97] Entfremdung besteht also gerade in der interaktiv gar nicht mehr zu beherrschenden Verselbständigung von Kommunikation.

In diesem Kontext nun ist Rousseaus Schriftkritik zu sehen. Schrift wird ihm - wie das Geld - zum Symbol für kommunikative Zwänge, die sich nicht auf interaktiv besprechbare Motive zurückrechnen lassen. In der Schrift wird die Ablösung der Kommunikation von den Kommunizierenden erfahren. Wenn Rousseau „Schrift" sagt, meint er implizit eben stets anonyme Kommunikation, wie sie erst der Buchdruck ermöglicht, meint er die Beeinflußbarkeit durch Texte, deren Autor nicht durch die lebendige Gemeinschaft derer diszipliniert wird, für die er schreibt. Das Problem besteht darin, daß es jetzt eine Form von Kommunikation gibt, die wie Geld „zirkuliert", ohne sich um die Belange derer zu kümmern, die als Adressaten dieser Zirkulation fungieren. Schrift teilt also den Charakter des Geldes: Sie ist diabolisch, weil nur den auseinandertreibenden Interessen Abwesender verpflichtet und von den in der Präsenz bindenden Gefühlen entkoppelt.

Ein Beleg für diese Interpretation kann im Spätwerk Rousseaus im „contrat social" gesehen werden, der eine Gesellschaft kritisiert, die nicht

---

[97] Vgl. Rousseau, 1781/1990, Essai sur l'origine des langues, S.78 f.

mehr mit der Interaktion unter Anwesenden identisch ist.[98] Hier soll die Gesellschaft wieder in eine Einheit als societas civilis im Sinne einer politischen Gemeinschaft überführt werden. Das synthetisierende Prinzip ist die direkte Demokratie, also Entscheidungsverfahren, die in physischer Anwesenheit aller Bürger wirksam werden. Die Volksversammlung ist die Überwindung der auf Schrift angewiesenen Kommunikation.[99] In der Schriftkritik Rousseaus spiegelt sich seine radikale Kritik an einer neuen Form der Differenzierung von Gesellschaft, eben jener, die auf funktionaler Differenzierung von Wirtschaft, Recht, Religion und Politik basiert. „Tout ce qui rompt l'unité sociale ne vaut rien: Toutes les institutions qui mettent l'homme en contradiction avec lui- même ne valent rien."[100] Die Inklusion in die Schrift ist die Voraussetzung dafür, daß diese neue Form sozialer Organisation möglich wird. Das hat Rousseau geradezu mit instinktivem Blick erfaßt. Er begreift, daß diese neue Gesellschaft kein integrierendes Zentrum mehr hat, von dem sie gesteuert werden kann. Schrift und Geld werden zum Inbegriff einer polykontextural kommunizierenden Gesellschaft. Der utopische Gegenentwurf des contrat social geht deshalb von einem lokalen Zentrum aus, der Volksversammlung. Diese operiert ohne Schrift auf der Basis von Interaktion und auf der Basis der Aufhebung funktionaler Differenzierung: Religion, Wirtschaft und Recht werden integrierte Aspekte von politischen Entscheidungen, die von allen Beteiligten in

---

[98] Rousseau, 1762/1964, Du Contrat social ou principes du droit politique, Oeuvres complètes, Pléiade Vol. III, Paris: Gallimard, S. 349-470, im folgenden: CS/Pl.III. Zum Zusammenhang von Individuum und contrat social, vgl. Louis Dumont, 1991, Individualismus. Zur Ideologie der Moderne. Frankfurt/M: Campus, S. 99 ff.

[99] Rousseau, CS/Pl.III, S.425: „Le Souverain n'ayant d'autre force que la puissance législative n'agit que par les loix, et les loix n'étant que des actes authentiques de la volonté générale, le Souverain ne sauroit agir que quand le peuple est assemblé. Le peuple assemblé, dira-t-on! Quelle chimere! C'est une chimere aujourd'hui, mais ce n'en étoit pas une il y a deux mille ans: Les hommes ont-ils changé de nature?"

[100] Rousseau, CS/Pl.III, S. 464:

mündlicher Rede ausgehandelt werden.[101] Das Ideal des honnête homme und das Stilprogramm unspezialisierten Verständigtseins von Anwesenden tauchen hier erneut auf, diesmal allerdings in einem Kontext, der von Hof und Salon weltenweit entfernt ist.[102]

Schriftkritik wird hier als Differenzierungskritik vorgetragen. Der funktional differenzierten Gesellschaft wird die Utopie einer Gemeinschaft aus Körpern und Stimmen entgegengesetzt, in der alles - auch die Religion - einer von der volonté generale getragenen Politik unterstellt ist. Schrift wird als dramatischer Zerfallskatalysator in der Zivilisationsgeschichte angesehen. Um ein weiteres Beispiel zu geben: Mit der Kunst des Schreibens verbinde sich die Kunst des Denkens. So wie der Körper habe auch der Geist seine Bedürfnisse, während jene die Grundlage der Gesellschaft bildeten, machten diese deren Annehmlichkeiten aus.[103] In dem Maße aber - so lautet die eigentliche Pointe, in dem unsere Wissenschaften und Künste zur Vollkommenheit fortschritten, seien unsere Seelen verderbt und verkommen. Die Tugend verschwinde in dem Maße, wie sie selbst Gegenstand von Reflexion werde. Dem tugendhaften Leben steht kontrapunktisch die Reflexion gegenüber, der Unmittelbarkeit des Selbst- und Weltverhältnisses die schriftvermittelte Erfahrung, die mit dem Massenschrifttum, das als dramatische Flut und Überschwemmung beschrieben wird, unvermeidlich wird. Schließlich steigert Rousseau die Vorbehalte gegen Schrift und Buchdruck in seinem Erziehungsbuch Emile zu dem Bekenntnis „Je hais les

---

[101] Er beschreibt dies auch als die Ablehnung der „sociétés partielles" dans l'État, die der Durchsetzung der volonté générale widersprechen: „Il importe donc pour avoir bien l'énoncé de la volonté générale qu'il n'y ait pas de société partielle dans l'État et que chaque Citoyen n'opine que d'après lui." Rousseau, CS/Pl.III, S. 372.

[102] Schlichtere restaurative Vorstellungen einer Gesellschaft, die wieder Konversation werden solle nach dem Modell des 17. Jahrhunderts - also gerade die Vergesellschaftungsform, die Rousseau radikal ablehnt, finden sich in der französischen Neoklassik, z. B. bei Jacques Delille, 1812, La Conversation, Paris.

livres; ils n'apprennent qu' à parler de ce qu'on ne sait pas"[104], um sich im Sinne eines platonischen Unmittelbarkeitspostulats dafür auszusprechen, daß sich eigentliche Erkenntnisse ohne medialen Umweg in die Köpfe der Menschen einprägen müßten.

Diese zweite Diktion der Kritik des Massenschrifttums vor der Folie einer unverstellten, unmittelbaren Innerlichkeit - hier noch Seele, dort schon Geist genannt - findet sich auch an prominenter Stelle bei Herder. In zeitgemäßer Ambivalenz gegen Buchdruck und Massenschrifttum stellt er die anthropologische Frage, ob die menschliche Natur all dessen fähig sei, was mit Lumpenschriften und Buchdruckerei nun auf sie zukomme. Herder sieht vor allem die Nüchternheit, Kraft und Zeit zu einer stillen und edlen Selbstbildung bedroht, da die Flut der gedruckten Literatur den armen meschlichen Geist verwirre. In die Lobreden der Zeitgenossen auf den Buchdruck einzustimmen scheint überflüssig: Als konzediert gilt der Ertrag einer zusammenhängenden und vergleichenden Erfahrung des menschlichen Geschlechts, Kritik, Geschichte und eine Welt der Wissenschaften. Die Frage aber sei, was wir an ihr *nicht* haben: „ was sie nämlich nicht geben kann, ja worin sie störet. Eigenen Geist nämlich kann sie nicht geben; lebhafteren tieferen Genuß an der Quelle des Wahren, Guten und Schönen mag sie durch die unzählbare Konkurrenz fremder Gedanken hier befördern, dort aber auch hindern.

---

[103] So wird der 1. Diskurs eingeleitet: Rousseau, 1750/1964, Discours sur les sciences et les arts, Oeuvres complètes Pléiade Vol. III, Paris: Gallimard, S. 3-103, im folgenden: Disc.I/Pl.III.

[104] Zit nach: Joseph Jurt, 1994, Lesen und Schreiben bei Rousseau, in: Paul Goetsch (Hrsg.), Lesen und Schreiben im 17. und 18. Jahrhundert. Studien zu ihrer Bewertung in Deutschland, England, Frankreich, Script Oralia 65, Tübingen: Gunter Narr, S. 241-251 (241); vgl. auch: Nathalie Ferrand, 1994, Livre et lecture dans quelques romans épistolaires : La Nouvelle Héloi,se, Les Malheures de l'Inconstance, Les Liaisons Dangereuses, L'Émirgé, in: Jan Herman/Paul Pelckmans (Hrsg.), L'Épreuve du lecteur. Livres et lecture dans le roman d'Ancien Regime, Louvain-Paris: Éd. Peeters, S. 367-378.

Mit der Buchdruckerei nämlich kam *Alles* an den Tag; die Gedanken aller Nationen, alter und neuer flossen in einander. Wer die Stimmen zu sondern und Jede zu rechter Zeit zu hören wußte, für den war dies große Odeum sehr lehrreich, andre ergriff die Bücherwut, sie wurden verwirrte Buchstabenmänner und zuletzt selbst in Person *gedruckte Buchstaben.*"[105] In einem ersten Schritt lassen sich als Gefährdungsvisionen des ausgehenden 18. Jahrhunderts festhalten: Schrift und Buchdruck gefährden die Unmittelbarkeit des Selbst- und Weltverhältnisses, das tugendhafte Miteinander, die stille und edle Selbstbildung, und sie zerstören die Einheit der Gesellschaft.

6. Schriftrehabilitierung

Worin besteht nun aber die Rehabilitierung der Schrift? Erst die angekündigte Gegenbewegung bringt das paradoxe Verhältnis der sich zunehmend verschriftlichenden Gesellschaft des ausgehenden 18. Jahrhunderts zu sich selbst zum Ausdruck. Moment dieses Prozesses ist die Autonomisierung der schriftlichen Kommunikation von der Interaktion. Zunächst dient uns Rousseau weiterhin als ausgezeichnetes Beispiel der Selbstbeschreibung dieser kommunikationsgeschichtlichen Entwicklung.

Dokumente der Aufwertung der Schrift sind Rousseaus autobiographische Schriften, die im Zeichen der gerade erst sich legitimierenden Möglichkeit stehen, anders zu sein als die anderen. „Si je ne vaux pas mieux, au moins je suis autre" beginnen die Confessions, ein Zeugnis von

---

[105] Herder, Johann Gottfried,1793-1797/1991, Briefe zur Beförderung der Humanität, hg. Hans Dieter Irmscher, Frankfurt/M: Bibliothek deutscher Klassiker, S. 529. Zeitgenössische Lesepro pädeutiken, die bereits als Reaktion auf die Lesesuchtdebatte zu werten sind, setzten hier an, z.B. Johann Adam Bergk, 1799, Die Kunst Bücher zu lesen. Nebst Bemerkungen über Schriften und Schriftsteller, Jena ; nicht zufällig mit einem Epigraphen von Rousseau versehen.

Rousseaus Karriere im modernen Sinne. Obgleich der Text in der Tradition von Augustinus' und Montaignes Bekenntnissen steht, ist er doch, da Rousseau weder Kleriker noch gentilhomme war, ein hervorragendes Dokument für Selbstautorisierung im oben beschriebenen Sinne. Rousseau hatte keinen Titel, um sich dem Publikum vorzustellen, zumindest keinen, der es bis dahin möglich gemacht hätte, eine Autobiographie zu rechtfertigen.[106]

Die Confessions stellen die Kehrseite der Differenzierung der modernen Gesellschaft dar, nämlich die Geburt des modernen Individuums, das Ende des 18. Jahrhunderts noch den gegen ständische Unterschiede gerichteten Titel: Mensch trägt. Während die schriftkritischen Texte auf die Ausbildung der gesellschaftlichen Subsysteme reagieren, reagieren die autobiographischen, schriftrehabilitierenden Texte auf die sozial bedingte Ausgrenzung des Individuums aus der Gesellschaft. Sie enthalten eine exakte Beschreibung der Umstellung von Inklusionsindividualität auf Exklusionsindividualität. Individuen in der stratifizierten Gesellschaft sind über die Inklusion in ein und nur ein Teilsystem definiert und erfahren sich somit in einer historischen Fiktion als kommunikationsfähig. Das Individuum in der funktionalen Differenzierung kann nur extrasozietal gedacht werden und findet sich sozial ortlos, als ausgeschlossen der gesellschaftlichen Kommunikation gegenüber.[107] Das sich außerhalb der Gesellschaft selbst konstituierende Individuum kann sich als Einheit weder in den ausdifferenzierten

---

[106] Rousseau, 1782/1959, Les Confessions, Oeuvres complètes Pléiade Vol.I, Paris: Gallimard, S. 1-657, im folgenden: CO/Pl.I., (S.5). Vgl. dazu Jean Starobinski, 1971, Jean-Jacques Rousseau: La transparence et l'obstacle, Paris, bes. S. 216 ff. Es handelt sich um einen Text, der an die Nachwelt gerichtet ist und auch in dieser Hinsicht radikal mit dem Konversationszeitalter bricht, CO/Pl.I., S.400: „Mes confessions ne sont point faites pour paroitre de mon vivant ni de celui des personnes intéressées. Si j'étois le maitre de ma destinée et de cel de cet écrit il ne verroit le jour que longtems après ma mort et la leur."

[107] Vgl. Niklas Luhmann, 1989a, Individuum, Individualität, Individualismus, a.a.O., bes. S.160ff.

Subsystemen noch in der Interaktion artikulieren. Dies führt zu einer Umwertung von Sprache und Schrift, da die Exklusion von Individualität der Schriftlichkeit affin ist.

Rousseau führt uns anhand seiner Erlebnisse mit der zeitgenössischen Gesellschaft diesen Exklusions- und Umwertungsprozeß vor. Wie selbstverständlich steht am Anfang seiner eigenen Individuierungsgenese die Lektüre gedruckter Bücher. Jene gerade erst entdeckte, von ihm und seinen Zeitgenossen vehement kritisierte Selbstaneignung von Kulturgütern sollte von nachhaltiger Wirkung sein. Die eigentliche Transgression aber - die Rousseau selbst so erfahren hat - liegt in der fast schmerzhaft geschilderten Grenzerfahrung mit der zeitgenössischen Interaktion. Noch sind die in der Konversationssemantik formulierten Regeln am Werk: Die Äußerung von Ideen hatte in erster Linie Darstellungsfunktion. In den Zirkeln des 18. Jahrhunderts verteidigt man Ideen, um zu gefallen, nicht aber um die Wahrheit zu sagen. Die 'opinion des autres' bleibt der übergeordnete Orientierungswert. Wahrheit, Individualität und die Wertschätzung des eigenen Selbst können interaktiv niemals kommuniziert werden - das ist die neue Einsicht. Rousseaus Problem - wie Starobinski es beschreibt - „Il voudrait, dans chacune de ses paroles, être présent en personne, et être reconnu pour ce qu'il vaut."[108] Diese Unmöglichkeit der Anerkennung der Individualität des Anderen und dessen authentischer Artikulation bewegen ihn, den „Vorurteilen" seines Jahrhunderts zu trotzen.[109] Das gesellige, von den Gesetzen des Monde abhängige Leben der „philosophes" gehört zu den Zwängen, von denen Rousseau sich nun be-

---

[108] Jean Starobinski, 1971, Jean-Jacques Rousseau: La transparence et l'obstacle, a.a.O., S. 150.

[109] „... j'ai pris en mepris mon sciecle et mes contemporains et sentant que je ne trouverois point aux milieu d'eux une situation qui put contanter mon coeur, je l'ai peu à peu detaché de la société des hommes, et je m'en suis fait une autre dans mon imagination laquelle m'a d'autant plus charmé que je l'a puvois cultiver sans pein, sans risque et la trouver toujours sur et telle qu'il me la falloit." Rousseau, Lettres à Malesherbes, Pl.I, S.1135

freit. Seine Maxime wird es, über die fremde Meinung (opinion) hinaus sich selbst genug zu sein, eine Konstitution von Individualität jenseits von interaktiver Eingebundenheit. „Je ne trouvai plus rien de grande et de beau d'être libre et vertueux, au dessus de la fortune et de l'opinion et de se suffire à soi - même."[110]

Die empirisch gegebene Form der Präsenz in der Konversation entspricht also nicht der Präsenz und Einheitsidee im emphatischen Sinne, die die Sprache als Gefühlsmedium der Schrift als Bedürfnismedium noch voraus hatte. Ob es ein bloß historischer Fehltritt oder ein Strukturproblem von Interaktion schlechthin ist, ist kaum zu entscheiden. Jedenfalls ist die Gegenwart anderer für Rousseau ein grundsätzliches Problem, da sie dazu zwingt, ständig zu reden, ja Nichtigkeiten oder der Situation gehorchende Lügen hervorzubringen. Es fehlt nicht an biographischen Begebenheiten, die diese Erfahrung unterstreichen. Die Präsenz der anderen zwingt die eigene Artikulation offenbar in eine Logik, der man sich nicht entziehen kann. Man könnte dies als eine frühe Einsicht in die Autopoiesis von Interaktionssystemen bezeichnen: „Dans le tête-à-tête il y a un autre inconvénient que je trouve pire, la nécessité de parler toujours: quand on vous parle il faut répondre, et si l'on ne dit mot il faut relever la conversation. Cette insupportable contrainte m'eût seul dégoûté de la société. Je ne trouve point de gêne plus terrible que l'obligation de parler sur-le-champ et toujours."[111]

Um noch einen Moment bei der anschaulichen Darstellung zu bleiben, wie sich das ausgehende 18. Jahrhundert in einem Zuge von Rhetorik und Konversation verabschiedet und an die Stelle Authentizität als neue Leitorientierung setzt: Präsenz und Authentizität sind offenbar nicht kompatibel. Bereits die Kommunikation wissenschaftlicher Wahrheit ist in

---

[110] Rousseau, CO/Pl.I., S. 356.

[111] Rousseau, CO/Pl.I., S. 115, 202. Vgl. dazu den im zweiten Kapitel herausgearbeiteten Eigenwert der Interaktion, der bei Strafe des Untergangs in der Anschlußfähigkeit liegt.

Bücher und Zeitschriften abgewandert. Die Wahrheit über das moderne Individuum überfrachtet aber die Interaktion in ganz besonderer Weise. Es ist offenbar dem Schriftmedium vorbehalten, diese „Wahrheit" zum Ausdruck zu bringen. Gegen das rhetorische Prinzip, Überzeugung sicherzustellen, glaubwürdig zu sein, indem man die Bedingungen herstellt, unter denen das Gesagte glaubwürdig erscheint, setzt Rousseau das authentische Schreiben. Die Wahrheit zu sagen, ohne darauf zu achten, daß es glaubwürdig ist, das ist die Grundidee des authentischen Schreibens. „Ma fonction est de dire la vérité, mais non pas de la faire croire."[112] Authentisches Schreiben kennt nur die eigene Erinnerung als einzige Referenz. Es werden keine Dokumente angefertigt, keine Mediatisierung, keine Externalisierung. Rousseau betont, daß er sicher ist, daß das, worauf es ankommt, im Gedächtnis verankert ist. Was zählt, ist alleine das authentische, sensible, getreue Gedächtnis, nicht aber das dokumentierte Gedächtnis.[113]

Authentisches Schreiben heißt dann Sich-Selbst-Schreiben und sich damit erst zur Existenz verhelfen. Schrift wird zu einem Zufluchtsort vor Verstellung, Persuasion und dem reflexiven Gefallenskalkül der Konversation; Schreiben die einzig mögliche Form, sich mitzuteilen. Das freilich geht nur in der Einsamkeit, in der Zurückgezogenheit ohne jede Konfrontation mit der 'opinion des autres'. „J'aimerais la société comme un autre, si je n'étais sûr de me montrer non seulement à mon désavantage, mais tout autre que je ne suis. Le parti que j'ai pris *d'écrire et de me cacher* est précisément celui qui me convenait. Moi présent, on n'aurait jamais su ce que je valais."[114] Der „Wert" des sich im Schriftmedium konstituierenden Indivi-

---

[112] Rousseau, CO/Pl.I., S.199.

[113] „J'écris absolument de mémoire sans monumens, sans materiaux qui puissent me la rappeler. ... mais en ce qui importe vraiment au sujet je suis assuré d'etre exact et fidelle, comme je tâcherai toujours de l'être en tout: voilà sur quoi l'on peut compter." Rousseau, CO/Pl.I., S.130.

[114] Rousseau, CO/Pl.I., S. 116; Über das Widerspiel von Präsenz und Absenz, Schrift und Sprache, Empfindsamkeit und Moral in den literarisch fiktionalen und den autobiographischen

duums bliebe unerschlossen in der Präsenz, die eben keine erfüllte Präsenz mehr ist. Das moderne Individuum ist konstitutiv und performativ an die Schriftlichkeit gekoppelt. Insofern ist mit der "Einschreibung der biographischen Wahrheit in den Schriftakt" die Authentizität der Mitteilung erst ermöglicht.[115] Da die Gesellschaft aus der Sprache eine Schrift gemacht hat, erfindet Rousseau die Schrift sozusagen neu als Medium der Authentizität und Unmittelbarkeit. Das Paradox dieses Eingriffs einer medial erzeugten Unmittelbarkeit muß invisibilisiert werden. So wie die kulturell erzeugte Natur in Gestalt des Gartens Ende des 18. Jahrhunderts nach englischem Vorbild als wild und unzivilisiert inszeniert wird, so wird die Mitteilung von der sich in der Thematisierung erst erzeugenden Individualität und Innerlichkeit als authentisch und unmittelbar inszeniert. Das Schreiben selbst wird bei Rousseau naturalisiert, da es sich, so die späten Schriften, im Gehen vollzieht. Wenn daher von einem rousseauistischen Naturzustand die Rede ist, so ist freilich jene medial („wieder")erzeugte Ursprünglichkeit, Unmittelbarkeit und Authentizität gemeint.

Rehabilitiert ist also das Schreiben als Medium der Transparenz und Authentizität, ja als einzige Möglichkeit, dem modernen Individuum eine Sprache zu verleihen.[116] Das Lesen allerdings muß noch geübt werden. Die

---

Schriften Rousseaus reflektiert: Bernard Vouilloux, 1995, L'Impression du portrait. Ecriture et sensation chez Rousseau, in: Furor, 27, S. 25-50. Er geht Rousseaus Motiv nach, daß die Personen, etwa Julie und Saint-Preux in „La Nouvelle Héloïse", nur schreibend, nur in der Schrift, also abwesend füreinander „sichtbar" werden - dokumentiert in dem brieflich an Julie gerichteten Satz Saint-Preux': „je te vois". Paradoxerweise wird dieser Brief im Hause von Julie an Julie gerichtet.

[115] Umgekehrt also als Manfred Schneider, 1986, Die erkaltete Herzensschrift, München: Hanser, darstellt. Der von Starobinski formulierte Pakt zwischen Ich und Sprache scheint ihm im Schriftmedium zerrissen. Nach unserer Analyse ist das Kontinuum von Innerlichkeit und Expression erst mit dem Schriftmedium denkbar – auch wenn es sofort wieder in frage gestellt wird. So formuliert auch Stephan Sting, der in diesem Zusammenhang von einem "Kurzschluß von Schrift und Selbst" bei Rousseau spricht, 1998, Schrift, Bildung und Selbst, Weinheim, S. 161.

[116] Das ausgezeichnete Medium der an Rousseau anschließenden Empfindsamkeitssemantik ist konsequenterweise der Brief. Gefühlskommunikation verträgt die Anwesenheit des Adressaten gerade nicht. Für die Selbstoffenbarung ist die Abwesenheit alters offenbar konstitutiv. Vgl. dazu Nikolaus Wegmann, 1988, Diskurs der Empfindsamkeit. Zur Geschichte eines Gefühls in der

bei Rousseau und Herder noch vorherrschende Skepsis gegenüber der fremden Erfahrung, die in der Lektüre gar nicht nachzuvollziehen sei, ja nur bei besonders geschickten Geistern die stille, innere Selbstbildung befördere, wandelt sich spätestens in der deutschen Romantik. Die zunehmende Literalisierung der Gesellschaft an der Schwelle zum 19. Jahrhundert verwandelt die Lektüreabwehr - etwa in Form der Lesesuchtdebatte als Pathologisierung des Massenschrifttums, getragen von der Sorge um die innere Selbstbildung - in eine Hoffnung des kritischen Zeitalters, wie Schlegel formuliert: „ ... die Menschen werden sich endlich in Masse erheben und lesen lernen." In dem sich ankündigenden 19. Jahrhundert, so Schlegel emphatisch: „Dann wird es Leser geben, die lesen können."[117] Der Populärphilosoph Garve konstatiert etwa zur gleichen Zeit mit Blick auf den das 19. Jahrhundert - in Deutschland - prägenden Bildungsgedanken, es handle sich geradezu um ein Merkmal jenes Zeitalters: „Ein Mensch welcher lieset und zu lesen versteht, kann jetzt auch wenn er in der tiefsten Einsamkeit lebt, das menschliche Leben nach allen seinen Formen und Abwechslungen kennen lernen, und durch die Schilderung der Geschichtschreiber, der Dichter und den Philosophen von den mannigfaltigen Verhältnissen und Verhandlungen der Menschen allen den Unterricht einsammeln, den er nur immer auf dem goßen Schauplatz der Welt, wenn er darauf eine bedeutende Rolle spielte durch eigene Beobachtung sich verschaffen könnte." Wissen und Bildung setzen nicht mehr die Anwesenheit im Wahrnehmungskontext, die eigene Erfahrung voraus. Einsame Lektüre

---

Literatur des 18. Jahrhunderts, Stuttgart, bes. S.73ff; Koschorke, Albrecht,1996, Empfindsamkeit als Schriftkultur. Körperströme, Zeichenzirkulation und mediale Wissensökonomie in der Schwellenzeit zur Moderne, a.a.O.

[117] Friedrich Schlegel, 1800, Über die Unverständlichkeit, in: ders., 1794-1801/1988, Kritische Schriften und Fragmente, Bd. II, Paderborn, S.235-243 (236,241). Den Schriftbezug der Romantik als Besonderheit gegenüber anderen literarischen Bewegungen hat Walter J. Ong, 1977, From Mimesis to Ironie, in: ders., Interfaces of the word. Studies in the Evolution of Conciousness and Culture, Ithaka, S. 272-302, betont.

wird zu einer legitimen Form der Aneignung von Kultur.[118] Die jetzt etablierte Lektüreform führt zu einer Umwertung der Einsamkeit. Lektüre bietet Kommunikation, die von Interaktion entlastet ist. Von den gesellschaftlichen Zerstreuungen, so Garve, „ist der einsame Gelehrte, der seine Einsichten aus Büchern und aus seiner eignen Meditation schöpft, völlig frey. Er ist mit seinen Lehrern allein. Um ihn herrscht die vollkommenste Stille; von ihm werden keine Pflichten der Höflichkeit, keine Bemühungen andre zu unterhalten, gefordert. Seine Sinnlichkeit wird durch nichts gereizt; seine Leidenschaften werden durch nichts aufgeregt. Er ist nicht der Rival des Mannes, der im Buche mit ihm redet; und die Begierde selbst zu glänzen kann ihn nicht von dem Vorsatze, sich belehren zu lassen, abwendig machen.“[119] Diese neue Form der Lektüre und Unterrichtung bleibt nicht ohne Wirkungen auf die literarische Produktion. Rekursive Anschlußoperationen, die zwischen Lesen und Schreiben oszillieren, berücksichtigen und setzen voraus was gewesen ist, d. h. was bereits lesbar ist. Durch Lektüre - besonders angesichts der aufkommenden Enzyklopädien und Lexika - eigenorientierte Leser bilden ein widerständiges Publikum, das

---

[118] Die Abkopplung des Wissens und Theoretisierens von der Erfahrung wird bei Novalis radikalisiert. Die Theorie geht der Erfahrung voraus: „Wenn die Theorie auf die Erfahrung warten sollte, so käme sie nie zu Stande." Novalis, 1965, Schriften, Bd. 2, Das philosophische Werk I, hg. von Richard Samuel, Hans Joachim Mähl, Gerhard Schulz, Darmstadt: WBG, S. 542, fr.82. Wichtige Hinweise zum Werk von Novalis verdanke ich Herbert Uerling, vgl. auch ders., 1991, Werk und Leben Friedrich von Hardenbergs. Genannt Novalis, Stuttgart: Metzler.

[119] Christian Garve, 1792-1802, Ueber Gesellschaft und Einsamkeit, in: ders., Versuche über verschiedene Gegenstände aus der Moral, der Litteratur und dem gesellschaftlichen Leben, 5 Teile, Breslau, Bd.3, S.48 und 67. Zur Umwertung der Einsamkeit vgl.: Johann Georg Zimmermann, 1773, Von der Einsamkeit, Leipzig; ders., 1784-85, Ueber die Einsamkeit, 4 Bde. Karlsruhe. Den grundlegenden Wandel der Einstellung zum schriftlichen Wissen und zur Lektüre dokumantieren auch Bernhard Giesen/ Kay Junge, 1991, Vom Patriotismus zum Nationalismus. Zur Evolution der deutschen Kulturnation, in: Bernhard Giesen (Hrsg.), Nationale und kulturelle Identität, Frankfurt/M: Suhrkamp, S. 255-304. Die Autoren weisen auch auf den Zusammenhang von Schriftlichkeit und der Herausbildung nationaler Identität hin.

der literarische Autor nur noch durch Steigerung seiner eigenen Kunstfertigkeit zu gewinnen vermag.[120]

Schriftlichkeit entlastet also von den für die Interaktion konstitutiven Darstellungszwängen - im Sinne des Goffmanschen impression managements. Die jetzt so beobachtete und beschriebene Besonderheit der Schriftlichkeit können wir als Selbstreferenz des schriftlichen Kommunikationsmodus bezeichnen, die es erlaubt, Interaktion als Teil der Systemumwelt zu begreifen und nicht mehr als Finalität aller Kommunikation. Rousseau hatte diesen Autonomiegewinn der Schriftlichkeit für das Schreiben bereits angedeutet - allerdings mit ablehnender Geste in Richtung auf Lektüre kommentiert. Sie wird im beginnenden 19. Jahrhundert als Chance für Schreiben und Lektüre, für Wissensverbreitung, Geistesbildung und als Grundlage einer neuen Form der Schriftstellerei entdeckt.[121] Zum übergeordneten Bezugsproblem wird jetzt das Massenschrifttum in Gestalt des Buchmediums. In den Dialogen von Novalis, deren erklärter Anlaß der neue 'Meßkatalog' ist, wird die inszenierte Ambivalenz gegenüber dem Buchme-

---

[120] Vgl. dazu in glänzender Selbstironie Jean Paul, 1796/1976, Siebenkäs, Frankfurt/M, S. 286: „Ich wünschte ich schweifte gelegentlich ein wenig aus; aber es fehlt mir an Mut. Denn es gibt heutzutage wenige Leser, die nicht alles verstehen - wenigstens unter den jungen und geadelten - und diese fordern (...) von ihren Schoßautoren, sie sollen noch mehr wissen, was eine Unmöglichkeit ist. Durch das englische Maschinenwesen der Enzyklopädien - der enzyklopädischen Wörterbücher - der Konversationslexika - der Auszüge aus dem größern Konversationslexikon - der allgemeinen Wörterbücher aller Wissenschaften von Ersch und Gruber setzt sich ein junger Mann in wenigen Monaten bloß am Tage - die Nächte braucht er nicht einmal - in einen ganzen akademischen Senat um, den er allein vorstellt und unter welchem er als die akademische Jugend gewissermaßen selber steht."

[121] Tragödie und Drama, die von der theatralischen Aufführung leben, werden im beginnenden 19. Jahrhundert zunehmend vom Roman als neues und dominantes Genre abgelöst. Er lebt von der Distanz, die Buchdruck und einsame Lektüre erst ermöglichen. Das Theater wird zunehmend kommerzialisiert und in den Städten als Interaktionsanlaß genutzt: man trifft sich im Theater, um zu plaudern. Dies wiederum ist Gegenstand der großen Romane des 19. Jahrhunderts. Vgl. dazu auch David Roberts, 1993, Die Paradoxie der Form in der Literatur, in: Dirk Baecker, (Hrsg.), Probleme der Form, Frankfurt/ M:Suhrkamp, S. 22-45 (39), der den Roman als die literarische Form beschreibt, die zuerst die Beobachtung zweiter Ordnung in der Literatur etabliert und darin die Grundlage für die soziale Autonomie der Literatur sieht.

dium noch durch die dialogische Struktur mitgeführt.[122] Skeptiker und Befürworter erörtern die Vor- und Nachteile des Anwachsens der gedruckten Literatur. Die „fatale Gewöhnung an die gedruckte Natur" wird von dem Befürworter, der den Antwortpart auf die skeptischen Anfragen übernimmt - so keineswegs als Beschwerde gegen die „Chiffernwelt" vorgeführt, sondern vielmehr über die „unvermeidliche Schwäche unserer Natur ihren Gewöhnungs und VerwöhnungsHang". Das Druckmedium kann nichts dafür, „daß wir am Ende nur noch Bücher, aber keine Dinge mehr sehen und unsere 5 leiblichen Sinne beynah so gut wie nicht mehr haben. Warum haften wir uns so einzig wie kümmerliches Moos an den Druckerstock?" Bedrohlich ist der stetig wachsende Umfang der neuen Literatur, und in Frage steht sogar, ob man angesichts dessen überhaupt noch eine ganze Wissenschaft studieren könne. „Glaube das nicht" - so der Befürworter - „Übung macht den Meister, und auch im Bücherlesen." Aber selbst, wenn man lernt, die guten von den schlechten zu unterscheiden, so sind dem Skeptiker auch der Vortrefflichen noch zu viel, da ein Buch der lebenslänglichen Beschäftigung diene, während der Befürworter für die Variabilität auch des eigenen Geistes plädiert: „Ich möchte eine ganze Büchersammlung, aus allen Kunst und Wissenschaftsarten, als Werck meines Geistes vor mir sehen." Im Prinzip formuliert sich in der deutschen Romantik eher eine freudige Affirmation gegenüber den neuen medialen Möglichkeiten. Sie werden vielmehr als Auftakt begrüßt denn als Abschied von einer „Natürlichkeit" bedauert, da unsere Natur offenbar ohnehin wandelbar ist. „Wir sind jetzt nur am Anfang der SchriftstellerKunst" heißt es bei Novalis. Ebenso emphatisch wird das Buchmedium begrüßt: „Die Kunst

---

[122] Novalis, 1798/1965, Dialogen, in: ders., Schriften, Bd. 2, Das philosophische Werk I, a.a.O., S. 661- 671.

Bücher zu schreiben ist noch nicht erfunden. Sie ist aber auf dem Punkt erfunden zu werden."[123] Neu ist freilich die Aufwertung des Lesens, welche die die Jahrhundertwende begleitende Verschiebung von der Rhetorik zur Hermeneutik pointiert. Für die Rhetorik war der Text die mächtige Instanz, vor der der Leser zu einer passiven Figur erstarrt, während die Hermeneutik des 19. Jahrhunderts von einem Akt der Koproduktion von Text und Lektüre ausgeht. Die Lektüre gilt Novalis als Läuterungsprozeß eines jeden Textes: „Der wahre Leser muß der erweiterte Autor seyn. Er ist die höhere Instanz, die die Sache von der niederen Instanz schon vorgearbeitet erhält."[124] Dabei ist nicht wichtig, daß es sich um eine personale Alterität handelt. Ego als Leser kann auch der Schreiber zu einem späteren Zeitpunkt sein. Indem aber Schriftlichkeit als Operation mit doppeltem Selektionshorizont von Text und Lektüre begriffen wird, wird in der Romantik Schriftlichkeit zuerst als Kommunikation, und das heißt auch: als genuin soziale Operation beschrieben.

Voraussetzung dafür sind sprachtheoretische Einsichten, die sich bei Schlegel und Novalis finden. So wird die seit dem 17. Jahrhundert gestellte Frage,'ob Sprache konventionell oder natürlich sei, in der deutschen Romantik eindeutig zugunsten der Künstlichkeit der Sprache entschieden. Es sei ein großer Irrtum, wenn die Menschen annehmen, daß sie von Dingen sprechen, da sich die Sprache doch bloß „um sich bekümmert". Denn die Sprache, so Novalis, „bildet eine Welt für sich", und sie sei daher ebenso künstlich wie die Welt der mathematischen Formeln.[125] Im nicht-intentio-

---

[123] Novalis, 1965, Schriften, Bd. 3, Das philosophische Werk II, a.a.O., S. 283, fr 633; und ders., Schriften, Bd. 2, Das philosophische Werk I, S. 463, fr 114.

[124] Novalis, 1965, Schriften, Bd. 2, Das philosophische Werk I, a.a.O., S. 470, fr 125.

[125] Novalis, 1798/1965, Monolog, in: ders., Schriften, Bd. 2, Das philosophische Werk I, a.a.O., S.672-673. Zu den Sprachtheorien seit dem 17. Jahrhundert vgl. Aarsleff, Hans, 1982, From Lock to

nalen Sprechen und Schreiben sieht die Romantik aber gerade das Wesen der Poesie. Schlegel folgert daraus die Autonomie des Textes, indem er die Verbindung von Autor und Werk löst: „Die Frage was der Verfasser will, läßt sich beendigen, die was das Werk sei, nicht."[126] Die Annahme einer referenzlosen Eigenwelt der Sprache und eine Theorie des nicht-intentionalen Sprechens und Schreibens lösen Sprache und Kommunikation im doppelten Sinne von jeder „natürlichen" und fremdreferentiellen Bestimmung. Wenn „die Worte sich oft besser verstehen, als diejenigen von denen sie gebraucht werden",[127] ist Sprechen und Schreiben nicht authentischer Ausdruck innerer Natur, wenn Sprache eine Eigenwelt kreiert, ist sie nicht Repräsentation äußerer Natur. Die exakte Transposition: Ideen, Sprache, Schrift des 17. Jahrhunderts ist damit entkoppelt, die Idee des authentischen Schreibens des ausgehenden 18. Jahrhunderts nicht mehr formulierbar. Während Rousseau den Verlust von Einheit und Identität noch betrauerte und im Akt des authentischen Schreibens wiederzuerlangen versuchte, verläßt die Romantik das Identische und das Phantasma einer wiederzugewinnenden Einheit. Jede Form der Darstellung schafft uneinhohlbare Differenz.[128] An die Stelle von Einheit und Identität tritt der Primat der Unter-

---

Saussure. Essays on the Study of Laguage and Intellectual History, Minneapolis; zum Problem der Konventionalität oder Natürlichkeit besonders S. 42ff.

[126] Vgl. KFSA, Bd. 18, S. 318. Zu den verstehenstheoretischen Implikationen, die sich bis zu Dilthey hin beobachten lassen und vorbereiten was bei Nilklas Luhmann schließlich die radikale Differenz von Bewußtsein und Kommunikation in Formulierungen wie „die Kommunikation kommunikziert" beschreibt, siehe: Cornelia Bohn, 1992, Verstehen, Kommunikation und das Problem der Schriftlichkeit: Von Luhmann zu Dilthey, in: Annali di Sociologia, Jg.8, Heft1, S.443-458. Zu den sprachtheoretischen Einsichten der Frühromantik vgl. Ernst Behler, 1992, Frühromantik, Berlin/New York: de Gruyter; ders., 1994, Die Sprachtheorie in Friedrich Schlegels frühen Schriften (1795-1803), in: Hans-Jürgen Gawoll/Christoph Jamme (Hrsg.), Idealismus mit Folgen, Die Epochenschwelle um 18oo in Kunst und Geisteswissenschaften, München: Fink, S. 75-86.

[127] Friedrich Schlegel, 1800, Über die Unverständlichkeit, a.a.O., S. 235.

[128] Als Paraphrase auf Derridas différance Begriff könnte man lesen: „Der Geist erscheint immer nur in fremder, luftiger Gestalt." Novalis, 1965, Schriften, Bd. 2, Das philosophische Werk I, a.a.O.,429, fr.37.

scheidung - durchaus im Sinne der oben eingeführten Unterscheidung von Selbstreferenz und Fremdreferenz.[129] Gerade die für die Authentizitätssemantik des 18. Jahrhunderts konstitutive Verbindung von Binnenzustand und Mitteilung wird in der Romantik fraglich und in ein Inkommunikabilitätspostulat transformiert. Schlegel folgert die „Unmöglichkeit und Notwendigkeit einer vollständigen Mitteilung" auf der einen Seite und die „seegensreiche Unverständlichkeit" auf der anderen Seite der Selektion des schriftlichen Kommunikation.[130] Unmöglichkeit und Notwendigkeit meint, man kann auf Mitteilung nicht verzichten, muß es also immer wieder versuchen, obgleich sie unerreichbar ist. Die in der Romantik typischen Auswege aus diesem Dilemma sind bekannt: indirekte Mitteilung, Sprachspiele, Ironie und die Darstellungsform des Fragments. Wenn Unverständlichkeit - die sicherlich auch Moment der Komplexität der Sachverhalte ist - zur Regel und zum ästhetischen Wert wird, wird Kommunikation unabschließbar und fällt in die Zeit. Das freilich läßt sich nur im Modus der Schriftlichkeit beobachten und zum Programm erheben. In der Anerkennung der Unverständlichkeit als Kommunikationsmodus und -generator liegt die Anerkennung der unüberwindbaren Kontingenz der Kommunikation. Eine letzte, dezidierte Bestimmung ist unmöglich, es ist immer auch anders möglich. Selbst der Aufbau von Strukturen, d.h. Erwartbarkeiten, kann in der Schriftlichkeit schon aufgrund der spezifischen Zeitverhältnisse

---

[129] Als charakteristisches, wenn nicht ausschlaggebendes Merkmal romantischer Literatur und Kunst bezeichnet Niklas Luhmann (mit Bezug auf Earl R. Wasserman) genau diesen Übergang von hierarchisch fixierten, als Natur beschriebenen Positionsordnungen zu einem Primat der Unterscheidungen von Selbstreferenz und Fremdreferenz. Vgl. Niklas Luhmann, 1996, Eine Redeskription „romantischer Kunst", in: Jürgen Fohrmann/Harro Müller (Hrsg.), Systemtheorie der Literatur, München: Fink, S. 325 - 345.

[130] Vgl. KFSA, Bd. 2, S.160; Friedrich Schlegel, 1800, Über die Unverständlichkeit, a.a.O. Bei Novalis wird schon die eigene Intransparenz geltend gemacht, die einen kommunikativen Anspruch von Innerlichkeit per se ausschließt: „Die Tiefen unseres Geistes kennen wir nicht. - Nach innen geht der geheimnisvolle Weg." Novalis, 1965, Schriften, Bd. 2, Das philosophische Werk I, a.a.O., S. 419, fr.16.

Kontingenz nicht absorbieren. Mit der Feier der Unverständlichkeit und der beabsichtigten Mehrfachlektüre in zeitlich und räumlich unterschiedenen Kontexten setzt sich die Ästhetik der Romantik diachron von traditionellen Dichtungslehren etwa von La Bruyère (s.o.) und ihrem Leitwert der interaktiven Verständlichkeit ab; synchron profiliert sie sich gegen die neu ausdifferenzierten Massenmedien, die auf schnelle Verständlichkeit und auf Einmallektüre setzten.[131]

Die Beobachtung der Kommunikation in Form von Büchern und Journalen provozieren eine Radikalisierung der Einsichten, die in den sprachtheoretischen Überlegungen der Romantiker vorbereitet wurden. Schriftlichkeit schafft und befördert eine überindividuelle Dimension, die wir die Eigenständigkeit des Sozialen genannt haben. Sie schafft einen Kontext, der von den Zufälligkeiten der beteiligten Einzelbewußtseine weitgehend unabhängig ist und nicht auf sie zurückgerechnet werden kann. Die Romantik hatte mit Blick auf dieses Phänomen das Programm der Symphilosophie ausgerufen. Sie bildet eine gegen Genie- und Einzigartigkeitsästhetik und deren expliziten oder impliziten Naturbezug gerichtete, ins Soziale und ins Schriftmedium - in die Sphäre des Künstlichen also - verlagerte philosophische und literarische Kommunikationsfigur.[132] Ihr Medium sind Bücher und Journale: „Journale sind eigentlich schon *gemeinschaftliche* Bücher. Das Schreiben in Gesellschaft ist ein interessantes

---

[131] Hervorragende Beschreibungen der Differenzierung von Journalismus und Schriftstellerei finden sich bei Balzac, 1977, Illusions perdues, in: ders., La Comédie humaine, Vol. V, Pléiade, Paris: Gallimard, der vor allem den schnellen und kurzfristigen Erfolg des Journalisten gegen die lange aufgeschobene wirkliche Anerkennung des Schriftstellers ausspielt.

[132] Ein Kapitel über die Form romantischer Kommunikation findet sich in: Peter Fuchs, 1993, Moderne Kommunikation, Frankfurt/M: Suhrkamp, S. 79ff. Wir beschränken uns auf die Selbstbeobachtungen der Kommunikation in der Romantik, die für die Differenz Interaktion, Gespräch, Mündlichkeit/schriftliche Kommunikation relevant sind. Anders als nach der Interpretation von Peter Fuchs (S.97) bedarf es u.E. gar keines Umkehrarguments, um Symphilosophie zu einem Schrifteffekt zu erklären. Symphilosophie ist gerade nicht gegen Schrift

Symptom - das noch eine große Ausbildung der Schriftstellerei ahnden läßt. Man wird vielleicht einmal in Masse schreiben, denken und handeln - Ganze Gemeinden selbst Nationen werden ein Werck unternehmen."[133] Der Entindividualisierung des Schreibens korrespondiert die Zurechnung der Schriften auf soziale Instituionen. So sind für Novalis' Schriften „die Gedanken des Staates, die Archive sein Gedächtnis."[134] Schriftlichkeit ist damit (wieder) in die Gesellschaft eingetreten. Sie ist nicht mehr „Stimme" von auf Distanz gerückten Genies oder exkludierten Individuen. Sie ereignet sich innerhalb der Gesellschaft - die freilich nicht mehr mit Interaktion gleichgesetzt wird, jetzt aber unter umgekehrten Vorzeichen. Schriftlichkeit ist nicht mehr abgeleiteter, allopoietischer Modus wie die Memoiren und Briefe der Konversation im 17. Jahrhundert. In der Romantik wird die Schriftlichkeit fundierender Kommunikationsmodus. Wenn Mitteilung überhaupt möglich ist, dann nur in der Schrift. Selbst Mündlichkeit muß schriftlich organisiert werden und taucht eigentlich nur in Schriftform auf. So ist für Novalis der akademische Lehrvortrag ein „*mündliches Buch*, er muß alle Bestandtheile des Buches haben."[135] Aber die Behandlung der Differenz schriftlich/mündlich stellt sich in der Romantik noch subtiler dar. Die Option für die Seite der Schriftlichkeit ist auch bei Friedrich Schlegel eindeutig, wenn er etwa in den Erörterungen über Philosphie - als Brief an Dorothea gerichtet und wie selbstverständlich zum Druck gegeben - bemerkt: „Leben sei Schreiben", daher sei die Schriftform auch dem Gespräch vorzuziehen, gerade wenn es sich um tiefgehende philosophische Erörterungen handle: „Dir wäre ein Gespräch vielleicht lieber. Aber ich bin nun einmal ganz und gar ein Autor. Die Schrift hat für mich ich weiß nicht

---

gerichtet - da sie fast ausschließlich schriftlich etwa in gemeinsamer Autorenschaft, Einrücken von Fragmenten etc. operativ wird und beschrieben wird.

[133] Novalis, 1965, Schriften, Bd. 2, Das philosophische Werk I, a.a.O., S.645, fr 465.

[134] Ebenda, S.441, fr.72.

welchen geheimen Zauber vielleicht durch die Dämmerung von Ewigkeit, welche sie umschwebt. Ja ich gestehe Dir, ich wundere mich welche geheime Kraft in diesen toten Zügen verborgen liegt;"[136] Die toten oder stillen Züge der Schriftlichkeit, der Mündlichkeit gegenüber durch den Vorzug der Geräuschlosigkeit ausgestattet, überbieten jene aber in ihren eigenen Möglichkeiten. Schriftlichkeit trägt Züge von idealer Mündlichkeit, die in reale Mündlichkeit nicht zu transformieren ist - es sei denn um den Preis ihrer Zerstörung. „Man glaubt zu hören was man nur lieset, und doch kann ein Vorleser bei diesen eigentlich schönen Stellen, nichts tun als sich bestreben, sie nicht zu verderben." Die Verwandlung der idealen Mündlichkeit in reale Mündlichkeit ist also nur in der Schrift zu haben. Die in der Romantik häufig gebrauchte Stilfigur der fingierten Mündlichkeit in Form von gedruckten Gesprächen, Dialogen, Monologen bestätigt diesen Befund.

Dies zeigt aber auch einen Formwechsel der Kommunikation an, der den Übergang von der stratifizierten zur funktionalen Differenzierung deutlich markiert.

Die Differenz schriftlich/mündlich haben wir als eine Unterscheidung mit zwei Seiten gebraucht, die in der Selbstbeobachtung der gesellschaftlichen Kommunikation vollzogen wird. Unterscheidungen dieses Typs sind Operationen, die es erlauben andere Operationen anzuschließen, da sie eine temporäre Option für eine Seite der Unterscheidung im Vollzug der Unterscheidung treffen. Mögliche Anschlußoperationen sind dann unter anderen: der Wechsel auf die andere Seite der Unterscheidung (crossing) und die Wiedereinführung der Unterscheidung in die aktuell gewählte Seite

---

[135] Novalis, 1965, Schriften, Bd. 3, Das philosophische Werk II, a.a.O., S.367, fr.581.

[136] Friedrich Schlegel, 1799, Über die Philosophie, in: ders., 1794-1801/1988, Kritische Schriften und Fragmente, Bd. II, a.a.O., S. 170 f.

der Unterscheidung (re-entry).[137] Die Wiedereinführung der Unterscheidung in das Unterschiedene, die als re-entry nur noch den Charakter
einer Wiedervergenwärtigung hat, die selbst nicht formbildend ist, findet in
der stratifizierten Gesellschaft eindeutig auf der Seite der Mündlichkeit
statt, wie wir anhand der Konversationssemantik des 17. Jahrhunderts
gezeigt haben. Formbildend ist hier die Oberschichteninteraktion mit all
ihren entfalteten internen Differenzierungen einschließlich der Möglichkeit
die Differenz schriftlich/mündlich in der Mündlichkeit zu repräsentieren.
Mit dem Übergang zur funktionalen Differenzierung wechselt die Operation
der Selbstbeobachtung der Kommunikation die Seite der Unterscheidung.
Sie wechselt sozusagen den „Standort", der jetzt die Seite der Schriftlichkeit
ist. Das setzt eine gewisse Autonomie und selbstreferentielles Operieren im
Modus der Schriftichkeit voraus und impliziert, daß der re-entry der Unterscheidung auf der Seite der Schriftlichkeit stattfindet, wofür die fingierte
Mündlichekeit als Darstellungsmittel der Romantik ein Beispiel ist. Formbildend ist daher in der modernen, funktional differenzierten Gesellschaft
die Seite der Schriftlichkeit der Differenz schriftlich/mündlich.[138] Ausgangspunkt dieses Kapitels war die Annahme eines Zusammenhangs, ja
eines Verhältnisses wechselseitiger Bedingung von selbstreferentieller
Schriftlichkeit und der Ausdifferenzierung von Funktionssystemen, d.h. der
Umstellung der Differenzierungsform der Gesellschaft. In der kommunikativen Selbstbeschreibung der Romantik werden diese beiden Momente am
Beispiel des Kunstsystems zusammengeführt. Die Autonomisierung der
Schriftlichkeit zeigt sich etwa an der Reflexion der Kunst als Schrift unter

---

[137] Diese unterscheidungstheoretischen Überlegungen werden unter dem Titel Formanalyse
diskutiert, in: Dirk Baecker (Hrsg.), 1993, Probleme der Form, Frankfurt/ M:Suhrkamp.

[138] Eine Möglichkeit ist natürlich eine Seite der Unterscheidung auszuwechseln, z.B. auf die
Differenz Schrift/Bild hin zu beobachten - dann erfährt man selbstverständlich etwas anderes über
Schrift; oder Interaktion und Organisation zu unterscheiden - dann erfährt man etwas anderes über
Interaktion, d.h. die eine Seite wird mit dem Austausch der anderen mitverändert.

dem Titel Poesie. Die Ausdifferenzierung eines selbstreferetiell operierenden Kunstsystems führt sie - ganz parallel zu den sprachtheoretischen Einsichten - anhand der Autonomie des modernen Kunstwerks und seiner
Abkopplung von allen Naturbezügen vor. Vor allem die deutsche Romantik
konzentriert das Aushalten der Autonomie der Kunst auf das Kunstwerk
selbst und auf die Variationsvielfalt, die sich durch den „vage" gewordenen
Bezug zur Realität ergibt, die sie radikal von jeder Mimesisidee trennt.[139]

Mit der vollzogenen Ausdifferenzierung der Funktionssysteme, die
stabile Medien, Codes und Programme ausbilden, verändern sich auch die
Inklusionsbedindungen in die Gesellschaft. Mit der Umstellung von Strati-
fikation auf funktionale Differenzierung geht die Umstellung von Inklu-
sionsindividualität auf Exklusionsindividualität einher - das hatten wir am
Beispiel Rousseaus ausführlich diskutiert. Obgleich Individuen sich als
Einheit nur noch extrasozietal begreifen können, müssen die ausdifferen-
zierten Funktionssysteme aber dennoch ego- und alter-Positionen besetzen.
Sie brauchen Adressen und Absender für ihre jeweilige systemspezifische
Kommunikation. Dafür sieht die Gesellschaft Personen vor, denen sie Plätze

---

[139] So zur deutschen Romantik: Niklas Luhmann, 1996, Eine Redeskription „romantischer
Kunst", a.a.O.; ders Luhmann, Niklas, 1995i, Die Kunst der Gesellschaft, a.a.O., bes. S. 457ff.,
während die französische Romantik der ersten Generation (besonders Lamartin und Vigny)
Autonomie sozusagen von der und gegen die Gesellschaft zu gewinnen versucht. Thema ist die
Position des Schriftstellers, der sozial ortlos als exkludiert beschrieben wird. Was Rousseau für das
exkludierte moderne Individuum beschreibt, das sich nur noch in der Schrift zur Sprache verhelfen
kann, wird hier an der Figur des Poeten durchgeführt, der unwiderbringlich außerhalb der
Gesellschaft agiert. Eine ähnliche Position findet sich noch bei Rimbaud (1870), der dem modernen
Dichter allerdings hellseherische, prophetische Gaben attestiert: „L'art éternel aurait ses fonctions,
comme les poètes sont citoyens. La Poésie ne rhythmera plus l'action; elle *sera en avant.*;"
Rimbaud, 1954, La lettre du voyant, Oeuvres complètes, Pléiade, Paris: Gallimard, S.272. Die
zweite Generation der französischen Romantik (Gautier, Nerval, Baudelaire) beobachtet die
Autonomie der Kunst auf den Code des Kunstsystems hin, richtet sich also gegen die Indienstnahme
der Kunst durch andere Funktionssysteme. Ob etwas Kunst ist oder nicht, entscheidet sich an seiner
Schönheit, und die darf vor allem nicht nützlich sein. „Il n'y a de vraiment beau que ce qui ne peut
servir à rien", Gautier, Théophile, 1835/1966, Mademoiselle de Maupin, Paris: Garnier, S. 45
(préface); Zum französischen Blick auf die deutsche Romantik und deren Literaturtheorie vgl.

anbietet, die an systemspezifische, erwartungspräformierte Kommunikationsweisen gebunden sind. Personen können sich als Inhaber von Berufsrollen, Wähler, Vertragspartner, Patienten, Studenten, Kunstgenießer etc. äußern. Parsons hat in diesem Zusammenhang die Differenz zwischen Leistungs- und Publikumsrollen eingeführt. Inklusion meint die Chance der Berücksichtigung von Personen, sie regelt den Zugang zur Gesellschaft und zur Organisation nicht aber zur Interaktion.[140] Wenn wir von der Unterscheidung Inklusion/Exklusion ausgehen, so wird ihre Regelung den Teilsystemen selbst überlassen. Im Unterschied zur Stratifikation geht die funktionale Differenzierung aber davon aus, daß alle Personen Zugang zu allen Funktionssystemen haben. Im 19. Jahrhundert entsteht daher ein Wissen darüber, daß für diese neue Inklusions/Exklusionsordnung bestimmte Voraussetzungen erfüllt sein müssen. Eine dieser Voraussetzungen ist die Literalisierung der Gesamtbevölkerung, zumal die Inklusionssemantik des 19. Jahrhunderts einen auffälligen Obligationscharakter aufweist. Die eröffnete Möglichkeit des Zugangs zur Gesellschaft für jedermann - mindestens in den Publikumsrollen - wird nicht nur als Option eingeräumt, sondern

---

Philippe Lacoue-Labarthe/ Jean-Luc Nancy, 1978, L'Absolu littéraire. Théorie de la littérature du romantisme allemand, Paris:Seuil.

[140] Den Begriff Person verwenden wir im Anschluß an: Niklas Luhmann, 1995c, Die Form „Person", in: ders., 1995, Soziologische Aufklärung Bd. 6, S. 142-155. Person sind demnach Identifikationen, die auf keinen eigenen Operationsmodus Bezug nehmen. Die Form Person gilt als individuell attribuierte Einschränkung von Verhaltensmöglichkeiten, sie dient nicht psychischen Bedürfnissen, sondern löst ein Problem aller sozialer Systeme. Der Begriff Inklusion ist von Parsons im Anschluß an Marshall in die Soziologie eingeführt worden. Bezugsproblem waren die Bürgerrechte und Partizipationschancen ethnischer Minoritäten in der amerikanischen Gesellschaft, z.B. das Wahlrecht für Schwarze: Talcott Parsons, 1965, Full Citizenship for the Negro American?, in: ders., 1967, Sociological Theory and modern Society, New York, S. 422-465. Bei Niklas Luhmann wird das Problem zunächst in eine Differenz transformiert und als Inklusions/Exklusionsproblem behandelt. Sie wird als Folge der funktionalen Differenzierung aufgefaßt, die deren gesellschaftsuniverselle Zuständigkeit labilisiert und sich zu einer Meta-Differenz entwickeln könnte, die die Codes der Funktionssysteme mediatisiert. Offenbar, so ist die Vermutung integriert unter modernen Bedingungen die Exklusion viel stärker als die Inklusion. Vgl. Luhmann, Niklas,1995d, Inklusion und Exklusion, in: ders., 1995, Soziologische Aufklärung 6, S. 237-265.

meint zugleich eine Teilnahmepflicht. Rudolf Stichweh[141] spricht von einer „obligatorischen Vollinklusion", die sich im 19. Jahrhundert für alle Funktionssysteme beobachten läßt. Da die gesellschaftlichen Funktionssysteme aber gerade dadurch charakterisiert sind, daß sie nicht interaktiv, sondern über die symbolisch generalisierten Kommunikationsmedien und schriftlich operieren, setzt die Beteiligung an dieser Kommunikation Lese- und Schreibfähigkeit voraus. Literalität ist seit dem 19. Jahrhundert also nicht nur erforderlich, um am Literatursystem und der Buchkommunikation zu partizipieren, sie ist Voraussetzung für den Zugang zur Gesellschaft überhaupt. Das Buch ist nicht die einzige Lese- und Schreibaufforderung, vielmehr besteht die gesellschaftliche Kommunikation auch darin, Verträge zu schließen, Steuererklärungen abzugeben, administrative Formulare auszufüllen, Plakate und öffentliche Bekanntmachungen zu entziffern, polizeiliche, kirchliche oder andere persönliche Dokumente zu lesen, zu signieren oder auszufüllen. Vor allem aus der französischen Buch- und Leseforschung wissen wir, daß das gesellschaftliche Leben im 19. Jahrhundert in allen Bereichen für die Gesamtbevölkerung Schriftlichkeit implizierte. Daß freilich die Kompetenzen zwischen Gelegenheitslesern und voll literalisierten Personen, die Lektüre als Auseinandersetzung mit Texten betreiben, starke Graduationen aufweisen.[142] Die allgemeine Schulpflicht, selbst eine Inklusionsmaßnahme der Nationalstaaten des 19. Jahrhunderts, zeigt hier deutliche Grenzen. Von Frankreich wissen wir, daß die Kirchen an der Literalisierung ebenso beteiligt waren wie die staatlichen Schulen.

---

[141] Rudolf Stichweh, 1988, Inklusion in Funktionssysteme der modernen Gesellschaft, in: Renate Mayntz, et al., (Hrsg.), Differenzierung und Verselbständigung. Zur Entwicklung gesellschaftlicher Teilsysteme, Frankfurt/M, Campus, S.261-295 (289).

[142] Vgl. etwa: Daniel Roche, 1995, Un objet de consommation entre l'économie et la lecture, in: Bödeker, Hans Erich, (Hrsg.), Histoire du livre. Nouvelles orientations, Paris: Ed. de la Maison des Sciences de l'Homme, S. 225-240 (bes. 234ff.) und die anderen Beiträge in diesem Band; ferner die Beiträge in: Roger Chartier, 1992, Histoire de la lecture. Un bilan des recherches, sous la direction de Roger Chartier, a.a.O.

Die deutschen Schulen, die zu Beginn des 19. Jahrhunderts die Latein-schulen ablösen sollten, etablieren einen deutlich unterschiedenen Schultyp. Während der Lehrernachwuchs der res publica literaria von den Univer-sitäten kommt, rekrutiert sich der Lehrernachwuchs an den deutschen Schulen aus den illiterati: Handwerkern, Bedienten, Soldaten, Bauern und später auch Schulmeistersöhnen. Während die Akadamiker in der Regel dahin kommen, daß sie Briefe schreiben können und eine allgemeine Kor-respondenzfähigkeit erreichen, bleibt der Unterricht in den deutschen Schulen häufig auf der Ebene von Fertigkeiten. Literalität ist also selbst noch einmal zu graduieren: in die Fertigkeit, Gedrucktes zu lesen, die Fähigkeit, seinen Namen zu schreiben (Signierfähigkeit), die Fähigkeit, Gebrauchstexte zu lesen und zu schreiben (Korrespondenzfähigkeit), schließlich die Fähigkeit und Bereitschaft, sich an der Zirkulation von Büchern und Zeitschriften zu beteiligen und sich mit Texten auseinander-zusetzen.[143]

Selbst wenn die Teilnahmeobligationen in den Inklu-sions/Exklusionssemantiken des 20. Jahrhunderts deutlich gelockert auf-scheinen: man muß keine Familie gründen, keiner Religion angehören, nicht an der Kunstkommunikation teilnehmen, impliziert die Differen-zierungsform in Funktionssysteme doch die Partizipationsmöglichkeiten aller Personen an allen Funktionssystemen. Die gewählte Option, nicht an allen Funktionssystemen teilzunehmen, führt deshalb aber nicht zur Exklu-sion aus der Gesellschaft. Exklusionsrelevant wird die Frage, ob die Funk-tionssysteme Illiteraten, die nicht einmal die Chance hatten, die Stufe der Signierfähigkeit zu erreichen oder - noch verbreiteter - nicht über Korres-pondenzfähigkeit verfügen, tatsächlich als Personen, d.h. als Absender und

---

[143] Vgl. dazu Heinrich Bosse, 1985, „Die Schüler müssen selbst schreiben lernen" oder die Einrichtung der Schiefertafel, in: Dietrich Boneke/Norbert Hobster (Hrsg.), Schreiben-Schreiben

Adressaten für die systemspezifische Kommunikation behandeln können. Die Vermutung liegt nahe, daß die Unterscheidung literat/illiterat eine starke Scharnierfunktion für die Unterscheidung Inklusion/Exklusion übernimmt.[144]

---

lernen, Tübingen: Narr, S.164-199. Erst im 19. Jahrhundert wurden Lese- und Schreibkompetenz zusammengeführt.

[144] Daß der Anteil der Illiteraten an der Erwachsenenbevölkerung der sogenannten westlichen Länder erschreckend hoch ist, wird seit einigen Jahren in Amerika: vgl. Kirsch/Jungeblut/ Jenkins/Kolstad, 1993, Adult Literacy in America, National Center for Educational Statistics, Washington, und in Frankreich beobachtet: Vgl., Besse, Jean-Marie, 1995, L'Ecrit, l'école et l'illetrisme, Paris: Magnard; in Frankreich wird auch dieses Problem unter dem Titel „les exclus" diskutiert: vgl., Donzelot, Jacques, (Hrsg.), 1991, Face à l'exclusion: le modèle française, Paris: Éd. Esprit; Rosanvallon, Pierre, 1995, La nouvelle question sociale, Paris: Seuil; Ewald, François, (Hrsg.), 1995, Dossier: Les exclus, in: Magazine littéraire, no 334, juillet/août, S. 16-65; Serge Paugam, (Hrsg.) (1996): L'Exclusion l'état des savoirs. Paris: Éd. la découverte; Pompougnac, Jean-Claude, 1996, Illettrisme: Tourner la page?, Paris: Hachette.

Literatur

Aarsleff, Hans, 1982, From Lock to Saussure. Essays on the Study of Laguage and Intellectual History, Minneapolis: UMP

Ahlzweig, Claus, 1994, Geschichte des Buches, in: Hartmut Günther/ Otto Ludwig (Hrsg.), Schrift und Schriftlichkeit, 1. Halbband, Berlin/New York: de Gruyter, S. 85-102.

Alexander, Werner, 1993, Hermeneutica Generalis. Zur Konzeption und Entwicklung der allgemeinen Verstehenslehren im 17. und 18. Jahrhundert, Stuttgart : Metzler.

Armient, Pierre, 1985, Les civilisations antiques du Proche-Orient, (3.Aufl.), Paris: PUF.

Arnauld, Antoine/ Nicole, Pierre, 1660-1680/1970, La Logique ou l' art de penser, Paris: Flammarion.

Ashby, W. Ross, 1956/1974, Einführung in die Kybernetik, Frankfurt/M:Suhrkamp.

Assmann, Alaida/Assmann, Jan (Hrsg.), 1987, Kanon und Zensur. Archäologie der literarischen Kommunikation II, München:Fink.

Assmann, Alaida/Assmann, Jan, 1988, Schrift, Tradition und Kultur, in: Wolfgang Raible (Hrsg.), Zwischen Festtag und Alltag, Script Oralia 6, Tübingen: Narr.

Assmann, Alaida/Assmann, Jan, 1993, Schrift, in: Historisches Wörterbuch der Philosophie, Band 8, hrsg. von Joachim Ritter u. Karlfried Gründler, Basel: Schwabe & Co.

Assmann, Jan, 1992, Das kulturelle Gedächtnis. Schrift, Erinnerung und politische Identität in frühen Hochkulturen, München:Beck.

Assmann, Aleida, 1980, Die Legitimität der Fiktion, München: Fink

Assmann, Aleida, 1994, Schriftkritik und Schriftfaszination. Über einige Paradoxien im abendländischen Medienbewußtsein, in: Susi Kotzinger/Gabriele Rippel, (Hrsg.), Zeichen zwischen Klartext und Arabeske, Amsterdam/Atlanta., S. 327-337.

Baasner, Frank, 1988, Der Begriff 'sensibilité' im 18. Jahrhundert. Aufstieg und Niedergang eines Ideals. Heidelberg: Winter.

Baecker, Dirk, et al. (Hrsg.), 1987, Theorie als Passion. Niklas Luhmann zum 60. Geburtstag, Frankfurt/ M:Suhrkamp.

Baecker, Dirk,1992, The Writing of Accounting, in: Stanford Literature Review, Vol. 9.2, S.157-179.

Baecker, Dirk (Hrsg.), 1993, Probleme der Form, Frankfurt/ M:Suhrkamp.

Baecker, Dirk, 1993, Die Schrift des Kapitals, in: Gumbrecht, Hans Ulrich / Pfeiffer, K. Ludwig, (Hrsg), Schrift, München: Fink, S. 257-273.

Balzac, Honoré de, 1837/1977, Illusions perdues, in: ders., La Comédie humaine, vol. V, Pléiade, Paris: Gallimard.

Balzac, Honoré de,1819/1990, Essai sur le génie poétique, in: ders., Oeuvres diverses, vol. I, Pléiade, Paris: Gallimard, S. 593 - 600.

Barel, Yves, 1979/1989, Le Paradoxe et le système, Grenoble.

Basso, Keith H., 1974, The Ethnographie of Writing, in: Richard Baumann/Joel Sherzer, (eds.), Explorations in the Ethnographie of speaking, Cambridge: University Press, S.425-433.

Bateson,Gregory, 1981, Ökologie des Geistes, Frankfurt/ M:Suhrkamp.

Bateson,Gregory, 1981a, Sozialplanung und der Begriff des Deutero-Lernens, in: ders., 1981, S. 219-241.

Baudelaire, Charles, 1860/1968, Les Paradis artificiels, in: Oeuvres complètes, Paris:Seuil.

Bazerman, Charles, 1988, Shaping Written Knowledge. The genre and activity of the experimental article in science, Madison: University of Wisconsin Press.

Behler, Ernst, 1992, Frühromantik, Berlin/New York: de Gruyter.

Behler, Ernst, 1994, Die Sprachtheorie in Friedrich Schlegels frühen Schriften (1795-1803), in: Hans-Jürgen Gawoll/Christoph Jamme (Hrsg.), Idealismus mit Folgen. Die Epochenschwelle um 18oo in Kunst und Geisteswissenschaften, München: Fink, S. 75-86.

Bellegarde,1697, Reflexions sur le ridicule, et sur les moyens de l'eviter, (2. erw. Aufl.) Paris: Guignard.

Bender, John/ Wellbery, David E., 1990, Rhetoricality: On the Modernist Return of Rhetoric, in: dies., (Hrsg.), The Ends of Rhetoric. History, Theory, Practice, Stanford: UP, S. 3-39.

Berger, Johannes (Hrsg.), 1987, Moderne - Kontinuitäten und Zäsuren, Soziale Welt, Sonderband 5.

Berger, Peter L./ Luckmann, Thomas, 1969, Die gesellschaftliche Konstruktion der Wirklichkeit. Eine Theorie der Wissenssoziologie, Frankfurt/ M: Fischer.

Bergmann, Jörg R., 1987, Klatsch. Zur Sozialform der diskreten Indiskretion, Berlin: deGruyter.

Bergmann, Jörg R., 1988, Haustiere als kommunikative Ressource, in: Hans Georg Soeffner (Hrsg.), Kultur und Alltag, Soziale Welt, Sonderband 6, Göttingen 1988, S.299-312.

Bergmann, Jörg R., 1993, Alarmiertes Verstehen: Kommunikation in Feuerwehrnotrufen, in: Thomas Jung/Stefan Müller-Doohm, Wirklichkeit im Deutungsprozeß, Frankfurt/ M:Suhrkamp. S.283-329.

Bergmann, Werner/ Hoffmann, Gisbert, 1989, Selbstreferenz und Zeit: Die dynamische Stabilität des Bewußtseins, in: Husserl Studies 6, S.155-175.

Bergk, Johann Adam, 1799, Die Kunst Bücher zu lesen. Nebst Bemerkungen über Schriften und Schriftsteller, Jena.

Besse, Jean-Marie, 1995, L'Ècrit, l'école et l'illitrisme, Paris: Mangnard.

Bieri, Peter, 1992, Was macht Bewußtsein zu einem Rätsel?, in: Spektrum der Wissenschaft, Oktober 1992, S. 48-56.

Bloomfield, Leonard, 1926, Literate and illiterate speech, in: American speech 2, S. 433-439.

Bloomfield, Leonard,1942, Linguistik and reading, in: The elementary english review, No 4, S.125-135, No5, S.183-186.

Bödeker, Hans Erich (Hrsg.), 1995, Histoire du livre. Nouvelles orientations, Paris: Ed. de la Maison des Sciences de l'Homme.

Bohn-Müller, Cornelia, 1986, Über die Einheit der Formen von Kommunikation, in: Rainer Danielzyk/Fritz Rüdiger Volz (Hrsg.), Vernunft der Moderne? Zu Habermas' Theorie des kommunikativen Handelns, Parabel, Band 3, Schriftenreihe des Evangelischen Studienwerks Villigst, Münster: edition liberación.

Bohn, Cornelia, 1992, Verstehen, Kommunikation und das Problem der Schriftlichkeit: Von Luhmann zu Dilthey, in: Annali di Sociologia, Jg.8, Heft1, S.443-458.

Bohn, Cornelia, 1993, Rhetorik und Hermeneutik in der Selbstbeschreibung der Kommunikation, in: Sociologia Internationalis, 31.Band, Heft 2, S. 149-158.

Bohn, Cornelia, 1996, Die Beredsamkeit der Schrift und die Verschwiegenheit des Boten, in: Jürgen Fohrmann/Harro Müller (Hrsg.), Systemtheorie der Literatur, München: Fink, S. 310-325.

Borges, Jorge Luis, 1944/1981, Pierre Ménard, Autor des Don Quijote, in: ders., Gesammelte Werke, Erzählungen Band 1, München: Hanser, S.112-124.

Bosse, Heinrich, 1978, Dichter kann man nicht bilden. Zur Veränderung der Schulrhetorik nach 1770, in: Jahrbuch für internationale Germanistik X, I, S.80-125.

Bosse, Heinrich, 1981, Autorschaft ist Werkherrschaft - Über die Entstehung des Urheberrechts aus dem Geist der Goethezeit, Paderborn: Schöningh.

Bosse, Heinrich, 1985, "Die Schüler müssen selbst schreiben lernen" oder die Einrichtung der Schiefertafel, in: Dietrich Boneke/Norbert Hobster (Hrsg.), Schreiben-Schreiben lernen, Tübingen: Narr, S.164-199,

Bosse, Heinrich, 1994, Der Autor als abwesender Redner, in: Paul Goetsch (Hrsg.), Lesen und Schreiben im 17. und 18. Jahrhundert. Studien zu ihrer Bewertung in Deutschland, England, Frankreich, Script Oralia 65, Tübingen: Gunter Narr, S. 277-290.

Bossis, Mireille, (ed), 1990, L'Epistolarité à travers les Siècles. Geste de Communication et/ou d'Écriture, (Centre Culturel International de Cerisy la Salle, France) Colloque sous la direction de Mireille Bossis et de Charles . Porter, Stuttgart: Steiner.

Bottéro, Jean, 1982, De l'aide-mémoire à l'écriture, in: Actes du colloque international de l'Université Paris VII: Ecriture. Systèmes idéographiques et pratiques expressives, Paris: Le Sycomore, S.13-39.

Bottéro, Jean, 1987, Mésopotamie. L'écriture, la raison et les dieux, Paris: Gallimard.

Bouhours, 1671, Entretiens d'Ariste et d'Eugène, Paris.

Bourdieu, Pierre, 1979, Entwurf einer Theorie der Praxis, Frankfurt/ M:Suhrkamp.

Bourdieu, Pierre, 1992, Les règles de l'art. Genèse et structure du champ littéraire. Paris: Seuil.

Bourdieu, Pierre, 1997, Méditations pascaliennes, Paris:Seuil.

Bousquet, Jacques, 1972, Le 18e siècle romantique, Paris:Pauvert.

Braun, Hans/ Hahn, Alois, 1973, Wissenschaft von der Gesellschaft, Freiburg: Alber.

Bray, Bernard/ Strosetzki, Christoph, 1995, Art de la lettre Art de la conversation à l'époque classique en France, Paris: Klincksieck.

Bühler, Karl, 1934/1982, Sprachtheorie, Stuttgart-New York: Fischer.

Cahn, Micheal, 1994, Hamster: Wissenschafts- und medientheoretische Grundlagen der sammelnden Lektüre, in: Paul Goetsch (Hrsg.), Lesen und Schreiben im 17. und 18. Jahrhundert. Studien zu ihrer Bewertung in Deutschland, England, Frankreich, Script Oralia 65, Tübingen: Gunter Narr, S. 63-79.

Campe, Rüdiger, Affekt und Ausdruck. Zur Umwandlung der literarischen Rede im 17. und 18. Jahrhundert, Tübingen:Niemeyer 1990.

Castiglione, Baldassare, 1986, Das Buch vom Hofmann, München: dtv;

Certeau, Michel de, 1982, La Lecture absolue. Théorie et pratique des mystiques chrétiens: XVIe-XVIIe siècles, in: Problèmes actuels de la lecture. Unter der Leitung von Lucien Dällenbach und Jean Ricardou, Paris, S.65-80.

Chartier, Roger, 1985, Ist eine Geschichte des Lesens möglich: Vom Buch zum Lesen, in: Zeitschrift für Literaturwissenschaft und Linguistik 57/58, S. 250-273.

Chartier, Roger, 1986, Les Pratiques de l'écriture, in: Histoire de la vie privée, dir. par Philippe Ariès/Georges Duby, Tom 3, De la Renaissance aux Lumières, Paris: Seuil, S. 112-161.

Chartier, Roger (Hrsg.), 1991, La Correspondance. Les usages de la lettre au XIXe siècle, Paris: Fayard.

Chartier, Roger, 1992, Histoire de la Lecture. Un bilan des recherches, sous la direction de Roger Chartier, Paris: Ed. de la Maison des Sciences de l'Homme.

Chartier, Roger, 1995, De l'histoire du livre à l'histoire de la lecture: la trajectoire française, in: Bödeker, Hans Erich (Hrsg.), Histoire du livre. Nouvelles orientations, Paris: Ed. de la Maison des Sciences de l'Homme, S.23-47.

Chaussinaud-Nogaret, 1976, La Noblesse au XVIIIe siècle. De la Féodalité aux Lumières, Paris: Hachette.

Chladenius, Johann Martin, 1742, Einleitung zur richtigen Auslegung vernünftiger Reden und Schriften, Leipzig; Neudruck, hrsg. von L. Geldsetzer, Düsseldorf 1969.

Clanchy, Michael T., 1979, From memory to written record. England 1066 - 1307, London: Arnold.

Coleman, James, 1990, Foundations of social Theory, Camebridge/Ma : Belknap.

Cook-Gumperz, Jenny (Hrsg.), 1986, The social construction of literacy, Cambridge University Press.

Copeland, Rita, 1991, Rhetoric, Hermeneutics and Translation in the Middle Ages, Cambridge:UP.

Coulmas, Florian, 1981, Über Schrift, Frankfurt/M: Suhrkamp.

Coulmas, Florian, 1989, The Writing Systems of the World, Oxford: Blackwell.

Damerow, Peter, 1993, Buchhalter erfanden die Schrift. Anmerkungen zu dem Buch: Before Writing von Denis Schmandt-Besserat, in: Rechtshistorisches Journal 12, S.9-36.

Donzelot, Jacques (Hrsg.), 1991, Face à l'exclusion: le modèle française, Paris: Éd. Esprit.

Deleuze, Gilles, 1968/1992, Differenz und Wiederholung, München:Fink.

Delille, Jacques,1812, La Conversation, Paris.

Derrida, Jacques, 1967, De la grammatologie, Paris : Minuit; dt., 1974, Grammatologie, Frankfurt/M: Suhrkamp.

Derrida, Jacques, 1972, Marges de la Philosophie, Paris:Minuit; dt., 1988, Randgänge der Philosophie, Wien:Passagen.

Derrida, Jacques, 1977, Scribble. Introduction à W. Warburton, Essai sur les hiéroglyphes des égyptiens, Paris.

Derrida, Jacques, 1980, La Carte postale, Paris: Flammarion; dt., Die Postkarte, 1. und 2. Lieferung, 1982 und 1987, Berlin: Brinkmann&Bose.

Derrida, Jacques, 1982, Le langage, in: Le Monde du Dimanche, Douze leçons de philosophie, 5.Sept., S.1-5.

Derrida, Jacques, 1990, Limited Inc., Paris:Galilée.

Dotzler, Bernhard J., (Hrsg.), 1992, Technopathologien, München:Fink.

Dumont, Louis, 1991, Individualismus. Zur Ideologie der Moderne. Frankfurt/M: Campus.

Eisenstein, Elisabeth L., 1968, Some conjectures about the impact of printing on western societies and thought, in: Journal of Modern History 40, 1968, S.2-56.

Eisenstein, Elisabeth L., 1979/1993, The printing press as an agent of change. Communications and Cultural transformations in early-modern Europe, Vol I and II, Cambridge: UP.

Elias, Norbert,1976, Über den Prozeß der Zivilisation, Bde. I und II, Frankfurt/M: Suhrkamp.

Ellrich, Lutz, 1992, Die Konstitution des Sozialen, in: Zeitschrift für philosophische Forschung, Jg.46, Heft 1, S. 24-43.

Ellrich, Lutz, 1997, Hat das Verstehen einen Haken? Zur Frage der Beobachtbarkeit von Sinnkonstitution und Sinnentzug, in: Henk de

Berg/ Matthias Prangel (Hrsg.), Systemtheorie und Hermeneutik, München: francke, S. 89-117.

Emmanuel Bury, 1994, A la Recherche d'une synthèse française de la civilité: l'honnêteté et ses sources, in: Alain Montandon (Hrsg.), Pour une histoire des traités de savoir-vivre en Europe, Clermont-Ferrand, S.179-215.

Engelsing, Rolf, 1974, Der Bürger als Leser. Lesegeschichte in Deutschland 1500 - 1800, Stuttgart : Metzler.

Enos, Richard Leo (Hrsg.), 1990, Oral and written Communication. Historical Approaches, Written Communication Annuel Vol.4, London: Sage.

Ewald, François (Hrsg.), 1995, Dossier: Les exclus, in: Magazine littéraire, no 334, juillet/août, S. 16-65.

Fausser, Markus, 1994, La Conversation dans les manuels de civilité en Allemagne au XVIIIe siècle in: Alain Montandon (Hrsg.), Pour une histoire des traités de savoir-vivre en Europe, Clermont-Ferrand, S. 245-269.

Ferrand, Nathalie, 1994, Livre et lecture dans quelques romans épistolaires: La Nouvelle Héloïse, Les Malheurs de l'Inconstance, Les Liaisons Dangereuses, L'Émigré, in: Jan Herman/Paul Pelckmans (Hrsg.), L'Épreuve du lecteur. Livres et lecture dans le roman d'Ancien Régime, Louvain-Paris: Éd. Peeters, S. 367-378.

Ferrer, Daniel/ Rabaté, Jean-Michel, 1989, Paragraphes en expansion, in: De la lettre au livre. Sémiotique des manuscrits littéraires, Textes et Manuscrits, Collection publiée par Louis Hay, Edition du CNRS, S.89-115.

Fish, Stanley, 1989, Doing what cames naturelly. Change, Rhetoric, and the practice of theory in literary and legal studies, Durham/London: Duke UP.

Foerster, Heinz von, 1985, Entdecken oder Erfinden: Wie läßt sich Verstehen verstehen? in: Heinz Gumin/ Armin Mohler (Hrsg.), Einführung in den Konstruktivismus, München, S. 27-68.

Foerster, Heinz von, 1985, Sicht und Einsicht. Versuch zu einer operativen Erkenntnistheorie, Braunschweig/Wiesbaden: Vieweg.

Foerster, Heinz von, 1991, Was ist Gedächtnis, daß es Rückschau und Vorschau ermöglicht?, in: Siegfried J.Schmidt (Hrsg), Gedächtnis. Probleme und Perspektiven der interdisziplinären Gedächtnisforschung, Frankfurt/M: Suhrkamp, S. 56-96.

Foerster, Heinz von, 1993, Für Niklas Luhmann: Wie rekursiv ist Kommunikation?, in: Teoria Sociologia, Heft 2, Jg1, S.61-88.

Fohrmann, Jürgen, 1985, Dichter heißen so gerne Schöpfer. Über Genies und andere Epigonen, in: Merkur 39, S.980-989.

Fontius, Martin, 1988, Post und Brief, in: Hans Ulrich Gumbrecht/ Karl Ludwig Pfeiffer (Hrsg.), Materialität der Kommunikation, Frankfurt/M, S.267-279.

Foucault, Michel, 1974, Die Ordnung der Dinge, Frankfurt/M: Suhrkamp

Foucault, Michel, 1988, Was ist ein Autor, in: ders., Schriften zur Literatur, Frankfurt/M: Fischer, S. 7-32.

Franke, Hans W., 1982, Die geheime Nachricht: Methoden und Technik der Kryptologie. Die Geschichte um den unknackbaren Code, Frankfurt/M.

Fuchs, Peter, 1993, Moderne Kommunikation, Frankfurt/M: Suhrkamp.

Fuhrmann, Manfred, 1984, Die antike Rhetorik, Zürich/München: Artemis.

Fuller, Steve, 1988/1991, Social Epistemology, Bloomington: Indiana UP

Fumaroli, Marc, 1992, La conversation, in: Pierre Nora, Les Lieux de mémoire, Bibliothèque illustrée des histoires, III Les France, vol. 2: Traditions, Paris: Gallimard, S.678 - 744.

Fumaroli, Marc, 1994, Trois institutions littéraires, Paris: Gallimard.

Fumaroli, Marc, 1980/1994, L'Age de l'éloquence. Rhétorique et "res literaria" de la Renaissance au seuil de l'époque classique, Paris: Albin Michel

Garfinkel, Harold, 1963, A conception of and experiments with 'trust' as a condition of stabel concerted actions, in: O.J. Harvey, (ed.), Motivation and Social Interaction, New York: Ronald Press, S. 187-238.

Garve, Christian, 1792-1802, Ueber Gesellschaft und Einsamkeit, in: ders., Versuche über verschiedene Gegenstände aus der Moral, der Litteratur und dem gesellschaftlichen Leben, 5 Teile, Breslau, Bd.3 und 4.

Gauger, Hans-Martin, 1994, Die sechs Kulturen des Lesens, in: Paul Goetsch (Hrsg.), Lesen und Schreiben im 17. und 18. Jahrhundert. Studien zu ihrer Bewertung in Deutschland, England, Frankreich, Script Oralia 65, Tübingen: Gunter Narr, S. 27-49.

Gautier, Théophile, 1835/1966, Mademoiselle de Maupin, Paris: Garnier.

Gebauer, Gunther/ Wulf, Christoph, 1992, Mimesis, Reinbeck: Rohwolt.

Gehlen, Arnold, 1986, Der Mensch, Wiesbaden: Aula (13.Aufl.).

Genette, Gérard, 1987/1992, Seuils, Paris: Seuil, dt., Paratexte, Frankfurt/M: Campus.

Giegel, Hans-Joachim (Hrsg.), 1992, Kommunikation und Konsens in den modernen Gesellschaften, Frankfurt/M: Suhrkamp.

Giesecke, Michael, 1991, Der Buchdruck in der frühen Neuzeit. Eine historische Fallstudie über die Durchsetzung neuer Informations- und Kommunikationstechnologien, Frankfurt/M: Suhrkamp.

Giesecke, Michael, 1992, Sinnenwandel, Sprachwandel, Kulturwandel, Studien zur Vorgeschichte der Informationsgesellschaft, Frankfurt/M: Suhrkamp.

Giesen, Bernhard/ Junge, Kay, 1991, Vom Patriotismus zum Nationalismus. Zur Evolution der deutschen Kulturnation, in: Bernhard Giesen (Hrsg.), Nationale und kulturelle Identität, Frankfurt/M: Suhrkamp, S. 255-304.

Goffman, Erving, 1981, Forms of Talk, Philadelphia: Univ. of Pennsylvania Press

Goodrich, Peter, 1987, Literacy and the Language of Early Common Law, Journal of Law and Society 13, S.422-444.

Goody, Jack, 1977, Literacy, Criticism and the Groth of Knowledge, in: Joseph Ben-David and Terry Nichols Clark (Hrg.), Culture and Its Creators. Essays in honor of Edward Shils, Chicago:UP, S. 226-244.

Goody, Jack, 1977a, The Domestication of the Savage Mind, Cambridge:UP.

Goody, Jack/Watt, Ian,1986, Konsequenzen der Literalität, in: Goody, Jack/Watt, Ian/Gough, Kathleen, 1968/1986, S.63-123.

Goody, Jack/Watt, Ian/Gough, Kathleen, 1968/1986, Entstehung und Folgen der Schriftkultur, Frankfurt/M:Suhrkamp.

Goody, Jack, 1987, The Interface Between the Written and the Orale, Cambridge:UP.

Goulemot, Jean Marie, 1981, Vorwort zu: Valentin Jamerey-Duval: Mémoires. Enfance et éducation d'un paysan au XVIII siècle, Paris: le Sycomore, S.11-108.

Goulemot, Jean Marie./ Oster, Daniel, 1992, Gens de lettres, écrivains et bohèmes. L'imaginaire littéraire 1630 - 1900, Paris: Minerve.

Grafinger, Christine Maria, 1992, Die Ausleihe Vatikanischer Handschriften durch Observanten und Kapuziner im 17. Jahrhundert, in: Collectanea Franciscana 62 (1-2), S. 333-348.

Grafinger, Christine Maria, 1992, Die Ausleihe von Handschriften aus der Bibliotheca Palatina im 17. Jahrhundert, in: Bibliothek und Wissenschaft, Bd.26, S.24-39.

Grafinger, Christine Maria, 1993, Ein abgelehnter Antrag des deutschen Gelehrten Friedrich Jacobs zur Benützung der Bibliotheka Vatikana, in: Il Bibliothecario, 38, S.173-179.

Greenfield, Patricia M., 1972, Oral and written language: The consequences for cognitive development in Africa, the United States and England, in: Language and Speech 15, S.169-178.

Grice, Paul, 1989, Logik and Conversation, in, ders., Studies in the way of words, Camebridge: Harvard UP, S.1-145 .

Grivel, Charles, 1989, Le Provocateur: L'Ecrivain chez les modernes, in: Graziella Pagliano/ Antonio Gómez-Moriana, (Hrsg.), Écrire en France au XIXe siècle, Montréal: Le Préambule, S.99-121.

Gumbrecht, Hans Ulrich,1987, "Phönix aus der Asche" oder Vom Kanon zur Klassik, in: Alaida Assmann/Jan Assmann (Hrsg.), 1987, Kanon und Zensur. Archäologie der literarischen Kommunikation II, München:Fink, S. 284-299.

Gumbrecht, Hans Ulrich/Pfeiffer, K. Ludwig (Hrsg.),1988, Materialitäten der Kommunikation, Frankfurt/M: Suhrkamp.

Gumbrecht, Hans Ulrich/Pfeiffer, K. Ludwig (Hrsg.), 1993, Schrift, München: Fink.

Günther, Gotthard, 1976, Cybernetic Ontologie and Tranjunctional Operation, in: ders.: Beiträge zur Grundlage einer operationsfähigen Dialektik, Hamburg, Bd. 1, S. 249-328.

Günther, Gotthard, 1979, Life as poly-contexturality, in: ders.: Beiträge zur Grundlage einer operationsfähigen Dialektik, Hamburg, Bd. 2, S. 283- 306.

Günther, Hartmut/ Ludwig Otto,(Hrsg.), 1994, Schrift und Schriftlichkeit, 1. Halbband, Berlin/New York: de Gruyter.

Günther, Klaus B./ Günther, Hartmut (Hrsg.), 1983, Schrift, Schreiben, Schriftlichkeit. Arbeiten zur Struktur Funktion und Entwicklung schriftlicher Sprache, Tübingen: Niemeyer.

Günthner, Susanne/Knoblauch, Hubert, 1994, "Forms are the Food of Faith". Gattungen als Muster kommunikativen Handelns, in: KZfSS, 46.Jg., Heft 4, S.693-723.

Haarmann, Harald,1990, Universalgeschichte der Schrift, Frankfurt/M: Campus.

Habermas, Jürgen, 1981, Theorie kommunikativen Handelns, Bd.1: Handlungsrationalität und gesellschaftliche Rationalisierung; Bd.2: Zur Kritik der funktionalistischen Vernunft, Frankfurt/M: Suhrkamp.

Habermas, Jürgen, 1988, Individuierung durch Vergesellschaftung. Zu G. H. Meads Theorie der Subjektivität, in: ders., Nachmetaphysisches Denken, Frankfurt/M: Suhrkamp, S.187-242.

Haferkamp, Hans/ Schmid, Michael (Hrsg.), 1987, Sinn, Kommunikation und soziale Differenzierung. Beiträge zu Luhmanns Theorie sozialer Systeme, Frankfurt/M:Suhrkamp.

Hahn, Alois, 1981, Funktionale und Stratifikatorische Differenzierung und ihre Rolle für die gepflegte Semantik, in: Kölner Zeitschrift für Soziologie und Sozialpsychologie, Jg. 33, Heft 2, S. 345-360.

Hahn, Alois, 1982, Zur Soziologie der Beichte und anderer Formen institutionalisierter Bekenntnisse: Selbstthematisierung und Zivilisationsprozeß, Kölner Zeitschrift für Soziologie und Sozialpsychologie Jg.34, Heft3, S.407-434.

Hahn, Alois, 1983, Konsensfiktionen in Kleingruppen. Dargestellt am Beispiel von jungen Ehen, in: Friedhelm Neidhardt (Hrsg.), Gruppensoziologie. Perspektiven und Materialien, Sonderband 26 der Kölner Zeitschrift für Soziologie und Sozialpsychologie, S.210-232.

Hahn, Alois, 1987, Religion und Welt in der französischen Gegen-reformation, in: Dirk Baecker, et al. (Hrsg.), Theorie als Passion, Frankfurt/M:Suhrkamp, S. 84-107.

Hahn, Alois, 1987a, Kanonisierungsstile, in: Alaida Assmann/Jan Assmann (Hrsg.), 1987, Kanon und Zensur. Archäologie der literarischen Kommunikation II, München:Fink, S.28-38.

Hahn, Alois, 1987b, Identität und Selbstthematisierung, in: Alois Hahn/Volker Kapp (Hrsg.), Selbstthematisierung und Selbstzeugnis: Bekenntnis und Geständnis, Frankfurt/M.: Suhrkamp, S. 9-25.

Hahn, Alois, 1988, Biographie und Religion, in: Hans-Georg Soeffner (Hrsg.), Kultur und Alltag, Soziale Welt, Sonderband 6, Göttingen, S. 49-60.

Hahn, Alois, 1991, Zur Soziologie der Weisheit, in: Aleida Assmann (Hrsg.), Weisheit. Archäologie der literarischen Kommunikation III, München:Fink, S. 47-58.

Hahn, Alois, 1991a, Rede- und Schweigeverbote, Kölner Zeitschrift für Soziologie und Sozialpsychologie Jg.43, Heft1, S.86-105.

Hahn, Alois, 1992, Verstehen bei Dilthey und Luhmann, in: Annali di Sociologia, Jg.8, Heft1, S.421-443.

Hahn, Alois, 1993, Handschrift und Tätowierung, in: Hans Ulrich Gumbrecht/ K. Ludwig Pfeiffer (Hrsg.), Schrift, München: Fink, S.201-219.

Hahn, Alois, 1998, Glaube und Schrift. Anmerkungen zu einigen Selbstthematisierungen von Hochreligionen mit besonderer Berücksichtigung des Christentums, in: Hartmann Tyrell, et al. (Hrsg.), Religion als Kommunikation, Würzburg: Ergon, S. 323-356.

Hahn, Alois, 1998, Kontingenz und Kommunikation, in: Gerhard von Graevenitz/ Odo Marquard (Hrsg.), Poetik und Hermeneutik XVII: Kontingenz, München: Fink, S.493-523.

Hall, David, 1983, Introduction: The use of literacy in New-England, 1600 - 1850, in: Printing and Society in Early America, hrsg. von Joyce/Hall et al., American Antiquarian Society, 1983, S.1-47.

Harvey, David F., 1966, Literacy in the Athenian Democracy, Revue des études Greques 79, S. 585-635.

Hausendorf, Heiko,1992, Gespräch als System. Linguistische Aspekte der Soziologie der Interaktion, Opladen:Westdeutscher Verlag.

Havelock, Eric A., 1963, Preface to Plato. Cambridge/Mass.

Havelock, Eric A., 1982, The literate Revolution in Greece and its Cultural Consequences, Princeton: UniversityPress; dt., 1990, Schriftlichkeit: Das griechische Alphabet als kulturelle Revolution, Weinheim: VCH, Acta Humaniora.

Havelock, Eric A., 1992, Als die Musen schreiben lernten, Frankfurt/M:Hain.

Heider, Fritz, 1926, Ding und Medium, Symposion, 1 (2) , S.109-157.

Herder, Johann Gottfried,1764-1772/1985, Frühe Schriften, hrsg. von U. Gaier, Frankfurt/M: Bibliothek deutscher Klassiker.

Herder, Johann Gottfried,1793-1797/1991, Briefe zur Beförderung der Humanität, hrsg. von Hans Dieter Irmscher, Frankfurt/M: Bibliothek deutscher Klassiker.

Heritage, John, 1984, Garfinkel and Ethnomethodology, Camebridge: PP

Heydebrandt, Renate von (Hrsg.), Kanon, Macht, Zensur, Stuttgart: Metzler.

Hölscher, Lucian, 1979, Öffentlichkeit und Geheimnis: Eine begriffsgeschichtliche Untersuchung zur Entstehung der Öffentlichkeit in der frühen Neuzeit, Sprache und Geschichte, Band 4, Stuttgart .

Hofstädter, Douglas R.,1985, Gödel, Escher, Bach, Stuttgart: Klett.

Howard, Judith A./ Allen, Carolyn, 1989, Making Meaning: Revealing Attributions Through Analyses of Readers' Responses, in: Social Psychology Quaterly, Vol.52, (4), S.280-298.

Husserl, Edmund, 1913/1950, Ideen zu einer reinen Phänomenologie und phänomenologischen Philosophie. Erstes Buch: Allgemeine Einführung in die reine Phänomenologie, Husserliana III, hg. von Walter Biemel, Den Haag: Nijhoff.

Husserl, Edmund, 1913/1976, Ideen zu einer reinen Phänomenologie und phänomenologischen Philosophie. Erstes Buch: Allgemeine Einführung in die reine Phänomenologie, Husserliana III, neu herausgegeben von Karl Schuhmann, Den Haag: Nijhoff.

Husserl, Edmund, 1893-1917/1966, Zur Phänomenologie des inneren Zeitbewußtseins, Husserliane X, hg. von Rudolf Böhm, Den Haag: Nijhoff.

Husserl, Edmund, 1939/1985, Erfahrung und Urteil, Hamburg:Meiner.

Hymes, Dell, 1979, Soziolinguistik. Zur Ethnographie der Kommunikation, Frankfurt/ M:Suhrkamp.

James, William,1890/1950, The Principles of Psychology, Vol.I, New York: Dover.

James, William,1909, Psychologie, Leipzig: Quelle und Meyer.

Jauß, Hans Robert, 1964, Charles Perrault. Parallèle des Anciens et des Modernes en ce qui regarde les arts et les sciences, München.

Joas, Hans, 1992, Die Kreativität des Handelns, Frankfurt/ M:Suhrkamp.

Junge, Kay, 1993, Medien als Selbstreferenzunterbrecher, in: Dirk Baecker (Hrsg.), Kalkül der Form, Frankfurt/ M:Suhrkamp.

Jurt, Joseph, 1994, Lesen und Schreiben bei Rousseau, in: Paul Goetsch (Hrsg.), Lesen und Schreiben im 17. und 18. Jahrhundert. Studien zu ihrer Bewertung in Deutschland, England, Frankreich, Script Oralia 65, Tübingen: Gunter Narr, S. 241-251.

Kalmbach, Gabriele, 1996, Der Dialog im Spannungsfeld von Schriftlichkeit und Mündlichkeit, Tübingen: Niemeyer.

Kant, Immanuel, 1798/1968, Anthropologie in pragmatischer Hinsicht, in: Kants Werke Bd. VII, Akademie -Textausgabe, Berlin: de Gruyter.

Kapp, Volker, 1994, Beredsamkeit ohne Rhetorik. Zur französischen Rhetorik-Diskussion im späten 17. Jahrhundert, in: "Diversité c'est ma devise", Biblio 17, Papers on French Seveteeth Century Literature, Paris-Seattle-Tübingen.

Kirsch, Gesa / Roen, Duane H. (Hrsg.), 1990, A Sense of Audience in Written Communication, Written Communication Annuel Vol.5, London: Sage.

Kirsch/Jungeblut/Jenkins/Kolstad, 1993, Adult Literacy in America, National Center for Educational Statistics, Washington.

Kittler, Friedrich A., 1985/1986, Aufschreibesysteme, Stuttgart.

Klüber, Johann Ludwig, 1811, Das Postwesen in Teutschland, wie es war, ist und seyn könnte. Erlangen.

Knoblauch, Hubert, 1995, Kommunikationskultur. Die kommunikative Konstruktion kultureller Kontexte, Berlin: de Gruyter.

Knorr-Cetina, Karin/ Cicourel, Aron (Hrsg.), 1981, Advances in social theory and methodologie: Toward an Integration of Micro- and Macrosociologies, London: Routledge & Kegan Paul.

Knorr-Cetina, Karin, 1984, Die Fabrikation von Erkenntnis. Zur Anthropologie der Naturwissenschaft, Frankfurt/M: Suhrkamp.

Knorr-Cetina, Karin, 1992, Zur Unterkomplexität der Differenzierungstheorie. Empirische Anfragen an die Systemtheorie, in: Zeitschrift für Soziologie 21, S. 406-419.

Koch, Peter/ Krämer, Sybille (Hrsg.), 1997, Schrift, Medien, Kognition. Über die Exteriorität des Geistes, München: Stauffenberg,

König, Dominik von, 1977, Lesesucht und Lesewut, in: H.G. Göpfert (Hrsg.), Buch und Leser. Vorträge des ersten Jahrestreffens des Wolfenbütteler Arbeitskreises für Geschichte des Buchwesens 1976. Hamburg, S. 89-124.

Koller, Peter, 1987, Neue Theorien des Sozialkontrakts, Berlin: Duncker und Humblot.

Korzybsky, Alfred, 1958, Science and Sanity. An Introduction to Non-aristotelian Systems and General Semantics, 4. Aufl., Lakeville Conn.

Koschorke, Albrecht, 1996, Empfindsamkeit als Schriftkultur. Körperströme, Zeichenzirkulation und mediale Wissensökonomie in der Schwellenzeit zur Moderne, Habil. FB Germanistik, FU Berlin.

Koschorke, Albrecht, 1998, Geschlechterpolitik und Zeichenökonomie. Zur Geschichte der deutschen Klassik vor ihrer Entstehung, in: Renate von Heydebrandt (Hrsg.), Kanon, Macht, Zensur, Stuttgart: Metzler.

Koselleck, Reinhard, 1959/1989, Kritik und Krise, Frankfurt/M: Suhrkamp.

Krebs, Jean-Daniel, 1994, L'Apprentissage de la conversation en Allemagne au XVIIe siècle, in: Montandon, Alain (Hrsg.), Pour une histoire des traités de savoir-vivre en Europe, Clermont-Ferrand.

Krippendorff, Klaus, 1975, Some Principles of Information Storage and Rertieval in Society, General Systems 20, S.15-35.

Krippendorff, Klaus, 1994, A Recursive Theory of Communication, in: David Crowley& David Mitchell (Hrsg.), Communication Theory Today, Cambridge: Polity Press, S.78-105.

La Bruyère,1694/1965, Les Caractères, Paris:Flammarion.

Lachmann, Renate (Hrsg.), 1982, Dialogizität, München:Fink

Lachmann, Renate, 1990, Gedächtnis und Literatur, Frankfurt/M: Suhrkamp.

Lacoue-Labarthe, Philippe/Nancy, Jean-Luc,1978, L'Absolu littéraire. Théorie de la littérature du romantisme allemand, Paris:Seuil.

Laermann, Klaus,1990, Schrift als Gegenstand der Kritik, in: Merkur 44 , Heft 2, 120-134.

La Rochefoucauld, 1665/1992, Maximes, (éd. Jacques Truchet), Paris: Garnier.

Le Brun, Jacques, 1987, Das Geständnis in den Nonnenbiographien des 17. Jahrhunderts, in: Alois Hahn/Volker Kapp(Hrsg.), Selbstthematisierung und Selbstzeugnis: Bekenntnis und Geständnis, Frankfurt/M.: Suhrkamp, S.248-265.

Levelt, Willem J.M., 1989, Speaking. From Intention to Articulation, MIT Press.

Luckmann, Thomas, 1980, Aspekte einer Theorie der Sozialkommuni-kation, in: ders., Lebenswelt und Gesellschaft, Paderborn:Schöningh, S.93-123.

Luckmann, Thomas, 1986, Grundformen der gesellschaftlichen Vermittlung des Wissens: Kommunikative Gattungen, Kölner Zeitschrift für Soziologie und Sozialpsychologie, Sonderheft 27, S. 191-211.

Luhmann, Niklas, 1971, Sinn als Grundberiff der Soziologie, in: Jürgen Habermas/ Niklas Luhmann, Theorie der Gesellschaft oder Sozialtechnologie, Frankfurt/M: Suhrkamp.

Luhmann, Niklas, 1973, Vertrauen. Ein Mechanismus der Reduktion sozialer Komplexität, Stuttgart (2. Aufl.)

Luhmann, Niklas, 1975, Interaktion Organisation Gesellschaft, in: ders., Soziologische Aufklärung 2, Aufsätze zur Theorie der Gesellschaft, Opladen:Westdeutscher Verlag, S.9-20.

Luhmann, Niklas, 1975a, Einführende Bemerkungen zu einer Theorie symbolisch generalisierter Kommunikationsmedien, in: ders., Soziologische Aufklärung 2. Aufsätze zur Theorie der Gesellschaft, Opladen: Westdeutscher Verlag, S. 170-92.

Luhmann, Niklas, 1980, Gesellschaftsstruktur und Semantik, Bd 1, Frankfurt/M: Suhrkamp.

Luhmann, Niklas, 1980a, Interaktion in Oberschichten: Zur Transformation ihrer Semantik im 17. und 18. Jahrhundert, in: ders, 1980, S.72-162.

Luhmann, Niklas, 1981, Gesellschaftsstruktur und Semantik, Bd. 2, Frankfurt/M: Suhrkamp.

Luhmann, Niklas, 1981a, Wie ist soziale Ordnung möglich?, in: ders., 1981, S. 195-287

Luhmann, Niklas, 1981b, Soziologische Aufklärung, Bd.3, Opladen:WDV.

Luhmann, Niklas, 1981c, Geschichte als Prozeß und die Theorie soziolkultureller Evolution, in: ders., Soziologische Aufklärung, Bd.3, Opladen:WDV, S.178-198.

Luhmann, Niklas, 1981d, Die Unwahrscheinlichkeit der Kommunikation, in: ders., Soziologische Aufklärung 3, Opladen:Westdeutscher Verlag, S.25-35.

Luhmann, Niklas, 1982, Autopoiesis, Handlung und kommunikative Verständigung, in: Zeitschrift für Soziologie, 11, 366-379.

Luhmann, Niklas, 1984, Soziale Systeme. Grundriß einer allgemeinen Theorie, Frankfurt/M: Suhrkamp.

Luhmann, Niklas, 1985, Das Problem der Epochenbildung in der Evolutionstheorie, in: Hans Ulrich Gumbrecht/Ursula Link-Heer (Hrsg.), Epochenschwellen und Epochenstrukturen im Diskurs der Literatur- und Sprachhistorie, Frankfurt/M: Suhrkamp, S.11-33.

Luhmann, Niklas, 1986, Systeme verstehen Systeme, in: Niklas Luhmann/ Karl Eberhard Schorr (Hrsg.), Zwischen Intransparenz und Verstehen, Frankfurt/M: Suhrkamp, S. 72-118.

Luhmann, Niklas, 1986a, Das Kunstwerk und die Selbstreproduktion der Kunst, in: Hans Ulrich Gumbrecht/ Karl Ludwig Pfeiffer (Hrsg), Stil. Geschichte und Funktion eines kulturwissenschaftlichen Diskurselements, Frankfurt/M: Suhrkamp, S. 620-672.

Luhmann, Niklas, 1986b, Intersubjektivität oder Kommunikation: Unterschiedliche Ausgangspunkte soziologischer Theoriebildung, in: Archivo di Filosofia, 54, S.41-60.

Luhmann, Niklas, 1987, Soziologische Aufklärung 4. Beiträge zur funktionalen Differenzierung der Gesellschaft, Opladen: Westdeutscher Verlag

Luhmann, Niklas, 1987a, Zum wissenschaftlichen Kontext des Begriffs Kommunikation, MS: Bielefeld.

Luhmann, Niklas, 1987b, "Distinction directrices". Über Codierung von Semantiken und Sytemen, in: ders., 1987, Soziologische Aufklärung 4. Beiträge zur funktionalen Differenzierung der Gesellschaft, Opladen: Westdeutscher Verlag, S.13-32.

Luhmann, Niklas, 1987d, Was ist Kommunikation? in: Information Philosophie 1, S.4-16.

Luhmann, Niklas, 1988, Wie ist Bewußtsein an Kommunikation beteiligt?, in: Hans Ulrich Gumbrecht/ K. Ludwig Pfeiffer (Hrsg.), Materialitäten der Kommunikation, Frankfurt/M: Suhrkamp, S.884-909.

Luhmann, Niklas, 1988a, Warum AGIL?, in: Kölner Zeitschrift für Soziologie und Sozialpsychologie, Jg. 40, Heft 2, S. 127-139.

Luhmann, Niklas, 1989, Gesellschaftsstruktur und Semantik, Bd. 3, Frankfurt/M: Suhrkamp.

Luhmann, Niklas, 1989a, Individuum, Individualität, Individualismus, in: ders., Gesellschaftsstruktur und Semantik, Bd. 3, Frankfurt/M: Suhrkamp, S.149-259.

Luhmann, Niklas, 1989, Geheimnis, Zeit und Ewigkeit, in: Niklas Luhmann/ Peter Fuchs (Hrsg.), Reden und Schweigen, Frankfurt/M: Suhrkamp, S.101-137.

Luhmann, Niklas, 1990, Die Wissenschaft der Gesellschaft, Frankfurt/M: Suhrkamp.

Luhmann, Niklas, 1990a, Soziologische Aufklärung 5. Konstruktistische Perspektiven. Opladen: Westdeutscher Verlag.

Luhmann, Niklas, 1990b, Gleichzeitigkeit und Synchronisation, in: ders., Soziologische Auklärung 5, Opladen: Westdeutscher Verlag, S.95-131.

Luhmann, Niklas, 1991, Soziologie des Risikos, Berlin: Duncker& Humblot.

Luhmann, Niklas, 1992, Schranken der Kommunikation als Bedingung der Evolution, Manuskript: Bielefeld.

Luhmann, Niklas, 1992a, The form of writing, in: Stanford Literature Review 9, 1 (spring), S. 25-42.

Luhmann, Niklas, 1992b, Beobachtungen der Moderne, Opladen: Westdeutscher Verlag.

Luhmann, Niklas, 1992c, Kontingenz als Eigenwert der modernen Gesellschaft, in: ders., 1992b, S. 93-129.

Luhmann, Niklas, 1993, Das Recht der Gesellschaft, Frankfurt/M: Suhrkamp.

Luhmann, Niklas, 1993a, Zeichen als Form , in: Dirk Baecker (Hrsg.), Probleme der Form, Ffm: Suhrkamp, S.45-70.

Luhmann, Niklas, 1994a, Die Tücke des Subjekts und die Frage nach den Menschen, in: Peter Fuchs/Andreas Göbel (Hrsg.), Der Mensch das Medium der Gesellschaft, Frankfurt/M: Suhrkamp, S.40-57.

Luhmann, Niklas, 1995, Soziologische Aufklärung 6, Die Soziologie und der Mensch, Opladen:Westdeutscher Verlag.

Luhmann, Niklas, 1995a, Probleme mit operativer Schließung, in: ders., 1995, Soziologische Aufklärung 6, S. 12-25.

Luhmann, Niklas, 1995b, Die operative Geschlossenheit psychischer und sozialer Systeme, in: ders., 1995, Soziologische Aufklärung 6, S. 25-37.

Luhmann, Niklas, 1995c, Die Form "Person", in: ders., 1995, Soziologische Aufklärung 6, S. 142-155.

Luhmann, Niklas,1995d, Inklusion und Exklusion, in: ders., 1995, Soziologische Aufklärung 6, S. 237-265.

Luhmann, Niklas,1995e, Intersubjektivität oder Kommunikation: Unterschiedliche Ausgangspunkte soziologischer Theoriebildung, in: ders., 1995, Soziologische Aufklärung 6, S. 169-189.

Luhmann, Niklas,1995f, Gesellschaftsstruktur und Semantik, Bd. 4, Studien zur Wissenssoziologie der modernen Gesellschaft, Frankfurt/M: Suhrkamp.

Luhmann, Niklas, 1995g, Kultur als historischer Begriff, in: ders., 1995f, Gesellschaftsstruktur und Semantik, Bd. 4, S.31-55.

Luhmann, Niklas, 1995h, Die Behandlung von Irritation: Abweichung oder Neuheit, in: ders., 1995f, Gesellschaftsstruktur und Semantik, Bd. 4, S. 55-101.

Luhmann, Niklas, 1995i, Die Kunst der Gesellschaft, Frankfurt/M: Suhrkamp.

Luhmann, Niklas, 1996, Eine Redeskription "romantischer Kunst", in: Jürgen Fohrmann/Harro Müller (Hrsg.), Systemtheorie der Literatur, München: Fink, S. 325 - 345.

Luhmann, Niklas,1996a, Die Realität der Massenmedien, 2. erw. Auflage, Opladen:Westdeutscher Verlag.

Luhmann, Niklas, 1997, Die Gesellschaft der Gesellschaft, 2 Bde., Frankfurt/M: Suhrkamp.

Lyons, John, 1981, Laguage and Linguistics, Cambridge: UP.

Lyons, John, 1977/1980, Semantik I, München: Beck.

Maas, Utz, 1986, "Die Schrift ist ein Zeichen für das, was in dem Gesprochenen ist". Zur Frühgeschichte der sprachwissenschaftlichen Schriftauffassung: das aristotelische und nacharistotelische (phonographische) Schriftverständnis, in: Kodikas/Code 9, S. 247-292.

Maas, Utz, 1985, Lesen - Schreiben - Schrift. Die Demotisierung eines professionellen Arcanums im Spätmittelalter und in der frühen Neuzeit. In: LiLi 15, Heft 59, S. 55-81.

MacCannell, Dean, 1983, Erving Goffman 1922-1982, in: Semiotica 45, 1/2, S.1-33.

MacCannell, Dean/MacCannell, Juliet Flower, 1982, The Time of the Sign. A Semiotic Interpretation of Modern Culture, Bloomington: Indiana UP.

Magendie, Maurice, 1925/1970, La Politesse mondaine et les théories de l'honnêteté en France au XVIIe siècle, de 1600 à 1660, Paris, Neudruck Genf.

Marrou, Henri Irénée,1977,Geschichte der Erziehung im klassischen Altertum, München:dtv; orig. : 1948, Histoire de l'éducation dans l'Antiquité, Paris:Seuil.

Martin, Henri-Jean, 1996, Histoire et pouvoirs de l'écrit, Paris: Albin-Michel.

Maturana, Humberto R., 1982, Erkennen: Die Organisation und Verkörperung von Wirklichkeit. Ausgewählte Arbeiten zur biologischen Epistemologie, Braunschweig/Wiesbaden:Vieweg.

Mead, George H., 1934/1968, Geist, Identität und Gesellschaft, Frankfurt/M: Suhrkamp.

Melançon, Benoît, 1996, Sevigne @ Internet. Remarques sur le courrier électronique et la lettre, Montréal: Fides.

Mercier, Sébastien, 1799, L'Homme de fer, Paris: Lepetit/Gerard,

Méré, Chevalier de, 1661/1930, Oeuvres Complètes Bde I-III, Paris: Roche.

Merleau-Ponty, Maurice, 1994, Notes de cours "Sur Claude Simon". Présentation par Stéphanie Menase et Jacques Neefs, in: Genesis, Heft 6, 1994, Enjeux critiques, S.133-165.

Mesnard, Jean,1967, Pascal, Paris: Hatier.

Meyrowitz, Joshua, 1994, Medium Theory, in: David Crowley & David Mitchell (Hrsg.), Communication Theory Today, Cambridge: Polity Press, S. 50 - 78.

Millin, Aubin-Louis, 1806, Dictionaire des Beaux-Arts, Paris: Desray, 3 Bde.

Montandon, Alain (Hrsg.), 1993, Traités du savoir-vivre italien, Clermont-Ferrand.

Montandon, Alain (Hrsg.), 1994, Pour une histoire des traités du savoir-vivre en Europe, Clermont-Ferrand.

Montandon, Alain (Hrsg.), 1995, Dictionnaire raisonné de la politesse et du savoir-vivre, Paris: Seuil.

Mortier, Roland, 1982, L'originalité. Une nouvelle catégorie esthéthique au siècle des Lumières, Genf: Droz.

Müller, Hans Peter, 1987, Interaktion, in: Staatslexikon, Bd.3, Freiburg: Herder.

Nassehi, Armin, 1993, Die Zeit der Gesellschaft. Auf dem Weg zu einer soziologischen Theorie der Zeit, Opladen: Westdeutscher Verlag.

Neefs, Jacques, 1989, Marges, in: De la lettre au livre. Sémiotique des manuscrits littéraires. Textes et Manuscrits, Collection publiée par Louis Hay, Edition du CNRS, S.57-89.

Nerius, Dieter, 1987, Gesprochene und geschriebene Sprache, in: Ulrich Ammon, et al. (Hrsg.), Soziolinguistik, Erster Halbband, S.832-841.

Novalis, 1965-1968, Schriften, Bde. 2 und 3, Das philosophische Werk I und II, hrsg. von Richard Samuel, Hans Joachim Mähl, Gerhard Schulz, Darmstadt: Wissenschaftliche Buchgesellschaft.

Oexle, Otto Gehrhard (Hrsg.), 1985, Memoria als Kultur, Veröffentlichungen des Max-Planck-Instituts für Geschichte 121, Göttingen: Vandenhoeck & Ruprecht.

Olson, David R. (Hrsg.), 1980, The social foundation of language and thought. Essays in honor of Jerom S. Bruner, New York/ London: Norton.

Olson, David R., 1975, Review of toward a literate society, in: J.B. Carroll/J.Chall (Hrsg.), Proceedings of the national acamemie of education 2: 109-178.

Olson, David R., 1977, From utterance to text: the bias of language in speech and writing, in: Harvard Education Review 47(3), S.257-281.

Olson, David R.,1980, Some social aspects of meaning in oral and written language, in: ders., 1980, The social foundation of language and thought. Essays in honor of Jerom S. Bruner, a.a.O., S. 90-111.

Olson, David R.,1988, Mind and Media: The Epistemic Function of Literacy, in: Journal of Communication 38 (3), S.27-36.

Olson, David R./Torrance Nancy (Hrsg.), 1991, Literacy and orality, Cambridge:UP.

Ong, Walter J., 1971, Rhetoric, Romance and Technology. Studies in the Interaction of Expression and Culture, Ithaca/London: Cornell UP.

Ong, Walter J., 1977, African Talking Drums and Oral Noetics, in: New Literary History 8 (3), S. 409-429.

Ong, Walter J., 1977a, Interfaces of the word. Studies in the Evolution of Conciousness and Culture, Ithaka.

Parsons, Talcott, 1937, The Structure of Social Action, Bde. 1 und 2, New York: Free Press (orig. Mc Graw-Hill).

Parsons, Talcott, 1951, The Social System, New York: Free Press.

Parsons, Talcott, 1964, Evolutionary Universals in Society, in: American Sociological Review, Vol.29, S.339-357.

Parsons, Talcott, 1965, Full Citizenship for the Negro American?, in: ders., 1967, Sociological Theory and modern Society, New York: Free Press, (orig. Daedalus), S. 422-465.

Parsons, Talcott, 1966, Societies. Evolutionary and Comparative Perspectives, Engelwood Cliffs: Prentice-Hall; dt.,1975, Gesellschaften: Evolutionäre und komparative Perspektiven, Frankfurt/M: Suhrkamp.

Parsons, Talcott, 1968, Interaction: Social Interaction, in: David L.Sills (Hrsg.), International Encyclopedia of the Social Sciences, Bd.7, New York u.a.: Mac Millar and Free Press, S.429- 441.

Parsons, Talcott/ Shils, Edward A. et al. (Hrsg.), 1951, Toward a General Theory of Action, Cambridge (Mass): Harvard Univ. Press

Pascal, Blaise, 1670/1958 , Pensées, Paris: Garnier.

Paugam, Serge (Hrsg.) (1996): L'Exclusion l'état des savoirs. Paris: Éd. la Découverte.

Paul, Jean, 1792/1825/1986, Werke, Bd.I., hrg. von Norbert Miller, Darmstadt: Wissenschaftliche Buchgesellschaft.

Paul, Jean, 1796/1976, Siebenkäs, Frankfurt/M: Insel.

Perrot, Michelle, 1990, Le Secret de la correspondance au XIXe siècle, in: M.Bossis (Hrsg.), L'Epistolarité à travers les siècles. Geste de Communication et/ou d'Écriture, (Centre Culturel International de Cerisy la Salle, France) Colloque sous la direction de Mireille Bossis et de Charles. Porter, Stuttgart:Steiner, S. 184-188.

Philippe Sagnac,1946, La Formation de la société franc,aise moderne, Bd. 2, Paris.

Platon, 1982, Briefe, in: Sämtliche Werke, Hamburg , Bd.1.

Pocock, John G.A., 1975, The Machiavellian Moment, Princeton.

Pompougnac, Jean-Claude, 1996, Illettrisme: Tourner la page?, Paris: Hachette.

Pothast, Ulrich, 1971, Über einige Fragen der Selbstbeziehung, Frankfurt/M:Klostermann.

Prieto, Luis J., 1966, Messages et signaux, Paris: Puf.

Raible, Wolfgang, 1989, Konzeptionelle Schriftlichkeit, Sprachwerk und Sprachgebilde. Zur Aktualität von Karl Bühler, in: Romanistisches Jahrbuch, 39, S.16-21.

Raible, Wolfgang, 1997, Von der Textgestalt zur Texttheorie. Beobachtungen zur Entwicklung des Text-Layouts ihren Folgen, in: Peter Koch/ Sybille Krämer (Hrsg.), Schrift, Medien, Kognition. Über die Exteriorität des Geistes, München: Stauffenberg, S. 29-41.

Revel, Jacques, 1992, La Cour, in: Pierre Nora, Les Lieux de mémoire, Bibliothèque illustrée des histoires, III, Les France, vol. 2: Traditions, Paris: Gallimard, S.128-194.

Rimbaud, Arthur, 1954, Oeuvres complètes, Pléiade, Paris:Gallimard.

Rippel, Gabriele, 1998, Lebenstexte, München: Fink.

Roberts, David, 1993, Die Paradoxie der Form in der Literatur, in: Dirk Baecker (Hrsg.), Probleme der Form, Frankfurt/ M:Suhrkamp, S. 22-45.

Roche, Daniel, 1995, Un objet de consommation entre l'économie et la lecture, in: Bödeker, Hans Erich (Hrsg.), Histoire du livre. Nouvelles orientations, Paris: Ed. de la Maison des Sciences de l'Homme, S. 225-240.

Rosanvallon, Pierre, 1995, La Nouvelle question sociale, Paris:Seuil.

Ross, Marlon B, 1994, Authority and Authenticity: Scribbling Authors and the Genius of Print in Eighteenth-Century England, in: Martha Woodmansee, et al. (Hrsg), The Constuction of Authorship: Textual Appropriation in Law and Literature, Durham, S. 231-257.

Roth, Oskar, 1981, Die Gesellschaft der Honnêtes Gens, Heidelberg: Winter.

Rothschild, Arthur de, 1880/1984, Histoire de la poste aux lettres et du timbre-poste depuis leurs origines jusqu'à nos jours, Genève-Paris.

Rouse, Mary.A./ Rouse, Richard, H., 1991, Authentic Witnesses: Approaches to Medieval Texts and Manuscripts, Indiana : UP.

Rousseau, Jean-Jacques, 1750/1964, Discours sur les sciences et les arts, Oeuvres complètes, Vol. III, Pléiade, Paris: Gallimard, S. 3-111.

Rousseau, Jean-Jacques, 1755/1964, Discours sur l'origine et les fondemes de l'inégalité parmi les hommes, Oeuvres complètes, Vol. III, Pléiade, Paris: Gallimard, S. 111-241.

Rousseau, Jean-Jacques, 1762/1959, Lettres à Malesherbes, Oeuvres complètes, Vol.I, Pléiade, Paris: Gallimard, S.1130-1148.

Rousseau, Jean-Jacques, 1762/1964, Du contrat social ou principes du droit politique, Oeuvres complètes, Vol. III, Pléiade, Paris: Gallimard, S. 349-470.

Rousseau, Jean-Jacques, 1781/1990, Essai sur l'origine des langues, Paris: Gallimard.

Rousseau, Jean-Jacques, 1770/1959, Les Confessions, Oeuvres complètes, Vol. I, Pléiade, Paris: Gallimard, S. 1-589.

Rousseau, Jean-Jacques, 1776/1959, Rousseau juge de Jean-Jacques Dialogues, Oeuvres complètes, Vol. I, Pléiade, Paris: Gallimard, S. 657-993.

Rousseau, Jean-Jacques, 1778/1959, Les Rêveries du promeneur solitaire, Oeuvres complètes, Vol. I, Pléiade, Paris: Gallimard, S. 993-1098.

Sacks, Harvey, 1987, On the preferences for agreement and contiguity in sequences in conversation, in: Graham Button/ J.R. Lee, Talk and Social Organisation, Clevedon, S. 55-69.

Salvador, L.L., 1992, Evolution et herméneutique: vers un écosystème de la cognition, in: Revue internationale de systémique 6, S.185-203.

Saussure, Ferdinand de, 1967, Grundfragen der allgemeinen Sprachwissenschaft, hrg. von Ch. Bally et al., Berlin: de Gruyter.

Schegloff, Emanuel A., 1992, Repair after next turn: The last structurally defense of intersubjectivity in conversation, in: American Journal of Sociology, Vol. 97, (5), S. 1295-1345.

Schimank, Uwe, 1992, Erwartungssicherheit und Zielverfolgung. Sozialität zwischen Prisoner's Dilemma und Battle of the Sexes, in: Soziale Welt (43), Heft 2, S.182-201.

Schimank, Uwe, 1996, Theorien gesellschaftlicher Differenzierung, Opladen: Leske + Budrich.

Schlegel, Friedrich, 1794-1801/1988, Kritische Schriften und Fragmente, Bd. I u.II, Paderborn:Schöningh.

Schlegel, Friedrich,1958, Kritische Friedrich-Schlegel-Ausgabe in 35 Bänden, hrsh. von Ernst Behler, (KFSA), Bd. 2 und 18, Paderborn: Schöningh.

Schleiermacher, Friedrich, 1838/1990, Hermeneutik und Kritik, Frankfurt/M: Suhrkamp.

Schlieben-Lange, Brigitte, 1994, Geschichte der Reflexion über Schrift und Schriftlichkeit, in: Hartmut Günther/ Otto Ludwig (Hrsg.), Schrift und Schriftlichkeit, 1. Halbband, Berlin/New York: de Gruyter, S. 102 - 121.

Schmandt-Besserat, Denise, 1977, An Archaic Recording System and the Origin of Writing, Syro-Mesopotamian Studies 1/2 , S.1-32.

Schmandt-Besserat, Denise, 1981, From Tokens to Tablets: A Re-Evaluation of the So-Called Numerical Tablets, in: Visible Language 15, S.321-344.

Schmandt-Besserat, Denise, 1992, Before Writing, Bd. 1: From Counting to Cuneiform, Bd. 2: A Catalogue of Near Eastern Tokens, Austin: University of Texas Press.

Schmidt, Jochen,1985, Die Geschichte des Genie-Gedankens in der deutschen Literatur, Philosophie und Politik 1750-1945, Bde.1 und2, Darmstadt: Wissenschaftliche Buchgesellschaft.

Schmidt, Siegfried J. (Hrsg), 1991, Gedächtnis. Probleme und Perspektiven der interdisziplinären Gedächtnisforschung, Frankfurt/M: Suhrkamp.

Schmölders, Claudia, 1986, Die Kunst des Gesprächs, München:dtv.

Schneider, Manfred, 1986, Die erkaltete Herzensschrift, München: Hanser.

Schneider, Wolfgang Ludwig, 1994, Die Beobachtung von Kommunikation. Zur kommunikativen Konstruktion sozialen Handelns, Opladen: Westdeutscher Verlag.

Schöfthaler, Traugott/Goldschmidt, Dietrich (Hrsg.),1984, Soziale Struktur und Vernunft. Jean Piagets Modell entwickelten Denkens in der Dikussion kulturvergleichender Forschung, Frankfurt/M: Suhrkamp.

Schott, Rüdiger, 1968, Das Geschichtsbewußtsein schriftloser Völker, in: Archiv für Begriffsgeschichte 12, S.166-205.

Schulz-Buschhaus, Ulrich, 1974, Honnête Homme und Poeta doctus. Zum Verhältnis von Boileaus und Menzinis poetologischen Lehrge-dichten, in: Arcadia 9, S.111-133.

Schulz-Buschhaus, Ullrich, 1979, Über die Verstellung und die ersten "Primores" des Héroe von Gracián, in: Romanische Forschungen, Bd.91, Frankfurt/ M, S.411-430.

Schulz-Buschhaus, Ulrich, 1996, Voltair "Beruf zur Satire" oder die Kunst der Polemik, in: Wilhelm Graeber, et al. (Hrsg), Romanistik als vergleichende Literaturwissenschaft, Frankfurt/M- New York: Lang, 331-349.

Schütz, Alfred, 1932/1981, Der sinnhafte Aufbau der sozialen Welt. Eine Einleitung in die verstehende Soziologie, Frankfurt/M: Suhrkamp.

Schütz, Alfred, 1971, Gesammelte Aufsätze, Bd 1: Das Problem der sozialen Wirklichkeit, Den Haag:Nijhoff.

Schwinn, Thomas, 1998, Soziale Ungleichheit und funktionale Differenzierung. Wiederaufnahme einer Diskussion, in: Zeitschrift für Soziologie, 27 (1), S. 3-17.

Scribner, Sylvia, 1977, Modes of thinking and ways of speaking: Culture and logic reconsidered, in: P.N. Johnson-Laird/P.C. Wason (Hrsg.), Thinking, Cambridge: UP, S.483-500.

Scribner, Sylvia/Cole, Michael, 1981, The Psychologie of Literacy, Cambridge:Harvard UP.

Serres, Michel, 1982, Genèse, Paris: Grasset.

Serres, Michel, 1995, Les Messages à distance, Montréal et Québec, Fides et Musée de la civilisation, coll.: Les grandes conférences.

Shannon, Claude E./Weaver, Warren,1949/1976, Mathematische Grundlagen der Informationstheorie, München-Wien.

Shils, Edward, 1981, Tradition, London/Boston: Faber.

Siebenkees, Johann Christian, 1788, Über das Geheimnis der Posten, Frankfurt-Leipzig .

Silver, Allan, 1990, The Curious Importance of Small Groups in American Sociology, in: Herbert J. Gans (Hrsg.), Sociology in America, London: Sage, S. 61-72.

Simmel, Georg, (1908/1992), Soziologie, Frankfurt/M: Suhrkamp.

Spencer Brown, George, 1969, Laws of Form, London (reprint New York 1979).

Srubar, Ilja, 1988, Die Genese der pragmatischen Lebenswelttheorie von Alfred Schütz und ihr anthropologischer Hintergrund, Frankfurt/M: Suhrkamp.

Srubar, Ilja, 1994, Lob der Angst vorm Fliegen. Zur Autogenese sozialer Ordnung, in: Walter M. Sprondel (Hrsg.), Die Objektivität der Ordnung und ihre kommunikative Konstruktion. Für Thomas Luckmann, Frankfurt/M: Suhrkamp, S.95-121.

Stanitzek, Georg,1989, Blödigkeit. Beschreibungen des Individuums im 18. Jahrhundert, Tübingen: Niemeyer.

Stanitzek, Georg, 1992, "0/1", "einmal/zweimal" - der Kanon in der Kommunikation, in: Bernhard Dotzler, (Hrsg.), 1992, S. 111-135.

Stanitzek, Georg, 1994, Was ist Kommunikation?, in: Jürgen Fohrmann/ Harro Müller (Hrsg.), Systemtheorie der Literatur, München: Fink, S. 21-56.

Starobinski, Jean, 1971, Jean-Jacques Rousseau: La Transparence et l'obstacle, Paris: Gallimard.

Stempel, Wolf - Dieter, 1994, Ceci n'est pas un conte, la rhétorique du conversationnel, in: Llittérature, no 93, S. 66-80.

Stein, Elisabeth, 1990, Autorbewußtsein in der frühen griechischen Literatur, ScriptOralia 17, Schriftenreihe des Sonderforschungsbereichs "Übergänge und Spannungsfelder zwischen Mündlichkeit und Schriftlichkeit" der Universität Freiburg, Tübingen: Narr.

Steinhauser, Georg, 1889/1968, Geschichte des deutschen Briefs. Zur Kulturgeschichte des deutschen Volkes, Neudruck Berlin-Zürich.

Stichweh, Rudolf, 1987, Die Autopoiesis der Wissenschaft, in: Dirk Baecker, et al. (Hrsg.), Theorie als Passion, S. 447-482.

Stichweh, Rudolf, 1988, Inklusion in Funktionssysteme der modernen Gesellschaft, in: Renate Mayntz, et al. (Hrsg.), Differenzierung und Verselbständigung. Zur Entwicklung gesellschaftlicher Teilsysteme, Frankfurt/M.: Campus, S.261-295.

Stichweh, Rudolf, 1996, Variationsmechanismen im Wissenschaftssystem der Moderne, in: Soziale Systeme, Jg.2, Heft1, S.73-91.

Sting, Stephan, 1998, Schrift, Bildung und Selbst, Weinheim: Beltz.

Taillasson, Jean J., 1785, Le Danger des règles dans les arts, Paris.

Tannen, Deborah (Hrsg.),1982, Spoken and written laguage, Norwood: Ablex.

Tenbruck, Friedrich H.,1986, Geschichte und Gesellschaft, Berlin: Duncker & Humblot.

Thomas, Rosalin, 1989, Oral Tradition and written Record in Classical Athens, Camebridge.

Toussaint, Yves, 1992, La Parole électronique. Du minitel aux nouvelles "machines à communiquer", in:Esprit 186, S. 127-139.

Uerlings, Herbert, 1991, Werk und Leben Friedrich von Hardenbergs. Genannt Novalis, Stuttgart: Metzler.

Varga, Aron Kibédi, 1994, Causer, conter - stratégies du dialogue et du roman, in: Littérature, no 93, S. 5-15.

Varga, Aron Kibédi, 1996, Le dialogue, de l' honnête homme au philosophe, in: Littérature Classique, no 28, S.173-180.

Vaumorière, Pierre d'Ortigue de, 1691, L'Art de plaire dans la conversation, Paris (2ème Ed.).

Veyne, Paul, 1978, Comment on écrit l'histoire: essai d'épistémologie. Augmentée de Foucault révolutionne l'histoire, Paris.

Viala, Alain, 1985, Naissance de l'écrivain. Sociologie de la littérature à l'âge classique, Paris:Minuit.

Vouilloux, Bernard, 1995, L'Impression du portrait. Écriture et sensation chez Rousseau, in: Furor, 27, S. 25-50.

Watt, Ian, 1974, Der bürgerliche Roman, Frankfurt/M: Suhrkamp.

Weber, Max, 1922/1985, Wirtschaft und Gesellschaft. Grundriss der verstehenden Soziologie, Mohr:Tübingen.

Wegmann, Nikolaus, 1988, Diskurs der Empfindsamkeit. Zur Geschichte eines Gefühls in der Literatur des 18. Jahrhunderts, Stuttgart: Metzler.

Weingarten, Rüdiger, 1994, Perspektiven der Schriftkultur, in: Hartmut Günther/ Ludwig Otto (Hrsg.) Schrift und Schriftlichkeit, 1. Halbband, Berlin/New York: de Gruyter, S.573-587.

Willems, Herbert, 1997, Rahmen und Habitus, Frankfurt/M: Suhrkamp.

Windisch, Uli, 1987, Le K.O. Verbal. La communication conflictuelle, Lausanne: L'Age d'Homme.

Wood, Ananda, 1985, Knowledge before printing and after. The Indian Tradition in Changing Kerala, Delhi: Oxford UP.

Yates, Frances A., 1966, The Art of Memory, London: Routledge & Kegan Paul; dt. 1990, Gedächtnis und Erinnerung, Weinheim: VCH.

Young, Edward, 1760/1977, Gedanken über die Original-Werke. Faksimilidruck nach der Ausgabe von 1760, Heidelberg.

Zedler, 1732/1961, Grosses vollständiges Universal-Lexikon, Leipzig/Graz , Bd.4 und Bd.10.

Zerubavel, Eviater, 1981, Hidden Rhythms: Schedules and Calenders in Social Life, Chicago:UP.

Zimmermann, Johann Georg, 1773, Von der Einsamkeit, Leipzig.

Zimmermann, Johann Georg, 1784-85, Ueber die Einsamkeit, 4 Bde. Karlsruhe.

Index

Der Index ist als Ergänzung zum Inhaltsverzeichnis zu lesen. Er enthält weder die den gesamten Text durchziehenden Themen wie Schriftlichkeit, Schrift, Schriftkritik, schriftiche Kommunikation etc., noch enthält er die ständig wiederkehrenden theoretischen Konzepte. Stichworte, die sich problemlos über das Inhaltsverzeichnis erschließen lassen, sind in der Regel nicht verzeichnet. Autoren wurden nur aufgenommen, wenn sie Gegenstand der Erörterung sind.

Aus dem Programm Sozialwissenschaften

Flavia Kippele
Was heißt Individualisierung?
Die Antworten soziologischer Klassiker
1998. 261 S. Br. DM 46,00
ISBN 3-531-13202-4
Individualisierung ist heute ein amorpher Begriff, der alles und nichts erklärt. Das vorliegende Buch arbeitet das Verständnis von Individualisierung bei den soziologischen Klassikern heraus und schlägt eine Brücke zu einer begrifflichen Basis, von der aus sinnvoll und standortbezogen von Individualisierung gesprochen werden kann.

Irmhild Saake
Theorien über das Alter
Perspektiven einer konstruktivistischen Alternsforschung
1998. 268 S. (Studien zur Sozialwissenschaft, Bd. 192) Br. DM 54,00
ISBN 3-531-13055-2
Moderne Thematisierungen von Alter sagen mehr über den Zusammenhang aus, in dem sie entstanden sind, als über das Phänomen des hohen Alters selbst. Die Autorin zeichnet sowohl wissenschaftliche Alters- und Alternstheorien als auch historische, gesellschaftliche und biographische „Altersbilder" nach und verortet sie als standortgebundene Perspektiven in einem gesellschaftstheoretischen Rahmen. Die konstruktivistische Analyse des Alters zeigt, wie uns Alter vertraut gemacht wird und was wir nicht sehen können, wenn wir nur nach Alter fragen.

Jutta Kern

SINGLES

BIOGRAPHISCHE KONSTRUKTIONEN
ABSEITS DER INTIM-DYADE

Westdeutscher Verlag

Jutta Kern
Singles
Biographische Konstruktionen abseits der Intim-Dyade
1998. 279 S. Br. DM 58,00
ISBN 3-531-13122-2
In sechs biographischen Typen von Singles und einem Kontrastfall werden die jeweiligen Entwicklungen hin zu einer Identität als Single detailgenau rekonstruiert.

„(...) Dem Leser bietet sich eine neue, ungewohnte Annäherung an diese schon alltägliche Thematik. Die meist sehr persönlichen Lebensschilderungen der Interviewpartner regen zum Mitfühlen und Mitdenken an."
beziehungsweise, 10/11-98

Änderungen vorbehalten. Stand: November 1998.

WESTDEUTSCHER VERLAG
Abraham-Lincoln-Str. 46 · D - 65189 Wiesbaden
Fax (06 11) 78 78 - 400 · www.westdeutschervlg.de

Aus dem Programm
Sozialwissenschaften

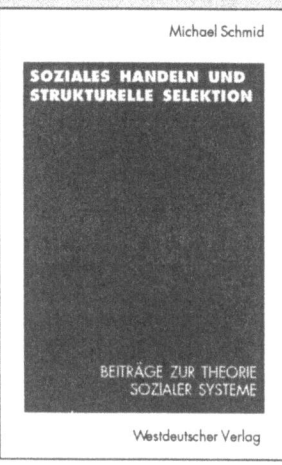

Michael Schmid

SOZIALES HANDELN UND STRUKTURELLE SELEKTION

BEITRÄGE ZUR THEORIE SOZIALER SYSTEME

Westdeutscher Verlag

Michael Schmid
Soziales Handeln und strukturelle Selektion
Beiträge zur Theorie sozialer Systeme
1998. 345 S. Br. DM 58,00
ISBN 3-531-13120-6
Der Band behandelt die zentrale Themen- und Fragestellung der Sozialtheorie: Wie soziale Systeme infolge des kollektiven Handelns vieler Akteure entstehen und ständig Veränderungen unterworfen sind, weil die Akteure keine dauerhaften Lösungen ihrer Koordinations- und Abstimmungsprobleme finden können.

Theodor M. Bardmann (Hrsg.)
Zirkuläre Positionen 2
Die Konstruktion der Medien
1998. 404 S. mit 13 Abb. Br. DM 59,80
ISBN 3-531-13218-0
Der Band „Zirkuläre Positionen 2 - Die Konstruktionen der Medien" geht den Anwendungen systemischer Denk- und Handlungskonzepte in unterschiedlichen Bereichen der praktischen Medienarbeit nach. In spannenden Expertengesprächen und kommentierenden Einführungstexten werden zentrale Fragestellungen zu medientechnologischen Entwicklungen und den damit einhergehenden sozialen Veränderungen diskutiert.

Hans-Peter Müller / Michael Schmid (Hrsg.)
Norm, Herrschaft und Vertrauen
Beiträge zu James S. Colemans Grundlagen der Sozialtheorie
1998. 195 S. Br. DM 48,00
ISBN 3-531-13229-6
Der Band führt die Beiträge einer Reihe namhafter soziologischer Theoretiker zusammen, die sich mit dem Werk über die „Grundlagen der Sozialtheorie" von James S. Coleman auseinandersetzten. Die Edition dokumentiert die Vielzahl der Themen, denen Colemans Theorieentwurf neue und wichtige Anregungen verdankt.

Änderungen vorbehalten. Stand: November 1998.

WESTDEUTSCHER VERLAG
Abraham-Lincoln-Str. 46 · D - 65189 Wiesbaden
Fax (06 11) 78 78 - 400 · www.westdeutschervlg.de

West deutscher Verlag

MIX
Papier aus verantwortungsvollen Quellen
Paper from responsible sources
FSC® C105338

If you have any concerns about our products,
you can contact us on
ProductSafety@springernature.com

In case Publisher is established outside the EU,
the EU authorized representative is:
**Springer Nature Customer Service Center GmbH
Europaplatz 3, 69115 Heidelberg, Germany**

Printed by Libri Plureos GmbH
in Hamburg, Germany